Reinhard Bicher

Das späte Dawson's Creek

Bibliografische Information der Deutschen Nationalbibliothek:
Die Deutsche Nationalbibliothek verzeichnet diese Publikation in der Deutschen Nationalbibliografie. Detaillierte bibliografische Daten sind im Internet über http://www.d-nb.de abrufbar.
ISBN 973-85022-358-4

Alle Rechte der Verbreitung, auch durch Film, Funk und Fernsehen, fotomechanische Wiedergabe, Tonträger, elektronische Datenträger und auszugsweisen Nachdruck, sind vorbehalten.

© 2008 novum Verlag GmbH, Neckenmarkt · Wien · München
Lektorat: Mag. Petra Vock
Titellayout: Martin Bicher; Pastellkreidearbeit; Original A3; 2007

Gedruckt in der Europäischen Union auf umweltfreundlichem, chlor- und säurefrei gebleichtem Papier.

www.novumverlag.com

Aufbruch in die Großstadt – ein Wendepunkt …

Höhepunkte oder Abgesang einer faszinierenden TV-Serie – die letzten beiden Serienstaffeln in Beschreibung und Kritik

Vorwort

Dawson's Creek ist eine der faszinierendsten und bewegendsten Serien der TV-Geschichte, eine meisterhafte Kombination aus Witz, mitreißenden Dialogen, Niveau, Tiefgang, Subtext und Emotionalität. Wie viele andere TV-Serien auch gliedert sich diese von der Öffentlichkeit in ihrer Qualität oftmals leider sträflich unterschätzte in verschiedene Abschnitte, zeitlich wie auch inhaltlich. Während sich die beiden ersten Serienstaffeln mit dem Einstiegsjahr der Protagonisten in die Highschool auseinandersetzen, führt die dritte Staffel hin zur fatalen Dreiecksbeziehung der Hauptcharaktere. Die vierte wiederum beschäftigt sich mit dem anstehenden Highschool-Abschluss und den Ausblicken auf die Studienzeit.

Der vorliegende Band betrachtet und analysiert in 47 Episodenbeschreibungen und ebenso vielen Kritiken das oftmals ambivalent eingeschätzte, thematisch jedoch sehr komplexe späte „Dawson's Creek", also die fünfte und sechste Serienstaffel, und natürlich auch ausführlich das Serienfinale, und es stellt sich letztendlich die Frage: Ist das späte „Dawson's Creek" als Höhepunkt oder eigentlich schon als Abgesang der Serie zu sehen?

Die Protagonisten haben nun also alle die Highschool beendet und begeben sich aus dem Kleinstädtchen Capeside weg, hin zu neuen Ufern, in die Großstadt Boston bzw. nach Los Angeles. Viele Zuseher und Fans vermissen ab nun das berühmte „Capeside Feeling", das gefühlvolle, kleinstädtisch Überschaubare, den Creek, den Fluss, die Buchten mit der wundervollen Landschaft und den Pastellfarben, was in manchen Phasen durchaus seine Berechtigung haben mag, doch bringen gerade die genannten letzten Serienstaffeln eine Fülle an Ideen, an neuen Problemen, an neuen Entwicklungen und grundlegenden Veränderungen mit sich.

Und gerade diese sollte man auch bei kritischer Betrachtung keineswegs unterschätzen, führen sie doch durch die ganze Adoleszenzzeit der Protagonisten bis hin zum Serienende, damit zu den finalen Entscheidungen und letztendlich zum Lösungsansatz von Dawson's Creek. Ob das tatsächlich gelungen ist, versucht dieses Buch zu ergründen.

017mm
Dawson's Creek, Staffel 5

Episode 5.01,

„Boston", „The Bostonians"

Die fünfte Staffel von Dawson's Creek beginnt mit der Schlussszene der Episode 4.23 „Der Abschied", „Coda" mit dem unerwarteten und schwer einzuschätzenden Abschiedskuss von Dawson und Joey. Doch noch im Prolog meldet sich eine bislang fremde Stimme dozierend – lesend – zu Wort. Mit Professor Wilder wird damit der erste neue Charakter in Gestalt eines Literaturprofessors eingeführt. Joey sitzt verlegen und peinlich berührt in einem Seminarraum des Worthington College und lässt das Geschehen über sich ergehen. Es ist ihr sichtlich gar nicht einerlei, dass hier ihre sehr intime Geschichte von ihrem Professor vor allen Kommilitonen zum Besten gegeben wird.

Die darauffolgende Diskussion der Seminarteilnehmer ist für die Stimmung der jungen Studentin auch nicht gerade erbaulich und die Drei, die sie für ihre Story bekommt, hebt auch nicht gerade ihre Laune. Auf die anschließende Frage, was denn zu tun sei, um diese Note zu verbessern, muss Joey ungläubig zur Kenntnis nehmen, dass sie ihre Geschichte an der Stelle beendet hat, wo sie eigentlich hätte beginnen sollen. Ein toller Einstieg in die neue Staffel …

Die ersten Szenen führen uns nun durch Boston. Joey joggt durch die Straßen und Parkanlagen der Millionenstadt, bis ihr das Klingeln ihres Handys Einhalt gebietet. Dawson, der junge Filmstudent an der USC-Filmakademie in LA, ist dran und muss ihr zu ihrer Enttäuschung mitteilen, dass er eine Hospitanz bei einem Filmset bekommen hat und deshalb seinen für das Wochenende geplanten Besuch bei ihr verschieben muss.

Danach sehen wir ihn, wie er voll Spannung und Hoffnung auf die Traumfabrik Hollywood zuschlendert. Diese Storyline wird durch etliche Szenen neben den Studios belebt. Dawsons Gesichtsausdruck wird immer faszinierter und erreicht seinen Gipfel, als er nach einigen heiteren Missverständnissen für den Regisseur Todd ein neues Drehbuch lesen soll. Die Ungeschicklichkeit des jungen Hospitanten führt im weiteren Verlauf zu einer herben Rüge durch den Regisseur, was Dawson zu einer heftigen kritischen Reaktion veranlasst. Daraufhin wird er aus dem ohnehin unbezahlten Job gefeuert …

Der Einstand in Hollywood ist somit leider ziemlich danebengegangen.

Jen und Jack sitzen in einer Cafeteria und diskutieren ihre Beziehungen der letzten Zeit. Während Jack noch die Fernbeziehung zu Toby hat, ist das vergangene Jahr für Jen in dieser Hinsicht wahrlich dürftig gewesen. Zufällig werden die beiden von einem Verbindungsstudenten angesprochen und zu einer abendlichen Party eingeladen. Mit eher gemischten Gefühlen sagen sie zu.

In Joeys Studentenzimmer werden wir mit einer neuen und in Hinkunft tragenden Figur konfrontiert: Joeys Zimmergenossin Audrey (Busy Philips) … Diese wirkt auf den ersten Blick ein wenig nuttig und ausgeflippt, was sich aber im Laufe der Episode ändern wird.

Die enttäuschte und traurige Joey möchte retten, was zu retten ist, und versucht in einem Gespräch mit Professor Wilder zumindest ansatzweise zu erfahren, was dieser denn mit seiner Kritik an ihrer Geschichte gemeint haben könnte. Er empfiehlt ihr eine Analyse des betreffenden Kusses, was bei Joey einige Ratlosigkeit hervorruft.

Jen und Jack überreden Joey und Audrey, mit auf die Party der Studentenverbindung zu kommen. In diesem Gespräch wird auch der mögliche derzeitige Aufenthaltsort von Pacey diskutiert, der ja seit der nun doch erfolgreich abgeschlossenen Highschool auf einer Segeljacht in der Karibik unterwegs gewesen ist. Im weiteren Verlauf stellt sich heraus, dass Pacey schon seit Wochen mit seinem Boot im Hafen von Boston vor Anker liegt und dass einzig und allein Jen darüber Bescheid weiß.

Bei der betreffenden Party kommt es zu einem Gespräch zwischen Audrey und Joey, das die beiden Zimmergenossinnen einander ein wenig näher bringt. Audrey empfiehlt Joey, nicht mehr in der Vergangenheit zu leben, sondern ein wenig locker zu lassen. Diesen Rat nimmt sich die junge Studentin zu Herzen, sie ruft Dawson an und landet auf dessen Anrufbeantworter. Auf diese Weise teilt sie ihm ziemlich betrunken und schweren Herzens mit, dass sie die Beziehung zu ihm beenden möchte.

Jen sitzt einsam am Rande der Party und starrt missmutig in ihr Bierglas, da nähert sich ein junger Mann namens Charlie, der sich als Gitarrist der auftretenden Band entpuppt. Jen fängt unverzüglich Feuer …

In den Schlussszenen sehen wir zwei einsame Herzen auf der Wanderung: Der zutiefst betrübte Dawson verlässt die Hollywoodstudios und Joey strebt über den Campus ihrer Unterkunft zu. Müde lässt sie sich auf ihr Bett fallen. Es klopft an der Tür. Nach langem Zögern öffnet sie.
 Völlig entgeistert erblickt sie Dawson, der in der Tür steht. Ein glückliches Lächeln beginnt ihren Mund zu umspielen. Sie läuft auf den Freund zu, und eine innige, nicht enden wollende Umarmung beschließt diese Episode.

Review 5. 01

Die fünfte Staffel wartet gleich in ihrer ersten Folge mit einer ganzen Anzahl an neuen Gesichtern auf. Das erste präsentiert sich gleich zu Beginn in Form und Gestalt von Professor Wilder, seines Zeichens Dozent für Literatur. Man hat bereits zu diesem Zeitpunkt das unbestimmte Gefühl, dass der Mann eine gewisse Schwäche für das Greenhorn Joey hat, stellt er sie doch sehr in den Mittelpunkt und beschäftigt er sich doch ungewöhnlich intensiv mit ihr und ihrer Story. Andererseits attestiert er ihr eine außergewöhnliche Begabung als Schriftstellerin, was diese Förderung auch fachlich rechtfertigen würde.

Überhaupt ist der Übertritt vom behüteten, beschaulichen, ländlich einfachen Leben in der Kleinstadt Capeside hin zum universitären Leben in der Großstadt Boston, insbesondere das Campusleben, ganz wunderbar skizziert, was sowohl Joey als auch Jen und Jack betrifft.

Jen kommt am besten mit der Umstellung zurecht, sie hat schließlich ihre Großmutter dabei und stammt ohnehin aus der Großstadt. Bei Jack merkt man durchaus eine gewisse Suche nach einer neuen sozialen Umgebung, sonst wäre er nicht sofort auf die Einladung zur Party der Studentenverbindung abgefahren.

Das zweite neue Gesicht zeigt sich in Person der aus begütertem Haus stammenden kalifornischen Blondine Audrey Lidell. Diese präsentiert sich als krasser Gegensatz zu Joey. Es hat den Anschein, dass die beiden verschiedener gar nicht sein könnten, und man ist zu erwarten geneigt, dass ihr Zusammenleben als Zimmergenossinnen recht bald zum Fiasko werden könnte. Doch schon im Laufe dieser Folge wird man, was Audrey betrifft, eines Besseren belehrt, und man erkennt ihren durchaus positiven, ein wenig enthemmenden Einfluss auf die traurige, unsichere und sich an den Sicherheiten der Vergangenheit festklammernde Joey, zu der ihr ziemlich freizügiges Outfit gar nicht recht passt. Man hat das Gefühl, sie fühle sich nicht sonderlich wohl und trage die den Körper betonende Kleidung nur deswegen, weil es für das städtische Leben notwendig ist.

Bemerkenswert ist auch die Tatsache, dass sich Jen und Audrey schon beim Kennenlernen sehr gut verstehen, was vielleicht auch seinen Grund in der großstädtischen Herkunft beider Studentinnen hat.

In Kalifornien erlebt Dawson ein Wechselbad der Gefühle. Einerseits möchte er Joey natürlich wiedersehen, andererseits ist er scharf auf interessante Erlebnisse bei seiner Hospitanz auf einem Filmset.

Einen Vorgeschmack auf viele Szenen der sechsten Staffel gibt die witzig gezeichnete Verwechslung zwischen Hospitant und Autor in den Hollywoodstudios, die schon ein wenig auf die menschliche Oberflächlichkeit im professionellen Filmgeschäft hinweist.

Großartig der Einstand von Todd Karr, wie er zynisch den jungen Dawson in Hollywood willkommen heißt.

Überraschend, aber nicht so ganz typisch ist dessen Mut, dem despotischen Regisseur seine Meinung direkt und unverblümt ins Gesicht zu sagen, was ja letzten Endes auch zum Desaster und zu Dawsons Rauswurf führt.

Am Ende dieser Storyline steht also die Diskrepanz zwischen Dawsons fantasievollen Vorstellungen von der Professionalität und der letztlich ernüchternden Wirklichkeit.

Eine weitere Figur wird mit Charlie, einem Musiker, eingeführt; ein nicht ganz durchsichtiger, softer Aufreißertyp, dessen wahre Identität und dessen Charakter aber in dieser Episode noch weitgehend unklar bleiben.

Einen weiteren Vorgeschmack auf die fernere Zukunft geben die „Geheimtreffen" und das bestehende Vertrauen zwischen dem auf seiner Jacht in Boston vor Anker liegenden Pacey und Jen, die als Einzige der Freunde von dessen Aufenthaltsort Bescheid weiß und auch dichthält.

Die anderen Highlights:

Professor Wilders didaktischer Versuch, seiner jungen und unerfahrenen Studentin anhand ihrer Story ganz wichtige Grundregeln der Schriftstellerei zu vermitteln; Joeys halbherziges Unterfangen, beeinflusst von jeder Menge Alkohol, aber auch von Audrey, die Beziehung zu Dawson via AB beenden zu wollen; die Schlussszenen auf dem morgendlich verschlafenen Campus und der finale Höhepunkt mit Joeys dazugehörigem Mienenspiel bei Dawsons Umarmung, das sich innerhalb weniger Sekunden von ungläubiger Erstarrung über Überraschung, von höchster Glückseligkeit hin zu einer süßen, jedoch unergründlichen Traurigkeit wandelt, sind schauspielerische Meisterleistungen Katie Holmes' …

Der Start in die fünfte Staffel ist jedenfalls hervorragend gelungen und durch die Schlussszene hat sich bereits ein gewaltiges Spannungspotenzial aufgebaut.

Episode 5. 02,

„Schlechtes Timing", „The Lost Weekend"

Dawson und Joey befinden sich in Joeys Studentenbude. Die junge Studentin stellt fest, dass sie sich nur noch an ebendiesem Tag aus Professor Wilders Seminar abmelden kann, und gerät in Panik. Ihre mittelmäßige Note passt ihr gar nicht und diese Tatsache veranlasst sie zu diesem Schritt.

Dazu muss sie allerdings Dawson einige Zeit lang allein lassen. Dieser findet das nicht weiter tragisch, er ruft per Handy seinen Anrufbeantworter ab und hört Joeys Nachricht von Freitag, als sie betrunken war. Joey war der Überzeugung gewesen, er hätte die Nachricht bereits gehört, und so möchte sie ihn jetzt in nüchternem Zustand verständlicherweise an seinem Unterfangen hindern. Es gelingt ihr jedoch nicht.

Dawson erstarrt. Derlei Worte hat er nicht erwartet, denn seit seiner Ankunft in Boston war nie die Rede von einer Beendigung ihrer Beziehung gewesen. So ist die allgemeine Stimmung ziemlich rasch auf dem Tiefpunkt angelangt. Dawson beklagt sein schlechtes Timing und er entschließt sich widerwillig, eine Campusführung zu machen.

Jen und Jack sind auf der Suche nach Charlie und sie spüren ihn tatsächlich im Sender der Radiostation des Boston Bay College auf. Nach einigem „Live-hin-und-her-Geflachse" geht Jen mit dem Musiker auf dessen Studentenzimmer, wo es alsbald zu einer leidenschaftlichen sexuellen Begegnung kommt.

In der Zwischenzeit stellt sich heraus, dass Audrey die Campusführungen leitet. Dawson und Audrey verstehen sich auf Anhieb ausgezeichnet und der Filmstudent klagt ihr sein Leid mit Joey. Obwohl Audrey oberflächlich heftig mit ihm flirtet, gelingt es ihr mit viel Fingerspitzengefühl und Subtilität, Schritt für Schritt von Dawson die Wahrheit in Sachen L. A. zu erfahren. Ebenso möchte sie, dass Joey glücklich ist, möchte die Beziehung der beiden zueinander ergründen, und so schildert sie dem Jungen in allen Farben die Qualität des Worthington College, um ihn zum Bleiben zu bewegen.

Joey indes hat ganz andere Probleme. Professor Wilder lässt sie im Zusammenhang mit der Abmeldung aus seinem Seminar ins Leere laufen. Er möchte auf die talentierte Studentin, die als eine der wenigen Highschool-Absolventinnen den Unterschied zwischen „anscheinend" und „scheinbar" kennt, nicht verzichten und betreibt ein neckisches Spielchen mit ihr. Sie lässt sich das jedoch nicht gefallen und versucht dem Professor ihre Probleme in barschen und verworrenen Sätzen nahezubringen. Professor Wilder gibt ihr daraufhin eine Chance und lässt sie ihre Gedanken geordnet zu Papier bringen. Er analysiert Joeys Charakterzüge genau und entdeckt eine Schwachstelle darin, wo es darum geht, vor dem Handeln gewisse Dinge noch einmal zu überdenken. Überraschend zensiert er nun Joeys Arbeit mit einer Eins minus, was das ehrgeizige Mädchen unverzüglich dazu veranlasst, ihre Absicht, aus dem Seminar auszusteigen, aufzugeben.

Pacey hat Besuch auf seinem Boot. Die reiche Nichte des Schiffseigners, Melanie – eine Jurastudentin –, die er über den Sommer sehr gut kennen- und auch lieben gelernt hat, hat mit dem jungen Mann eine Liebesnacht auf dem Boot verbracht. Sie verabreden sich nun zum Mittagessen in einem vornehmen Restaurant.

Doug erscheint ein wenig besorgt bei Pacey. Er möchte, dass sein kleiner Bruder einer geregelten Tätigkeit nachgeht, und legt ihm eindringlich nahe, dass er sich bei einem Bekannten, einem Koch in einem Gourmettempel, vorstellen solle. Nach einigem Widerstand willigt Pacey schließlich ein und besucht Danny Brekker in dessen Lokal, wo er bereits als potenzieller neuer Tellerwäscher erwartet wird, was wiederum Pacey gar nicht in den Kram passt. Brüsk lehnt er ab.

Das Mittagessen mit Melanie gestaltet sich für Pacey dahingehend unangenehm, dass das hübsche, reiche Mädchen die Rechnung bezahlen möchte, er, Pacey, ja ohne Beschäftigung dasteht und diesen Umstand daher leider auch akzeptieren muss.

Unverzüglich begibt er sich daraufhin zu Danny, schildert diesem seine Erfahrungen mit der Zubereitung von Fischgerichten, die er sich während des sommerlichen Segeltörns angeeignet hat, und Danny bietet ihm einen Küchenjob mit guten Zukunftsperspektiven an. Dankend und erfreut nimmt Pacey das Angebot an. Zu guter Letzt lernt er Karen, eine Kellnerin in Dannys Lokal, kennen. Durch sie erfährt er vorerst einmal einiges über die diversen Gepflogenheiten im Küchenleben.

Im Worthington College ist es spät geworden. Joey eilt zu ihrer Unterkunft. Sie trifft Audrey, die ihr nach einigem Hin und Her mitteilt, dass Dawson bereits auf dem Flughafen sei. In Windeseile begibt Joey sich dorthin und erreicht ihren Freund im letzten Augenblick.

Sie sprechen über die Vorzüge des Lebens in Boston, wo ja nun auch die anderen Freunde sind, und Joey betont eindringlich, wie viel ihr Dawson bedeutet. Dieser versteht nun Joey und die Welt überhaupt nicht mehr. Er möchte wissen, warum das so kluge Mädchen dann diese unlogische Nachricht auf seinem Anrufbeantworter hinterlassen hat. Das kann oder will die ziemlich verwirrte und ein wenig panische Joey aber nicht exakt beantworten. In der Überzeugung, herausfinden zu müssen, was jetzt wirklich in ihrer beider Beziehung Sache ist, stellt Dawson sein Gepäck ab und bleibt in Boston.

Review 5.02

Die Episode beginnt mit einem Paukenschlag, mit dem sich die ganzen in 501 aufgestauten Spannungsmomente entladen. Dawson ruft seinen Anrufbeantworter ab, was Joey handgreiflich, aber ohne Erfolg zu verhindern versucht, und Dawson führt sich also ihre in betrunkenem Zustand hinterlassene Nachricht zu Gemüte. Während der junge Mann lediglich sein schlechtes Timing beklagt, reagiert Joey aus Ärger über sich selbst überschießend und ohne nachzudenken.

Genau diese Eigenschaft, die der jungen Studentin immer schon Probleme gemacht hat, wird bei ihrem Gespräch mit Professor Wilder im Zuge seines neckischen Spielchens mit ihr aufgedeckt, und der Lehrer bringt Joey letztlich dazu, ihre oft übertriebenen Reaktionen zu überdenken. Dies führt sowohl zu ihrem Verbleib im Seminar als auch in der Schlussszene zur notwendigen, zwar vernunftbetonten, aber deshalb nicht weniger emotionsgeladenen Aussprache mit ihrem Freund, was ihn wiederum erst zum Bleiben in Boston bewegt.

Überhaupt scheint gerade dieser bemerkenswerte Plot einer der wichtigsten in dieser und in den kommenden Folgen zu werden, beginnen sich hier doch die ersten Ansätze zur akademischen Karriere der Joey Potter zu entfalten.

Aber auch neue Charaktere werden eingeführt: Mit Melanie greift eine ebenso begüterte wie attraktive, aber trotzdem keineswegs überhebliche Jurastudentin ins Geschehen ein. Das sympathische Mädchen war mit Pacey den ganzen Sommer über auf See, und beide machen einen durchaus glücklich-verliebten Eindruck. Ihr gelingt es weitgehend unbeabsichtigt, Pacey durch die Bezeichnung „Faulenzerfreund" dazu zu veranlassen, nun doch den angebotenen Job bei Danny Brekker anzunehmen, hat der von der See begeisterte junge Mann doch wenig Ambition, sich von einem reichen Mädchen unentwegt Restaurantrechnungen oder Kleidungsstücke bezahlen zu lassen.

Mit Danny wird ein sichtlich prägender Charakter vorgestellt, der Pacey in das Küchenleben einführt und diesen offensichtlich aus Sympathie von Anfang an zu fördern gedenkt.

Mit Karen lernt man eine Servierkraft kennen, die aber zu diesem Zeitpunkt noch nicht sehr ausgeprägt charakterisiert wird, außer dass sie – sehr zum Missfallen Paceys – Raucherin und nicht wirklich begeistert von der Arbeit in der Gastronomie ist.

Die Storyline Jen/Charlie wird recht witzig und auch überraschend weitergeführt. Das „Live-Geflachse" der beiden im Radiosender ist großartig und Jens Begeisterung für den jungen Musiker eskaliert in dessen Zimmer, sodass es entgegen Jens sonstigen Gepflogenheiten zu sofortigem Sex kommt.

Charlies Charakter ist noch immer nicht genau definiert; es scheint aber so zu sein, dass seine Beziehung zu Jen rein sexueller Natur ist, denn anderweitige Interessen, was das Mädchen betrifft, sind nicht einmal ansatzweise zu bemerken.

Eine ganz besondere und sicher zentrale Stellung nimmt der Dawson/Audrey-Plot ein. Sukzessive muss man das in der letzten Folge möglicherweise noch eher ambivalente Urteil über die blonde Kalifornierin revidieren; vielmehr präsentiert sich Joeys Zimmergenossin als äußerst sensibel, feinfühlig und klug sowie fern von jeder Oberflächlichkeit.

Bemerkenswert, wie es ihr gelingt, einerseits den Stand der Beziehung zwischen Dawson und Joey behutsam und taktisch sehr klug zu hinterfragen. Andererseits besticht sie auch durch die Fähigkeit, auf jede noch so kleine Information unverzüglich zu reagieren, und man bekommt den Eindruck, dass ihr die Zimmergenossin und deren Wohlergehen äußerst wichtig sind.

Auch Dawson ist sichtlich von Audrey beeindruckt, was wiederum der eifersüchtigen und unsicheren Joey so gar nicht in den Kram passt. Für diese wäre es weitaus sicherer gewesen, wenn ihr Freund in dieser ungeklärten Situation lieber Jen und Jack besucht hätte.

Die Schlussszene am Flughafen ist von quälender Unsicherheit gekennzeichnet. Joey möchte oder kann sich nicht deklarieren, sie weiß nicht, wie sie im Moment zu Dawson steht, weiß nicht, aus welchen Gründen sie den Freund herbeigesehnt hat.

Doch diesem geht es auch nicht besser. Er zeigt sich jedoch gewillt, hier bei Joey in Boston zu bleiben und herauszufinden, was Sache ist, denn der so verunglückte Beginn hat ihm das Filmstudium und die Hollywood-Träume ohnehin ganz kräftig verleidet.

Fazit: Eine ganz wichtige, exzellente Episode mit etlichen maßgeblichen Weichenstellungen.

Episode 5. 03,

„Am Wendepunkt", „Capeside Revisited"

Jen, Joey und Audrey besuchen Brekkers Lokal, das als eines der schicksten in ganz Boston gilt. Charlie meldet sich per Handy bei Jen, diese gehorcht unverzüglich ihrem Sexualtrieb und verlässt nach kurzer Zeit die vornehme Gaststätte. Auf dem Weg zur Toilette bemerkt die unwissende Joey Pacey, der in der Küche emsig beschäftigt ist, und sie erstarrt.

Dawson hat in Mrs. Ryans Haus Quartier bezogen und nächtigt auf dem Sofa in deren Wohnzimmer. Er ist unsicher, weiß nicht, was er tun soll; vor allem aber hat er keine Ahnung, wie er die Entscheidung, in Boston zu bleiben, seinen Eltern erklären soll. Mit der Metapher von Moses und dem Pharao überredet ihn Mrs. Ryan, unverzüglich nach Capeside zu fahren und mit den Eltern Klartext zu reden.

In der Zwischenzeit kommt es zwischen Pacey und Karen ununterbrochen zu Konflikten. Pacey beklagt den Umstand, unaufhörlich hauchdünne Kartoffelscheiben schneiden zu müssen, was Karen mit dem verächtlichen Statement abtut, dass Paceys Küchenjob mangels anderer Qualifikation ohnehin nur dem ihm eigenen Geschlecht zu verdanken sei.

Jen und Charlie haben ihre Beziehung bislang auf das Schlafzimmer beschränkt, was Jen nicht länger akzeptieren kann und möchte. Sie will ihren Lover besser kennenlernen. Dieses Unterfangen gestaltet sich aber gar nicht so einfach, da Charlie diesbezüglich recht unwillig erscheint. Trotzdem beschließen sie letzten Endes, zwölf Stunden lang keinen Sex zu haben, damit sie währenddessen andere Gemeinsamkeiten finden können.

Die feinfühlige Audrey ermutigt Joey im Zusammenhang mit Pacey, von dem sie bislang nichts gewusst hat, die Initiative zu ergreifen und diesen auf seiner Jacht zu besuchen. Dieses Treffen gestaltet sich angenehmer, als erwartet, und es sieht so aus, als ob zwischen den beiden in absehbarer Zeit wieder ein durchaus freundschaftliches Verhältnis entstehen könnte.

Dawson ist mit einem flauen Gefühl im Magen nach Capeside gereist, wo er von Mitch und Gale voller Überraschung und Freude willkommen geheißen wird. Diese frohe Stimmung sinkt aber in dem Augenblick, in dem der Sohn den Eltern reinen Wein einschenkt. Der Vater reagiert erzürnt und verständnislos auf Dawsons Entscheidung, L. A. zu verlassen und das Filmstudium aufzugeben, was im weiteren Verlauf zu einer heftigen Auseinandersetzung zwischen den beiden führt. Letztlich drückt Mitch seinem Sohn ein Flugticket nach L. A. in die Hand und legt ihm mehr als eindringlich nahe, das Richtige zu tun, seinen eigenen Weg zu gehen und nicht Joey auf deren Weg zu folgen.
   Ganz anders sieht das Gale Leery. Sie möchte ihren Sohn wieder in der Nähe haben und hat durchaus Verständnis für dessen Ambitionen. In einem intimen Gespräch zwischen Mutter und Sohn weist sie aber auf etwas ganz Entscheidendes hin, nämlich auf den Vertrauensvorschuss, den Dawson Joey geben müsste. Schließlich entscheidet sich Dawson gegen den Willen des Vaters für Boston und gibt diesem das Flugticket zurück. Die Enttäuschung, aber auch die Liebe des Vaters zum Sohn ist groß …

Die Sigma-Epsilon-Verbindung möchte Jack unbedingt als Mitglied haben. Jack ist einerseits erfreut über diese Tatsache, andererseits wundert er sich sehr darüber, wie viel die potenziellen „Brüder" bereits über ihn erfahren haben. Es stört sie auch seine homosexuelle Orientierung keineswegs, vielmehr scheinen sie gerade an diesem Umstand interessiert zu sein. Jack ist unsicher; er möchte keine Quote erfüllen, um dem Wohl der als so hart und wild bekannten Verbindung zu dienen, aber diese Organisation scheint ihm durchaus eine Art vorurteilsfreier Heimstätte zu sein.
   Voll der Euphorie feiert die Verbindung den Eintritt eines neuen Burschen, was Jack etwas neidvoll und sehnsüchtig betrachtet. Nach einem klärenden Gespräch mit Mrs. Ryan fällt er seine endgültige Entscheidung: Er tritt der Burschenschaft bei …

In der Zwischenzeit haben Jen und Charlie nicht viel Gemeinsames außer der starken gegenseitigen körperlichen Anziehung entdeckt. So lassen sie den „Zwölf-Stunden-Plan" fallen und wollen sich unverzüglich Kondome besorgen. Dabei wird augenfällig, dass Charlie stark kurzsichtig ist. So hat Jen zumindest irgendetwas über ihren neuen Geliebten herausgefunden …

Danny Brekker überprüft mit einigem Wohlgefallen Paceys Künste beim Schneiden der hauchdünnen Kartoffelscheiben und er ist zufrieden. Danny entsorgt die Scheiben in die Mülltonne, was bei Pacey eine heftige Reaktion des Missfallens hervorruft. Er wird aber gleich eines Besseren belehrt, denn weiße Trüffel werden so geschnitten, und Pacey bekommt den Auftrag, am kommenden Tag die Trüffelravioli selbstständig zuzubereiten. Der erste Schritt als Kochanwärter ist also getan.

In den Schlussszenen treffen Dawson und Joey im Stiegenaufgang des Studentenheims zusammen, wo Dawson nachdenklich auf den Stufen sitzt. Aber auch Joey ist durch die Begegnung mit Pacey etwas verwirrt. Mit dem Hinweis auf ein Zitat ihres Soziologieprofessors, die Konsequenzen alles Tuns betreffend, bietet Joey ihrem Freund einen Stadtbummel an, was dieser dankend annimmt.

Singend verlässt Mitch Leery ein Nahrungsmittelgeschäft und setzt sich in seinen Wagen. Er ist bester Laune und schleckt genüsslich an einer Eistüte. Heftig schlägt er den Takt zu dem Song, der gerade aus dem Autoradio tönt, es löst sich eine Eiskugel und sie fällt zu Boden. Riskanterweise möchte sie Dawsons Vater aufheben und er bückt sich während der Fahrt. Alles geht nun sehr rasch, einmal noch sieht man Mitch Leery hinter dem Steuer, dann gleißendes weißes Licht. Abblende …

Review 5. 03

Die Episode „Am Wendepunkt" wird von zwei entscheidenden Geschehnissen beherrscht, von der Annäherung Joeys und Paceys auf freundschaftlicher Basis und von Dawsons Canossagang nach Capeside.

Der junge Mann hat für sich eine schwerwiegende Entscheidung getroffen, von der er annehmen muss, dass sie seinen Eltern nicht unbedingt gefallen wird. Diskussionen und Probleme hat er wohl erwartet, aber nicht das, was dann tatsächlich auf ihn zukommt, nämlich krasses Unverständnis.

Zweimal hat Mitch Leery innerhalb von kürzester Zeit in einer Art und Weise herrisch und völlig intolerant reagiert, die für diesen nicht wirklich typisch ist und die von zwei verschiedenen Motiven getragen wird. War es in „4. 23, Der letzte Abend" die Angst, durch die große räumliche Distanz den Sohn zu verlieren, so scheint es in diesem Fall neben der nervenden Lilly die maßlose Enttäuschung darüber zu sein, die eigenen Träume im Sohn nicht verwirklichen zu können. Mitch Leery projiziert also sich selbst in Dawson hinein und fordert vehement etwas, dem dieser im Moment aus verschiedenen Gründen nicht gerecht werden kann.

In diese Storyline ist aber zusätzlich noch etwas ganz Großes hineingebettet: der Dialog zwischen Mutter und Sohn, der erst in dieser Phase von „Dawson's Creek" in dieser Form und dieser Qualität möglich geworden ist.

Die Annäherung, die Versöhnung von Pacey und Joey findet interessanterweise auf Paceys Jacht statt, was recht symbolträchtig erscheint. Die Initiative zu diesem Schritt geht primär von Joey aus, sie muss, sie möchte mit ihrem Exfreund wieder klarkommen, zumal dieser ja auch in Boston sesshaft geworden ist. Vielleicht entwickelt sich das Gespräch zwischen den beiden ein wenig zu rasch, vielleicht ist die tatsächliche Versöhnung ein wenig oberflächlich gestaltet, sie ist jedoch für den weiteren Handlungsverlauf unverzichtbar.

Die Beziehung zwischen Charlie und Jen ist eindimensional auf die Ausübung von unheiligen Handlungen beschränkt. Jen möchte sie zwar vertiefen und aus dem Bett heraus in andere Bereiche führen, doch sie spürt das diesbezügliche Desinteresse des jungen Mannes und tut sich überdies selbst mit der Umsetzung schwer, schließlich hat sie seit ihrer Übersiedlung nach Capeside ja eine jahrelange sexuelle Durststrecke verlebt.

In Jacks Brust wohnen zwei Seelen. Ist er einerseits hocherfreut über das verlockende Angebot der Studentenverbindung, ihn aufnehmen zu wollen, so sind ihm andererseits die diesbezüglichen Beweggründe suspekt. Er möchte keine Quote erfüllen, damit er der Verbindung dienen kann.

Dass es letztlich Grams gelingt, den jungen Mann von sich selbst und von seinen ureigenen Qualitäten zu überzeugen, ist für Jens Großmutter als zentrale Anlaufstelle der jungen Leute in Boston geradezu symptomatisch.

Interessant gestaltet sind die Einblicke, die in das Küchenleben gewährt werden. In Danny Brekker findet Pacey einen Mentor, einen Förderer, der imstande ist, dessen vielschichtige Talente zu kanalisieren und auszuschöpfen. Dass die attraktive Servierkraft Karen für Pacey ein zusätzlicher Ansporn sein muss, liegt auf der Hand.

In die Schlusssequenzen fügt sich jetzt auch die Dawson/Joey-Storyline ein. Dawson ist zutiefst verunsichert. Der Streit mit dem Vater und die eigenartigen Erlebnisse in Capeside nagen an ihm. Hilflos sitzt er auf den Stiegen in Joeys Studentenwohnheim herum und wartet auf das Mädchen. Auch Joey ist durch ihr Zusammentreffen mit Pacey ein wenig verwirrt, doch ist das nicht der eigentliche Grund, warum sie Dawson nicht entscheidend weiterhelfen kann, denn sie weiß offenbar selbst nicht, ob dessen Entscheidung, in Boston zu bleiben, für ihn die beste ist. Diese Unsicherheit wird durch die ein wenig schale Metapher im Zusammenhang mit der Aussage ihres Soziologieprofessors und viel mehr noch durch ihr physisches Verhalten dokumentiert. Statt sich nämlich zu dem ratlos auf der Treppe Sitzenden zu begeben und dessen Nähe und Körperkontakt zu suchen, stellt sie sich auf die andere Seite des Treppengeländers und lässt auf diese Weise nicht nur eine spürbare räumliche Distanz, sondern auch eine symbolkräftige Schranke zwischen sich und dem Freund.

Während des Dialogs der beiden über die Problematik, nicht mehr so richtig nach Hause, nach Capeside, zurückkehren zu können, blendet die Kamera zu der Schlussszene über. Diese bringt eine Wahrheit, die in ihrer Tragweite allen anderen zeitlebens verborgen bleiben wird: Mitch Leery ist keineswegs enttäuscht von seinem Sohn! Im Gegenteil: Vergnügt und mit sich und seinem Leben völlig zufrieden und im Reinen, hat er letzten Endes Dawsons Herzensentscheidung und dessen Mut dazu respektiert. Er singt und schleckt Eis, bis eine halsbrecherische Fehlleistung zur Katastrophe führt …

Episode 5. 04,

„Trauer um Mitch", „The Long Goodbye"

„Leery's Fresh Fish" hat geschlossen. An der Tür des Lokals hängt ein Zettel, der über einen Trauerfall in der Familie informiert. In kurzen Sequenzen sieht man Dawson, wie er sich um die Küche kümmert und wie er seine kleine Schwester und seine Mutter versorgt. Ein Foto der Familie Leery kommt ins Bild. Der Titelsong ist instrumental, schlicht und sparsam gehalten.

Die folgenden Szenen handeln in einem Bestattungsunternehmen. Geduldig und emotionslos steht Dawson dem Bestattungsprofi Rede und Antwort, er wählt einen Sarg aus …

Joey besucht Pacey am Hafen von Boston. Erschüttert teilt sie diesem die schreckliche Nachricht mit: Mitch Leery ist tot. Pacey ist fassungslos. Nach anfänglicher Unsicherheit sagt er aber selbstverständlich sein Kommen zur Beerdigung zu.

Capeside: Eine erste Rückblende zeigt jenen Geburtstag, an dem der zwölfjährige Dawson von seinem Vater die erste richtige Videokamera geschenkt bekommen hat. Ein Lächeln huscht über das Gesicht von Dawson, der nun Halbwaise ist.

Joey besucht Dawson auf dessen Zimmer. Auf ihre Anfrage, wie sie helfen könne, meint Dawson, dass sie auf Lilly aufpassen solle. Er selbst müsse zum Bestatter. Der trockene, emotionslose Tonfall des jungen Mannes irritiert die Freundin zutiefst. Sie weiß sich nicht zu helfen. Im Moment kennt sie ihren Freund nicht und kann auch nicht zu ihm durchdringen ...

Aber auch Jen ist unsicher. Sie weiß nicht, wie sie Dawson begegnen soll. Mit plötzlichem Tod hat sie keine Erfahrung. Jack allerdings beruhigt sie dahingehend, dass sie sicher einen Weg finden werde, um für den Trauernden da zu sein.

Anlässlich der Trauerfeier treffen auch Dawson und Pacey zusammen. Und auch Pacey kann Dawsons Gemütszustand nicht einordnen. Einzig Jen gelingt es, etwas hinter dessen Maske zu blicken. Ihr gegenüber öffnet sich der junge Mann ein wenig.

In anderen Rückblenden wird im weiteren Verlauf jener Augenblick gezeigt, in dem Mitch Leery Joey die erste Leiter hinauf zu Dawsons Zimmer aufgestellt hat. Es sind jene Augenblicke zu sehen, in denen Mitch Pacey das Autofahren beigebracht und für Dawson das erste Kinderbett gebaut hat.

In einem subtilen Gespräch mit Gale Leery schildert Joey ihre tiefe Besorgnis über Dawson und dessen scheinbare Emotionslosigkeit, was auch der Mutter trotz deren schlimmen seelischen Zustands nicht entgangen ist.

Alles eskaliert in dem Moment, in dem ein Telefongespräch auf dem Anrufbeantworter der Leerys landet, dessen Band mit Mitchs Stimme besprochen ist. Dawson rastet aus, er versucht das Gerät mit allen Mitteln zum Schweigen zu bringen und verlässt schließlich fluchtartig das Haus.

Joey folgt ihm und versucht mit ihm zu sprechen, bietet ihm alle nur mögliche Unterstützung an. Doch Dawson lehnt ziemlich brüsk ab. Und recht rasch wird klar, dass er sich selbst die Hauptschuld am Unfalltod seines Vaters gibt. Immerhin hat er ja diesen Streit vom Zaun gebrochen, der seiner Ansicht nach dazu geführt hat, dass sein Vater am Steuer seines Wagens nicht die nötige Konzentration aufgebracht hat.

Joey ist nun restlos verzweifelt. Sie nimmt noch einen letzten Anlauf und besucht Dawson auf seinem Zimmer. Der junge Mann bittet sie jedoch, nach Boston zurückzukehren und sich auf ihr Studium zu konzentrieren. Er selbst möchte allein sein …

Zutiefst betroffen berichtet Joey vor der Pension Potter Pacey von der Sachlage. Dieser versteht sofort und sieht durchaus die Chance eines erneuten Zusammenkommens von Dawson und Joey. Seine Anspielung auf Romeo und Julia macht Joey jedoch skeptisch …

Am folgenden Morgen wird Pacey selbst aktiv. Ausgestattet mit allen nur möglichen polizeilichen Informationen, holt er Dawson in Herrgottsfrühe von daheim ab, fährt mit ihm zur Unfallstelle und schildert dem Freund den tatsächlichen Unfallhergang, der eindeutig den anderen Lenker als den alleinig Schuldigen ausgewiesen hat. Mitch Leery und damit auch Dawson trage also keinerlei Schuld …

In Boston berichtet Joey ihrer Zimmergenossin von den traurigen Ereignissen und von der erschütternden Tatsache, dass Dawson sie und ihre Anwesenheit rundweg abgelehnt hat. Trotzdem treffen die Freunde dann in Dannys Lokal zusammen. Man umarmt einander, man ist sichtlich froh, einander zu haben. Nur der Platz neben Joey, der bleibt leer …

Dawson ist bei seiner Mutter und bei Lilly zurückgeblieben. Beim Abendessen wird ersichtlich, dass die Milch ausgegangen ist und nun Dawson, wie sein Vater vor dessen tödlichem Unfall, nochmals in die Stadt fahren muss.

Der Lebensmittelhändler versichert Dawson seine Anteilnahme, entbietet Grüße an die trauernde Witwe, und er berichtet dem jungen Mann von den letzten Worten des Vaters, die so machtvoll den Stolz auf den Sohn zum Ausdruck gebracht haben. Mit den Tränen ringend verlässt Dawson das Geschäft, er begibt sich zu seinem Wagen, die innere Spannung, die eiserne Maske lösen sich und er beginnt bitterlich zu weinen.

Review 5. 04

Die Episode „Trauer um Mitch" stellt nicht nur inhaltlich und von den tief greifenden Konsequenzen her eine Zentralepisode von ganz „Dawson's Creek" dar: Sie ist mit Sicherheit auch eine der besten, äußerst tief gehend, fordert von den Darstellern absolute schauspielerische Spitzenleistungen und verlangt dem Betrachter alles an emotionaler Stärke ab. Und die Crew um James van der Beek, Katie Holmes etc. ist dem geforderten Anspruch voll und ganz gerecht geworden.

Capeside ist in Trauer. Mitch Leery ist tot …
Wunderschön werden die Anfangssequenzen in Überblendungen aneinandergefügt. Ruhig, instrumental und stilisiert einfach präsentiert sich dieses Mal „I don't want to wait".

Dawson ist wie zu Eis erstarrt. Wie auf Schienen wandelnd bewältigt er die vielfachen Probleme, organisiert das Prozedere im Zusammenhang mit der Bestattung, versorgt Mutter, Schwester und Haus.
Joey kommt zu ihm, möchte ihn mit allen ihren Möglichkeiten unterstützen und sich genauso verhalten, wie er es nach dem Tod ihrer Mutter getan hat, doch er weist sie eiskalt ab. Trotzdem wittert sie noch immer ihre große Chance, sich um ihren Freund zu kümmern, ihm nahe zu sein, und die ehrgeizige Studentin ist sogar willens, ihr Studium gravierend zu vernachlässigen. Doch sie dringt nicht zu Dawson durch, sie hat keine Ahnung, was in dem jungen Mann vorgeht. Sie spürt nur Ablehnung und Zurückweisung. Und sie weiß nicht, was sie mehr schmerzt: dieser Umstand oder Mitch Leerys Tod.

Erst als Dawson ob des für den Staffelbeginn so symbolträchtigen Anrufbeantworters ausrastet, geht der klugen Studentin zumindest teilweise ein Licht auf, was sie ihrem Freund aber auch keine Spur näher bringt. Im Gegenteil: Das Gespräch mit diesem am Bootssteg gerät gänzlich zum Desaster. Er lässt zwar zumindest teilweise die Katze aus dem Sack, Joey findet aber keine Möglichkeit, ihn in irgendeiner Form positiv zu beeinflussen, denn auch sie ist emotional stark belastet.

Das gelingt einzig Jen, die zwar die meiste Angst davor hatte, wie sie Dawson gegenübertreten solle, doch sie handelt völlig intuitiv und ohne Hintergedanken, verbindet sie doch mit Dawson, im Gegensatz zu Joey, nichts als Freundschaft.

Pacey hat es besonders schwer. Auch er möchte für seinen ältesten Freund da sein, doch auch er wirkt blockiert und verkrampft. Zwar ist die Freundschaft zu Dawson wieder halbwegs im Lot, aber immer noch meilenweit von früheren Qualitäten entfernt. Pacey tut das einzig Richtige, indem er den pragmatischen Weg einschlägt. Er sammelt Informationen und klärt den Freund in einem taktisch einzigartigen Manöver über den vermeintlich wahren Unfallhergang auf.

Allerdings kennt einzig und allein der Zuseher die tatsächlichen Vorgänge in Mitch Leerys Wagen zum Unfallzeitpunkt, was diese Episode so einzigartig macht.

Joeys Gespräch mit Gale Leery gerät zu einem absoluten Highlight der Folge. Joey versucht die trauernde Witwe durch den Vergleich zwischen Mitch und Dawson zu trösten, doch scheint es fast so, als wolle sie sich mit diesen Worten in ihrer ziemlich aussichtslos scheinenden Lage selbst Trost spenden.

Auch ihr Gespräch mit Pacey hat diese Qualität. Joey schenkt dem Exfreund reinen Wein ein. Dieser reagiert äußerst reif und fair und stellt somit wieder jene Vertrauensbasis her, die für eine gute Freundschaft notwendig ist.

Genial und unverzichtbar sind die diversen Rückblenden auf einschneidende Erlebnisse, die alle Protagonisten mit dem Verstorbenen hatten, wobei das Aufstellen der Leiter, verbunden mit dem Trost für die bereits zu diesem Zeitpunkt schwer in Dawson verliebte Joey, das wahrscheinlich am meisten Berührende ist, stellt es doch für „Dawson's Creek" die Ausgangsbasis schlechthin dar.

Die Schlussszene im Lebensmittelgeschäft und in Dawsons Wagen löst endlich für alle Beteiligten – auch für die Zuseher –

die Erstarrung. Die Worte des Lebensmittelhändlers können zwar nur teilweise Mitchs positiven Gemütszustand vor dessen Unfall wiedergeben, doch kommen sie letztlich der Wahrheit am nächsten, und sie bewirken bei Dawson endlich, seiner Trauer durch Tränen freien Lauf zu lassen.

In diesem Zusammenhang sind aber auch die Überblendungen nach Boston und ins „Zivilisation" wunderschön gelungen, wo alle anderen Freunde inklusive Pacey wieder einmal einträchtig beisammensitzen.

Ein Fazit sei also gestattet: Großartig, einfach großartig …

Episode 5.05,

„Der beste Freund", „Use Your Disillusion"

Dawson versorgt in Capeside sein Elternhaus. Gale Leery kann diese Aktivitäten nicht mehr mit ansehen. Sie möchte, dass ihr Sohn Joeys Einladung annimmt und für einige Tage nach Boston fährt. Sehr glücklich scheint er allerdings bei diesem Gedanken nicht zu sein …

Joey und Audrey joggen durch den Campus. Erstere plant nervös und minutiös Dawsons Besuch, was Audrey nicht ganz nachvollziehen kann, da sich Dawson und Joey ja schon das ganze Leben kennen. Überraschend treffen die beiden Studentinnen auf Professor Wilder, der Joey eröffnet, dass sein Institut den Auftrag bekommen hat, den Nachlass der bekannten Schriftstellerin Rose Lazar zu ordnen, zumal diese im Worthington College studiert hatte. Dazu sei eine Arbeitsgruppe zu bilden, der auch Joey angehören soll. Am morgigen Abend soll eine Art Kennenlernparty im Haus des Professors stattfinden, was Joey aufgrund Dawsons geplanten Besuchs sehr in die Zwickmühle bringt.

Jen muss sich für ein Seminar Shakespeares Trauerspiel „Othello" ansehen und möchte Charlie als Begleitung gewinnen. Dieser hat jedoch Dienst im Radiosender. So vergattert sie Pacey zu dieser Aktion. Dieser hat dienstfrei, da er Danny für den betreffenden Abend seine Jacht zur Verfügung gestellt hat, damit dieser einen romantischen Abend mit seiner Frau verbringen könne.

Jacks Fuchsenzeit neigt sich dem Ende zu, da erscheint unangekündigt Toby in Boston, was bei Jack zu heftigen Konflikten führt, muss er doch seinem Fuchsmajor Tag und Nacht zu Diensten sein. Toby versteht das nicht, er möchte bei seinem Freund in jeder Beziehung Priorität haben. Außerdem bekrittelt er heftig, dass Jack mit seinen Verbindungsbrüdern offen über seine Beziehungsprobleme diskutiert.

Joeys Nervosität steigt stündlich, da erscheint endlich Dawson in ihrer Unterkunft. Von Anfang an gestaltet sich die Konversation sehr verkrampft und verliert sich in Allgemeinplätzen. Joey hat für ihren Freund ein Buch über den Verlust von Familienmitgliedern und auch etliche Videos besorgt. Dawson scheint weder von der Lektüre noch von einer „Videosession" sonderlich begeistert. Er fügt sich jedoch und die beiden starren in das TV-Gerät. Eine Szene mit einem schrecklichen Autounfall bringt Joey an den Rand eines Nervenzusammenbruchs. Dawson wird aktiv, er beruhigt die Freundin und die beiden beschließen, gemeinsam die Party des Professors zu besuchen …

Jen und Pacey sind auf dem Weg ins Theater, da entdecken sie Charlie zusammen mit einem hübschen Mädchen in einem Café. Obwohl Pacey alles Menschenmögliche tut, um sie zu beruhigen, rast Jen vor Eifersucht. Diese ist allerdings völlig unbegründet, denn das Mädchen entpuppt sich als Charlies Schwester. Zutiefst zerknirscht bittet Jen ihren Lover um Verzeihung …

Paceys Weltbild wird einigermaßen erschüttert, da sich Danny als seiner Frau untreu erweist. Den Abend auf der Jacht hat er nämlich keineswegs mit jener verbracht …
 Ähnliches gilt auch für Jen. Sie möchte Charlie zur Versöhnung einen Geschenkkorb auf dessen Studentenzimmer bringen, da bemerkt sie ein anderes Mädchen, wie es gerade

dessen Zimmer verlässt. Jens Misstrauen gegenüber Charlie war also alles andere als unbegründet.

Jack und Toby stehen vor den Trümmern ihrer Beziehung. Jack möchte nicht „kontrolliert" werden. Er möchte sich in Boston ein neues soziales Umfeld schaffen und hat dies in der Studentenverbindung gefunden. Ein ums andere Mal versetzt er Toby, bis dieser enttäuscht und mit gebrochenem Herzen Boston den Rücken kehrt.

Jen ist Jacks Verhalten unverständlich und auch zwischen den beiden unzertrennlichen Freunden tut sich eine immer größer werdende Kluft auf, zumal Jack zum Burschen befördert worden ist und Jen mit der ganzen Verbindung einfach nichts anfangen kann.

Bei der Party des Professors gerät Dawson in Panik. Zutiefst besorgt stellt ihn Joey zur Rede. Schließlich spricht er sich aus. Er berichtet von Stimmungsschwankungen und Panikattacken, die er in letzter Zeit häufig erlebt hat, und er möchte in Joeys Unterkunft zurückkehren.

Dawsons Besuch bei Joey ist zu Ende. Die beiden verabschieden sich, Dawson verlässt das Studentenzimmer und Joey ist sichtlich erleichtert. Da bemerkt sie, dass der Freund das Buch vergessen hat, das sie für ihn besorgt hatte. In Ermangelung anderer kommunikativ-kreativer Ideen hatte sie ihm eine Widmung in das Buch geschrieben, bewegende Zeilen über ihren tatsächlichen Gemütszustand, die er nie lesen wird.

In der Schlussszene fährt Dawson mit seinem Wagen Richtung Sonnenuntergang. Laut liest Joey ihre Widmung – nichts anderes als eine ehrliche, wunderschöne Liebeserklärung …

Review 5. 05

Eifersucht, Untreue, Unfähigkeit und Entfremdung – so müssten wohl die Untertitel zur Folge „Der beste Freund" lauten …

Die beiden letzteren Bezeichnungen sind da wohl für die Dawson/Joey-Storyline reserviert. Alles beginnt mit der Akribie, der Nervosität, mit der Joey Dawsons Besuch bei ihr plant, es setzt sich mit der Verkrampfung in den bemühten Dialogen und der völlig unpassenden Übergabe des Buches fort und gipfelt in der überhasteten, von Unsicherheit sowie von Versagensängsten getragenen Auswahl der Videos.

Joey versucht all das – denkend-planend – zu imitieren, was Dawson in der Jugend, in der Zeit, als ihre Mutter starb, spontan, aus dem Bauch heraus getan hat, weil er Joey kannte wie seine eigene Westentasche. Und so muss diese jetzt in der fälschlichen Überzeugung, diesen Besuch als ihre letzte Chance wahrnehmen zu müssen, kläglich scheitern. Sie kennt Dawson im Moment nicht, sie weiß nicht, was in ihrem besten Freund vorgeht, die beiden jungen Menschen sind einander entfremdet.

Erst als Dawson wieder das Kommando übernimmt, wird die Situation etwas entspannter, die althergebrachten Rollenbilder sind somit wiedererstanden. Joey ist dem emotionalen Druck, den sie sich völlig sinnloser Weise selbst auferlegt hat, also nicht gewachsen. Sie kann oder will schließlich auch mit Dawsons Schilderungen, was seine Panikattacken und Stimmungsschwankungen betrifft, nicht umgehen und verliert sich in Hilfsdiagnosen wie der oberflächlichen Vermutung, Dawson wäre vielleicht an Grippe erkrankt.

Zum wiederholten Male ist Joey Dawson – als der für sie allzeit treibenden Kraft – gegenüber genau dann blockiert und unfähig, wenn es um die ernsthafte Auseinandersetzung mit dem anderen geht. Ähnlich wie bei Joeys Grafiken in der zweiten Staffel ist ihre emotionale Blockade erst in ihrem schöpferischen Tun aufgehoben, denn der Schlussmonolog, die Widmung, stellt die Wahrheit und letztlich auch eine mögliche Begründung für Joeys Unvermögen dar. Einzig in ihrer Kunst kann sich Joey ausleben, der Kreis schließt sich.

Das Kapitel Eifersucht wird gleich zweimal heftig thematisiert. Tobys überraschender Besuch in Boston bringt Jacks Leben in einer für ihn ganz wichtigen Phase komplett durcheinander, was die Zweifel an dem Funktionieren einer Fernbeziehung verstärkt. Toby will mit Sicherheit keine Kontrolle über Jack ausüben, er möchte einfach nur seinen Freund überraschen und ihn endlich wiedersehen.

Und da kommen nun die Verbindungsstudenten ins Spiel, denen die Burschenschaft über alles geht, gehen muss, denn sonst wäre die Fuchsenzeit nicht durchzustehen. Die streng geheimen Tätigkeiten und der enorme zeitliche Aufwand sind für alle Beziehungen außerhalb des Konvents absolut tödlich, was ja letztlich auch Toby leidvoll zur Kenntnis nehmen muss. Jack geht scheinbar emotionslos über Tobys wortlosen Abschied hinweg und gefährdet damit zusätzlich ernsthaft seine Freundschaft mit Jen.

Diese hat ihr Eifersuchtsdrama mit Charlie. Ohne sich zu informieren, was eigentlich Sache ist, rastet sie unkontrolliert aus und begießt ihren Lover vor den Augen seiner Schwester mit Kaffee, ein extremes Verhaltensmuster, das für die kluge Jen nicht unbedingt typisch ist. Dass sie letztlich mit ihrer Eifersucht recht behalten soll, steht auf einem anderen Blatt Papier und stellt keineswegs eine Entschuldigung für ihr Ausrasten dar. Jedenfalls stehen ab sofort in dieser Beziehung alle Zeichen auf Sturm …

Paceys idealistische Vorstellung von seinem Chef beginnt spätestens zu dem Zeitpunkt stark zu wanken, als er erfährt, dass Danny die Nacht auf der Jacht keineswegs mit seiner Angetrauten verbracht hat. Untreue ist Pacey ein Gräuel, sie widert ihn an. Also auch hier lautet die Devise: Für Spannung ist gesorgt …

Einen der witzigsten und markigsten Dialoge führen wieder einmal Jen und Pacey. Dessen Schilderungen von Karen, von seinen Gefühlen für sie, von der Aussicht auf eine Beziehung zu ihr, aber auch von der frühpubertären Art des Miteinanderumgehens, all das erinnert sehr stark an seinen Umgang mit Joey in frühen Jahren.

Eine dramatische Episode mit sentimentalem und stimmungsvoll gezeichnetem Ausklang …

Episode 5. 06,

„Angst", „High Anxiety"

Dawson besucht seinen Hausarzt in Capeside und schildert diesem seine Probleme mit den Panikattacken. Der Mediziner meint, organisch sei mit seinem Patienten alles in Ordnung, dessen psychische Erscheinungen könnten aber durchaus eine Reaktion auf den Tod seines Vaters sein. Der Doktor fühlt sich allerdings für derlei Erkrankungen nicht zuständig und empfiehlt Dawson eine Psychologin in Boston, eine Spezialistin für Trauerbewältigung, was dem jungen Mann gar nicht besonders zu behagen scheint.

Audrey ist ganz aus dem Häuschen. Gegen ihre sonstigen Gepflogenheiten bringt sie akribisch ihre Unterkunft in Ordnung. Auf Joeys Frage, was denn das für ein ungewohntes Verhalten sei, kündigt Audrey den Besuch ihrer Mutter, einer ehemaligen Schauspielerin, an, mit der sie offensichtlich zumeist in heftigem Clinch gelegen war.

Jen ist bei Pacey auf dessen Boot zu Besuch. Sie beschwert sich sehr über den untreuen Charlie und wettert über die ganze Männlichkeit. Pacey, der gute treue Freund, hat für sie jedoch nur zwei Möglichkeiten parat: Entweder sie ist weiter wütend oder verbittert oder aber sie rächt sich an dem jungen Mann. Jen entschließt sich für Möglichkeit zwei …

Ziemlich aufgedonnert sucht sie Charlies Unterkunft auf und trifft dort auf Laura, jenes Mädchen, das sie kürzlich aus

Charlies Zimmer treten gesehen hat. Es wird binnen kürzester Zeit offenkundig, dass Charlie doppelgleisig gefahren ist und laufend das eine Mädchen mit dem anderen betrogen hat.

Halbherzig entschuldigt er sich bei den beiden jungen Damen und schlägt fürwitzig einen „flotten Dreier" vor. Zum Schein willigen die Betrogenen ein und lassen Charlie einen heißen Strip durchführen. Mit List und Tücke gelingt es den beiden Mädchen, den jungen Mann splitternackt aus dem Zimmer zu lotsen, was zu einem ungeheuren Lacherfolg auf dem Gang führt. Nebenbei entwenden sie auch noch Prüfungsunterlagen, eine von Charlies Lieblings-CDs und auch den Lieblingssweater des zu Tode Bloßgestellten …

Pacey steckt mitten in Partyvorbereitungen. Er will für Dawson auf seinem Boot ein Fest geben. Danny möchte sich aber genau an diesem Abend wieder die Jacht für ein romantisches Stelldichein ausleihen, was Pacey logischerweise ablehnen muss. Stattdessen händigt er seinem Chef eine Halskette aus, die Jen zuvor auf dem Boot gefunden hat. Sehr bald ist allerdings die Katze aus dem Sack, denn Karen entpuppt sich als die Besitzerin des Schmuckstücks.

Dawson hat nach langem Zögern nun doch schweren Herzens und mit stockender Sprache Joey in Boston angerufen und seinen Besuch angekündigt, da er sehr kurzfristig bei der Psychologin einen Termin erhalten hat. Er nimmt diesen zwar zeitgerecht wahr, ist aber letztlich zu ungeduldig. Da er trotz leeren Wartezimmers nicht aufgerufen wird, lässt er den Termin platzen.

Von Jack wird er in das Verbindungshaus mitgenommen, wo man ein Wett-Biertrinken veranstaltet. Längst schon hätte sich Dawson bei Joey melden sollen. Diese ist besorgt, unterbricht das feine Essen mit Audrey und Audreys Mutter, die sich im Laufe ihres Besuches in Boston als schwierig und ziemlich gestört entpuppt hat, und möchte Dawson auf dessen Handy anrufen. Dieser ist bereits ziemlich betrunken und reagiert nicht auf den Anruf.

Aus Ärger über die Äußerungen von Audreys Mutter verlassen die beiden jungen Damen das feine Lokal, sie gehen schnurstracks auf Paceys Party, und Pacey lernt auf diese Weise Audrey kennen.

Joeys Sorge wegen Dawson steigt, da hören sie diesen, Jack und eine ganze Meute an Verbindungsstudenten johlend, grölend und schwankend das Boot erreichen. Dawson zieht völlig betrunken eine gewaltige Show mit seinem Handy ab und bezeichnet Joeys Nachricht auf seinem Anrufbeantworter (Folge 5.01) als das Element, das die Hauptschuld am Tod seines Vaters trägt. Joey ist fassungslos …

Am nächsten Tag hat Dawson einen grauenvollen Katzenjammer. Er wird von Pacey und Jen etwas aufgebaut, er weiß, was für schauderhafte Dinge er Joey ins Gesicht gesagt hat.

In der Zwischenzeit schließt Audrey Frieden mit ihrer Mutter und bedankt sich bei Joey für deren große Unterstützung während des unangenehmen Besuchs.

In der Schlussszene auf dem Bahnhof in Boston entschuldigt sich Dawson bei seiner Freundin und spricht endlich die Wahrheit: Nach seinem Entschluss, nicht mehr nach L. A. zurückkehren zu wollen, habe er an nichts anderes gedacht, als sie, Joey, zu küssen und an die seit Ewigkeiten erstmals wieder greifbare Chance, endlich erneut mit ihr zusammenkommen zu können. Dann sei sein Vater gestorben, was ihn letztlich aus diesen Tagträumen gerissen habe, und er wisse nicht, wie er dahin zurückkehren könne.

Betroffen, aber zärtlich küsst ihn Joey und verspricht, in der Zwischenzeit für sie beide tagzuträumen.

Dawsons Zug fährt ab. Lange und traurig sieht Joey dem Abreisenden nach …

Review 5.06

Die Episode „Angst" ist geradezu angetan, sich ein wenig genauer mit Dawsons psychischem Zustand auseinanderzusetzen.

Nach den negativen Erlebnissen in L. A., dem abgebrochenen Filmstudium und dem Tod des Vaters vegetiert der junge Mann ohne greifbare Zukunftsaussichten bei Mutter und Schwester in Capeside herum, was sich letztlich in seinen Panikattacken manifestiert. Der geplante Umzug nach Boston hat an Attraktivität verloren, mehr noch, Dawson möchte die Stadt grundsätzlich meiden, zumal er erkennen muss, dass ein Zusammentreffen mit Joey nicht förderlich ist, denn auch er ist gegenüber der Freundin blockiert, es fällt ihm sichtlich schwer, überhaupt mit ihr zu reden.

So ist es geradezu symptomatisch, dass er lieber Jen besucht, die ihn im Moment wie kaum jemand anders versteht, mit der er die besten Kommunikationsmöglichkeiten hat, und dass er es vorzieht, mit Jack die Verbindung heimzusuchen, um dort die lockere, unbelastete Gesellschaft der Konventstudenten zu genießen.

Unter dem Einfluss einer ziemlichen Ladung Bier kommt es zu bemerkenswerten Outings: Er verweigert Joeys Anruf und verpackt seine Aggressionen ihr gegenüber auf Paceys Party in eine gewaltige Show, in der er Joey quasi die Grundschuld am Tod seines Vaters, aber auch an seinem momentanen psychischen Zustand gibt. In Joey projiziert er also alles Negative hinein, was ihm in letzter Zeit widerfahren ist.

Erst im nüchternen Zustand nimmt er sich zurück, gesteht seinen wahren Gemütszustand und die tatsächlichen Hintergründe seines Verweilens in der Stadt, teilt also der Freundin seine tatsächlichen Probleme und Ängste mit. Und sie verzeiht ihm nicht nur, sondern übernimmt von diesem Moment an in gewissem Maße sogar dessen tagträumerisches Naturell, das Dawson aufgrund der Umstände abhandengekommen ist und von dem er gar nicht weiß, ob er es jemals wiedererlangen wird.

Und spätestens zu diesem Zeitpunkt geschieht etwas ganz Seltsames, etwas, das ganz hintergründig zumindest Joeys Storyline maßgeblich beeinflusst, denn urplötzlich ist Dawson der Realist und Joey entwickelt sich immer mehr zur träumerischen Künstlerin, Autorin, und es hat in manchen Sequenzen den Anschein, dass ihr die eigene weitere Geschichte in die Feder gelegt wird und gleichsam sie selbst die (schriftstellerischen) Entscheidungen für den weiteren Handlungsverlauf bis hin zum Ende der sechsten Staffel (6. 22) trifft. Das würde nämlich auch die nun beginnende und oftmals kritisierte Wandlung der Serie von „Dawson's Creek" hin zu „Joey's Creek" erklären und durchaus verständlich machen …

Sehr interessant entwickelt sich die intensive Freundschaft von Jen und Pacey weiter. Mangels positiven Kontakts zu Jack ist der junge Koch nun Jens erste Anlaufstelle, wenn es um Probleme geht. Paceys Urteilsvermögen, aber auch seine Ratschläge sind für die blonde Studentin unverzichtbar geworden. So ist es letztlich Pacey, der der Freundin den Rat zur Revanche an Charlie gibt und somit die so pikanten Szenen in Charlies Zimmer erst möglich macht.

Ein weiterer wichtiger Plot befasst sich mit Audreys Beziehung zu ihrer Mutter. Interessant, dass auch diese unerfüllt gebliebene Lebenswünsche in ihre Tochter projiziert und ähnlich wie Mitch Leery damit vorderhand einmal scheitert.

Dass allerdings gerade Joey es ist, der bei dem unerquicklichen gemeinsamen Abendessen der Geduldsfaden reißt, überrascht auf den ersten Blick. Bei näherer Betrachtung aber kann man hier die ersten ernsthaften Ansätze zur beginnenden tiefen Freundschaft zwischen ihr und Audrey feststellen.
   Ein absolutes Highlight ist mit Sicherheit Audreys erstes Zusammentreffen mit Pacey, der der Jungkoch Joey gegenüber unverzüglich plumpe Anmache unterstellt.

Überhaupt ist bei Pacey die größte charakterliche Weiterentwicklung festzustellen, was wahrscheinlich unter anderem an dessen ernsthaftem Beruf liegt. In der großartigen Szene auf der Jacht, in der er Dawson ein probates Mittel gegen Katzenjammer verabreichen will, wird genau das besonders deutlich. Ähnlich wie in der Beziehung zwischen Dawson und Joey wird auch hier sehr subtil ein merklicher Wandel der althergebrachten Rollenbilder vermittelt. Ob dieser von Dauer ist, wird die Zukunft zeigen ...

Es ist eine für die frühe fünfte Staffel typische, qualitativ hoch stehende Episode, die letztlich auch im Hinblick auf die Beziehung zwischen Pacey und Karen einiges an Spannung aufgebaut hat, zumal dem Koch nun klar geworden ist, mit welcher Person sein so hoch geschätzter Chef die eigene Frau hintergeht.

Ein inhaltlicher Kritikpunkt sei jedoch angemerkt: Woher wusste Pacey von Dawsons so kurzfristig vereinbarter Präsenz in Boston Bescheid, sodass er im Handumdrehen eine Party für den Freund auf die Beine stellen konnte?

Episode 5.07,

„Text, Lügen und Video", „Text, Lies and Videotape"

Jen begleitet Dawson zu seiner ersten Therapiesitzung. Sie berichtet ihm von ihren eigenen Erfahrungen, die sie bei Doktor Frost gesammelt hat, und legt ihm nahe, dass eine derartige Therapie nur nützlich sein könne und er auf keinen Fall mehr kneifen solle.

Audrey möchte sich mit einem Video bei einem TV-Sender bewerben. Joey indes hat einige Probleme mit dem Projekt „Rose Lazar". Die anderen Teilnehmer und Teilnehmerinnen der Arbeitsgruppe sind nämlich wesentlich älter und erfahrener, was bei Joey einiges an Unbehagen und Unsicherheit auslöst.

Beim Sichten von Briefen der Schriftstellerin stößt die Gruppe auf einige Schreiben, die gänzlich anders abgefasst sind als alle anderen; ehrlich, auf Sexualität und Unsicherheiten bei der Schriftstellerei fixiert, was für die Inhalte einer schriftlichen Kommunikation der 1920er-Jahre untypisch erscheint. Gespräche mit Professor Wilder sowie den Kollegen und Kolleginnen erhellen zwar sukzessive das Rätsel, einen wirklichen Lösungsansatz bringt aber erst eine Szene aus Audreys Video, in der jene in einem Selbstgespräch sehr selbstkritisch über die Probleme mit ihrer Mutter spricht. Joey postuliert, dass Rose Lazar die Briefe als eine Art Tagebuch an sich selbst geschrieben habe, und der Professor wie auch die Kollegen und Kolleginnen sind sehr angetan von dieser Theorie ...

In Dannys Lokal laufen die Vorbereitungen für ein Jubiläumsfest auf Hochtouren. Pacey, der sich sehr zu Karen hingezogen fühlt, spricht diese offen auf ihr Verhältnis mit Danny an und zieht sich daraufhin den Unmut der jungen Frau zu, die sich in einer heftigen verbalen Attacke Luft verschafft. Letztlich entschuldigt sich Karen für dieses Verhalten und so etwas wie Freundschaft keimt auf.

Das Fest selbst gerät für Karen zu einem Desaster, erscheint doch gegen die ursprüngliche Planung Dannys Frau, welche ihr Ehemann vor Karens Augen leidenschaftlich küsst. Verzweifelt zieht sich die hübsche Kellnerin nach Hause zurück. Pacey jedoch lässt nicht locker. Er möchte die Kollegin trösten, besucht sie in ihrer Wohnung und bringt Köstlichkeiten des Festmenüs mit. Karen und Pacey scheinen sich etwas näher zu kommen, da ruft Danny an, erklärt der jungen Frau via Anrufbeantworter seine Liebe und bittet sie um Verzeihung. Enttäuscht verlässt Pacey Karens Wohnung ...

Dawsons Therapiesitzung verläuft durchaus positiv. Die Psychologin erkennt die Ansätze für dessen Panikattacken, führt ihr Patient doch ein ungewohnt inaktives, auf Capeside, Mutter und Schwester fixiertes Leben, das zudem im Moment auch ziemlich arm an Zukunftsperspektiven erscheint.

In Capeside selbst wird ein weiteres Problem offenkundig. Laut Aussagen des Notars, der den Nachlass Mitch Leerys verwaltet, hat Dawsons Vater vergessen, einen Passus für die Begünstigung von Lilly zu unterschreiben, was Dawson sehr wütend macht.

Diese Wut wird auch in der nächsten Therapiesitzung thematisiert und auf Dawsons Bevormundung im Zusammenhang mit dem Abbruch des Filmstudiums ausgeweitet. Und langsam lichtet sich der Schleier …

Jen ist immer für Dawson da. Sie versteht ihn sehr gut, weiß mit ihm umzugehen, nur ihr öffnet er sich. Eingedenk des gemeinsamen Nacktbadens in der zweiten Staffel spielt sie als frischgebackene Radiomoderatorin des Studentensenders einen Song, der nur Dawson gewidmet ist. Lächelnd sitzt jener in seinem Wagen und hört zu …
Zurückgekehrt nach Capeside, erhält er von seiner Mutter ein Schreiben des Filmfestivals Hooksett NH. Sein Film über Mr. Brooks hat den Wettbewerb gewonnen, wozu man ihm gratulieren möchte. Dawson ist höchst erstaunt, hat er doch nicht wissentlich an dieser Veranstaltung teilgenommen. Die Mutter jedoch kann das Rätsel lösen. Mitch Leery hatte für seinen Sohn daran teilgenommen. In diesem Moment hat Dawson seinem Vater verziehen und er wie auch seine Mutter werden sich ihrer großen Liebe zu dem Verstorbenen bewusst. Gemeinsam positiv an ihn denkend sitzen sie da und blicken in das flackernde Feuer des Kamins.

Aber auch Joey ist glücklich. Ihr anerkennenswerter Beitrag im Zusammenhang mit Rose Lazar war sicherlich ein erster Schritt zu akademischen Ehren.

Review 5. 07

Die Episode „Text, Lügen und Video" verlässt die bisher emotional bestimmende Dawson/Joey-Storyline gänzlich und widmet sich einerseits Joeys akademischem Projekt über die Schriftstellerin Rose Lazar, andererseits aber auch dem eskalierenden Plot Pacey/Karen. Breiter Raum wird jedoch auch Dawsons beginnender Psychotherapie und der diesbezüglichen großen seelischen Unterstützung durch Jen gewidmet. Jack hat keine Screentime.

Joey hat ihr erstes Treffen in der Projektgruppe Rose Lazar. Sie ist nervös und unsicher, sind doch alle anderen Teilnehmer wesentlich älter und erfahrener. Ihre Schüchternheit, die Unsicherheit, die sie im Zuge der ganzen Projektarbeit allen anderen gegenüber an den Tag legt, erscheint fast nicht gespielt und spiegelt wunderschön genau jenes Charaktermerkmal der jungen Studentin wider, das in Folge 4.22, „Endlich geschafft", im Brief der todkranken Mutter so treffend formuliert worden ist.

Sehr subtil agiert Professor Wilder und führt seine Arbeitsgruppe professionell und verständnisvoll in die komplizierte Materie ein. Er fördert Joey aus Zuneigung und Sympathie, aber noch viel mehr aus dem Wissen um ihr großes Talent und verhilft ihr letztlich mit Audreys unbeabsichtigter Schützenhilfe zu dem einzig brauchbaren Ansatz. Ein literarisches, soziologisch-historisches Puzzle mit Tiefgang ist also einer Lösung nahe gebracht worden und die älteren Projektteilnehmer staunen …

Aber auch Audrey hat ihren persönlichen Erfolg dahingehend gefunden, dass sie imstande ist, per Videobotschaft die Probleme mit ihrer Mutter völlig ehrlich und ohne Umschweife anzusprechen und damit aufzuarbeiten. Sie nimmt sich von nun an so, wie sie ist, sie versucht nicht mehr krampfhaft, Dinge an sich zu ändern, und sie macht sich dadurch frei – möglicherweise auch für eine neue, ernsthafte Beziehung. Mit anderen technologischen Mitteln geht sie also letztlich den gleichen Weg wie Rose Lazar …

Paceys Interesse an Karen ist nun nicht mehr aufzuhalten. Mit allen Mitteln versucht er sie aus der selbstzerstörerischen Beziehung mit Danny zu erretten. Er hat eine greifbare Chance, doch ein Anruf Brekkers macht diese zunichte. Karen ist noch nicht so weit …

Abseits von dieser interessanten Storyline werden aber auch wieder vermehrt Einblicke in das Leben und Funktionieren der gehobenen Gastronomie gegeben. Dannys Schilderungen von seinen eigenen Anfängen im „Zivilisation" und von den vielen Schwierigkeiten mit aufsässigen und unzuverlässigen Lieferanten geben da ein bezeichnendes Bild ab, das letzten Endes seine Eheprobleme, aber auch die Beweggründe und den Beginn seiner Beziehung zu Karen durchaus nachvollziehbar werden lässt.

Mit Jens sachkundiger Hilfe nimmt also Dawson nun doch die Unterstützung durch eine Psychotherapeutin wahr. Bei der alten Freundin fühlt er die Geborgenheit, das emotionale Gleichgewicht, das ihn diesmal nicht mehr kneifen lässt. Und er macht seine Sache gut. Die Psychotherapeutin führt den jungen Mann auf die Spuren seiner eigenen Gedanken, die sich im Kreise drehen, es werden Halbwahrheiten, aber auch Selbstbetrug aufgedeckt, ohne dass es dabei zu Peinlichkeiten kommt. Interessant aber ist der Umstand, dass das zentrale Kapitel, seine Beziehung zu Joey, im Zuge der Therapie kein einziges Mal thematisiert wird, was nicht ganz verständlich ist und einen gewissen Kritikpunkt darstellt.

Jen ist jedenfalls genau der Mensch, den Dawson momentan braucht. Sie weiß das, und das Urvertrauen zwischen den beiden, das schon in Folge 3. 09, „Tango für Vier", vonseiten der Tanzlehrerin so treffend erkannt und ausgesprochen worden ist, ist letztlich nun die bestimmende Triebfeder. In der Rückblende auf das gemeinsame Nacktbaden (2. 09, „Die Wahl") wird das auch bildlich nachhaltig dokumentiert.

Eine subtile, hochinteressante und für den weiteren Handlungsverlauf sowie für die Weiterentwicklung der Charaktere vielversprechende Episode …

Episode 5. 08,

„Hotel New Hampshire"

Dawson besucht Pacey auf dessen Jacht. Die beiden Freunde unterhalten sich über die Ereignisse der letzten Zeit, aber auch über ihre Pläne. Pacey berichtet kurz über seine Probleme mit Karen, doch er bricht ab, er möchte den psychisch ohnehin so beanspruchten Dawson nicht noch mehr belasten. Dieser ist sichtlich enttäuscht, fühlt sich ausgeschlossen ...

Jen und Joey lernen gemeinsam. Während einer kurzen Pause besprechen sie den bevorstehenden Ball der Studentenverbindung, bei dem Joey für Jack Damenbegleitung spielen soll. Joey erkundigt sich bei Jen über Dawsons Gesundheitszustand, immerhin hat sie ihn einige Zeit lang nicht gesehen. Es fällt ihr nicht leicht, diesen Umstand zuzugeben, und sie kommt sich in dieser Sache recht dumm und unfähig vor. Letztlich ist sie aber heilfroh, dass wenigstens Jen sich im Augenblick um ihren Freund kümmert ...

Bei Sigma-Epsilon laufen die Ballvorbereitungen. Jeder der Verbindungsbrüder hat auf dem Fest ein Mädchen zu vernaschen. Listen potenzieller Studentinnen werden ausgetauscht und Jack wird auf die Mädchen des Worthington College und damit auch auf seine Freundinnen Joey und Audrey angesprochen. Eric, ein Verbindungsbruder, soll Audrey als Ballbegleitung zugesprochen bekommen.

Pacey möchte Karen zum Essen einladen. Die junge Frau sperrt sich anfangs. Sie will sich nicht mit ihrem Kollegen auf ein Date einlassen. Letzten Endes stimmt sie jedoch zu. Beide wollen einfach nur wie alte Freunde ausgehen ...

Dawson beklagt den Umstand des Abgeschirmtwerdens von den Freunden bei seiner Psychotherapeutin. Er möchte am Leben und an den Problemen der anderen teilhaben können wie früher, er möchte nicht wie ein zartes Pflänzchen behandelt werden. Die Therapeutin rät ihrem Patienten, diesen Umstand bei den Freunden einfach direkt anzusprechen, und sie empfiehlt ihm, zum Filmfestival nach Hooksett zu reisen, damit er den Kopf endlich frei bekomme. Und sie meint, er solle doch einen seiner Freunde, von denen er sich so entfremdet fühlt, dahin mitnehmen.

Jen bekommt Besuch im Radiosender. Laura, jenes Mädchen, mit dem Charlie sie betrogen hat, erscheint ganz unerwartet. Sie berichtet der Moderatorin von Liebesbriefen, die sie unentwegt von Charlie erhalte, und Jen ist sprachlos. Sie selbst hatte von dem Burschen nämlich niemals solche erhalten.
Bei Dawson weint sie sich aus, bezeichnet sich als Charlies Flittchen und möchte weg aus Boston. Dawson beherzigt den Ratschlag seiner Therapeutin und lädt seine alte Freundin ein, ihn zum Festival zu begleiten …

Der Verbindungsball wird für Eric und Audrey zum Fiasko. Der Student ist völlig unerfahren, benimmt sich reichlich ungeschickt und hat demnach keine Chance, bei Audrey zu landen. Er beklagt diesen Umstand lautstark bei Jack, was Joey mitbekommt. Diese ist außer sich, da es bei der Fete offenbar nur um das Abschleppen williger Studentinnen geht, wofür Joey überhaupt kein Verständnis aufbringen kann. Letztlich entschuldigt sich Jack bei Audrey und Joey für sein unpassendes Verhalten. Die beiden jungen Damen müssen jedoch anerkennen, dass für Jack die Verbindung sehr wichtig und in jedem Fall gegenseitige Toleranz notwendig ist.

Für Karen und Pacey endet das gemeinsame Essen mit einer eher überraschenden Wendung: Sie verbringen gegen alle Planungen eine heiße Liebesnacht miteinander, die Karen am nächsten Morgen verbal zutiefst bereut, was Pacey dazu veranlasst, stinksauer die Wohnung der Kollegin zu verlassen und seinen Job bei Danny zu kündigen. Doch Karen ist ihm mit dieser Aktion bereits zuvorgekommen und so behält der aufstrebende Koch seine Arbeitsstelle. Die junge Frau allerdings möchte endlich ihrer vertrackten privaten Situation entfliehen und kehrt Boston den Rücken …

Das Filmfestival wird für Dawson zu einem vollen Erfolg. Sein Film über Mr. Brooks wird bejubelt und man zollt ihm überall große Anerkennung. Zudem lernt er Oliver, einen ziemlichen Spinner, aber sehr begabten Filmemacher, kennen, der ihm den Besuch der Kunstakademie in Boston empfiehlt.

Jen genießt es, als Freundin des „Stars" bei dem Festival anwesend zu sein, und man merkt, wie gut sie sich mit Dawson versteht. Zusätzlich haben die beiden als Unterkunft die Hochzeitssuite des Hotels erhalten und so schlägt also auch für Dawson die große Stunde. Nach Jens Eingeständnis, dass er, Dawson, immer schon große physische Anziehung auf sie ausgeübt hat, schlafen die beiden miteinander. Dawson hat also endlich sein erstes Mal – mit Jen …

Review 5. 08

„Hotel New Hampshire" ist wohl die Episode, die in sexueller Hinsicht die meisten Überraschungsmomente zu bieten hat.

Nach langer Zeit wird wieder eine eigene Dawson/Jen-Storyline ins Leben gerufen, die sich zwar in den letzten Episoden schon massiv abgezeichnet hat, in der ganzen Konsequenz jedoch schon ein wenig überraschend gekommen ist. Es ist natürlich nahe liegend, dass Dawson die alte Freundin nach Hooksett auf das Filmfestival mitnimmt, zumal ja auch diese vitalen Bedarf nach einem Ortswechsel hat, schließlich ist sie von der gerade erst durchgestandenen Enttäuschung mit Charlie und dessen Liebesbriefen an Laura gezeichnet. Und weiters erscheint das Bewohnen der Hochzeitssuite für unheilige Ausschweifungen geradezu prädestiniert.

Durch den mentalen Friedensschluss mit seinem verstorbenen Vater und die Anerkennung von dessen Leistungen ist Dawson psychisch und physisch befreit. Befreit vom väterlichen Vorbild, vom Maß aller Dinge in puncto Liebesleben, beginnt er erstmals sein eigenes Sexualleben zu führen, wofür ihm Jen im Moment eine kongeniale Partnerin zu sein scheint.

Von vorher gar nicht richtig abzuschätzender Pikanterie ist in diesem Zusammenhang das Gespräch zwischen Joey und Jen während deren Lernpause, in dem Joey ohne Umschweife erstmals ihre Unfähigkeit gegenüber Dawson eingesteht und auch noch ein wenig blauäugig einräumt, wie gut es doch sei, dass nun Jen die Aufgabe übernommen habe, sich um den Freund zu kümmern. Ob das in letzter Konsequenz in diesem Sinne gemeint war, sei allerdings massiv dahingestellt …

Sehr hübsch gezeichnet sind die Vorgänge rund um das Filmfestival, aber auch die Einführung der neuen Figur Oliver und dessen genial-provinzielles Denken. Aber auch Jens Auftreten in Hooksett und ihre knisternden Dialoge mit Dawson sprühen vor Witz und Sinnlichkeit.

Weit weniger pikant, sondern vielmehr eher vulgär wirken die Ereignisse rund um den Ball der Studentenverbindung. Es wird schonungslos aufgezeigt, worum es den Konventjungs eigentlich geht und wie respektlos sie dem weiblichen Geschlecht gegenüber agieren. Erics plumpe Anmachsprüche sind da nur als die Spitze des Eisbergs zu sehen.

Im Grunde genommen besteht für jeden der Brüder die grundsätzliche Verpflichtung, ein Mädchen zu vernaschen, was schon bei den Vorbereitungsszenen mehr als deutlich wird und quasi den Geruch eines rein sportlichen Wettbewerbs an sich hat. Dass insbesondere Joey in dieser Schärfe darauf reagiert und an Jack zu zweifeln beginnt, ist mehr als verständlich.

Von Vorbildwirkung ist aber letztlich die Versöhnung zwischen den aufgebrachten Worthington-Studentinnen und Jack, schließlich keimt gerade in dieser Szene jene Toleranz gegenüber Unbekanntem und Nichtverständlichem auf, die für den Fortbestand der Freundschaften in den unterschiedlichen Umfeldern dringend vonnöten ist.

Paceys „Nicht-Date alter Freunde" mit Karen überrascht schließlich auch mit einer unerwarteten sexuellen Begegnung, wobei den gravierenden Unterschied zu Dawson und Jen die Faktoren „One-Night-Stand" und „Bereuen" darstellen. Das tun Dawson und Jen nämlich mit Sicherheit nicht. Sie verlängern ihren Kurzurlaub und Jen wird klar, dass sie als Dawsons offizielle Freundin an dessen Leben teilhaben möchte.

Episode 5. 09,

„Unheimliche Geschichten", „Four Scary Stories"

Diese Folge bringt eine Novität für „Dawson's Creek". Das erste Mal hat einer der wichtigsten Protagonisten, nämlich Dawson Leery, keine Screentime. Es ist übrigens die Halloween-Folge der fünften Staffel ...

Joey, Pacey und Jack treffen nach einem gemeinsamen Kinobesuch im Hause der Mrs. Ryan ein. Eingehend diskutieren sie den soeben gesehenen Horrorfilm und natürlich macht man sich wieder einmal über Joey lustig, die ja schon seit jeher als extremer Angsthase gilt. Und so gelingt es den beiden jungen Männern mit einfachen Mitteln, ihre Freundin kräftig das Fürchten zu lehren.

Man stellt fest, dass eigentlich nur jene Geschichten richtig gruselig sind, die man selbst erlebt hat. Joey stimmt dem vollinhaltlich zu und legt gleich mit der ersten Story los.

Es ist Halloween. Audrey ist als Filmfigur verkleidet, möchte die eine oder andere Halloween-Party besuchen und will Joey dazu überreden, sie dorthin zu begleiten. Joey jedoch kann nicht, sie muss in die Bibliothek, da sie noch allerhand für die diversen Seminare zu lesen hat. Audrey spielt die Besorgte, sie hat ihr Unterfangen bei Weitem noch nicht aufgegeben und weist ihre Zimmergenossin auf einen unheimlich wirkenden älteren Mann hin, der in der letzten Reihe des Lesesaals sitzt und unentwegt zu ihr hinstarrt. Aber auch dieser Hinweis stimmt Joey nicht um und Audrey verlässt unverrichteter Dinge die Bibliothek.

Die Furcht einflößende Person gesellt sich zu Joey und möchte sich einen Stift ausleihen, warnt aber gleichzeitig die junge Studentin, dass es gefährlich sein könne, nach Einbruch der Dunkelheit allein hier zu sein. Immerhin ist an Ort und Stelle im Vorjahr ein Mädchen überfallen worden.

Verunsichert begibt sich Joey zu einem jungen Burschen, der die diversen Schriftstücke verwaltet. Dieser beruhigt das Mädchen. Der seltsame Mann sei angeblich immer um diese Zeit hier. Joey benötigt jedoch einige seltene schriftliche Unterlagen und muss dazu in den Keller gehen. Jedes Geräusch macht ihr Angst …

Türen werden geöffnet und versperrt. In Panik hastet sie wieder in den Lesesaal hinauf, wo der Fremde nicht mehr zu sehen ist. Trotzdem läuft sie zuerst diesem und dann dem jungen Verwalter in die Arme. Schreiend sucht sie bei Letzterem Hilfe, doch sie ist leider an den Falschen geraten. Der junge Mann ist der Gewalttäter und der seltsame Fremde ein Polizist. Mit den Kenntnissen aus einem Grundkurs im Kickboxen streckt Joey den Übeltäter nieder …

Auch Jack hat eine unheimliche Geschichte zu erzählen. Mit zwei Verbindungsbrüdern hat er in den unteren Geschossen des Verbindungshauses für Sauberkeit zu sorgen. Bei ihm macht sich allerdings eine beginnende Grippeerkrankung bemerkbar, die er mit einem guten Schluck Schnaps aus der Flasche eines Bruders bekämpfen möchte. Eine alte Jahrgangsfotografie des Vaters von einem der drei taucht auf und man erzählt sich seltsame Geschichten, diesen Jahrgang betreffend.

Jack fühlt sich gar nicht wohl. Er sucht eine Toilette auf. Bei der Rückkehr in einen der Kellerräume hört er ein altes Kofferradio Musik aus den 60er-Jahren spielen, was Jack zusätzlich irritiert. Plötzlich hört er lautes Klopfen. Er begibt sich auf die Suche nach der Ursache und entdeckt zu seinem Schrecken einen jungen Mann, der gefesselt und geknebelt in einem Nebenraum sitzt. Dieser stellt sich als schwul heraus und ist von Kollegen wegen dieser sexuellen Orientierung derartig zugerichtet worden. Jack möchte dem Fremden ein Glas Wasser holen, da spielt das alte Radio plötzlich wieder Aktuelles, der Fremde ist weg und Jack entdeckt den jungen Mann auf der alten Fotografie wieder …

Nun ist Pacey an der Reihe. Er ist mit Karen im Wagen von Dannys Frau unterwegs, um die Kollegin nach Hause zu chauffieren. Trotz Dunkelheit ist ein entgegenkommendes Auto ohne Licht unterwegs. Pacey blinkt warnend mit den Scheinwerfern und Karen rastet aus. Das dürfe man nicht, es könnte sich um eine Straßengang handeln …

Und tatsächlich werden sie von diesem Fahrzeug brutal verfolgt. In letzter Sekunde erreichen sie ein Fernfahrertreff, welches aber auch nicht sehr geheuer ist, denn nichts, also auch kein Telefon, funktioniert. Pacey versucht den Fahrer des mysteriösen Wagens ausfindig zu machen, worauf die beiden brüsk des Lokals verwiesen werden. Und sie werden weiter verfolgt. Mit einem waghalsigen Bremsmanöver gelingt es Pacey, den Verfolger in den Straßengraben zu befördern. Zur Überraschung der beiden erweist sich das Auto als fahrerlos …

Diese ganzen Geschichten kann die soeben heimgekehrte Mrs. Ryan allerdings mit einer besonders gruseligen Story über Jens ersten Abenddienst im Radiosender noch überbieten …

Review 5. 09

„Unheimliche Geschichten" – das Zugeständnis der fünften Staffel an Halloween. In dieser völlig aus dem Zusammenhang gerissenen Episode werden alle Storylines und Plots unterbrochen und Dawson, der eigentliche Halloween-König, hat keine Screentime, was unverständlich ist.

Es ist nicht übermäßig viel, was man dieser Folge Positives abgewinnen kann, wenn man von ansprechenden schauspielerischen Leistungen, so manchen Spannungsmomenten und einem guten Soundtrack in den einzelnen Geschichten absieht.

Die Story um Joeys unheimliches Erlebnis in der Bibliothek ist nur unter dem Blickwinkel einer genauen Kenntnis von Joeys Charaktermerkmalen, also ihrer Ängstlichkeit, aber letztlich auch ihrer Aggressivität, als einigermaßen sinnvoll zu erachten. Die Story selbst ist ein wenig dünn und durchsichtig, Spannungsmomente werden weitgehend nur durch Katies Leistung erzeugt. Ein Lichtblick ist aber sicher auch Audreys schauspielerischer Beitrag im Lesesaal.

Die Geschichte rund um die seltsamen Vorgänge auf der Autostraße und im Fernfahrertreff gewinnt durch die Tatsache, dass Pacey und Karen das Auto von Dannys Frau benutzen, ein wenig an Pikanterie. Außerdem wird recht anschaulich die mehr oder weniger kollegiale, aber noch wenig klare Beziehung zwischen den beiden dokumentiert, und Karens Charaktermerkmale werden herausmodelliert. Außerdem gelingt eine recht gute Charakterisierung Danny Brekkers, der für Pacey wie Karen einiges an Charisma zu besitzen scheint.

Für Pacey ist Danny von doppeltem Nutzen. Er ist nicht nur sein Brötchengeber, er ist auch jene Person, die, ohne sich an Paceys akademischem Desinteresse zu stoßen, imstande ist, den jungen Mann zu motivieren und aus dessen Talenten das Maximum herauszuholen.

Am besten gelungen erscheinen jedenfalls die Storys rund um das Verbindungshaus und Jens wirklich erschreckendes Erlebnis rund um den Radiosender, das durch Grams rhetorischen, aber auch persönlichen Einfluss zur schockierenden Realität wird, schließlich ist sie selbst lange Zeit von den jungen Leuten als eine Horror verbreitende Unperson angesehen worden. Allerdings wird auch in dieser Episode wieder deutlich, wie sehr sich die alte Dame mit den Jahren gewandelt hat und welch wichtige Stellung sie für die jungen Leute nunmehr innehat.

Jacks Geschichte hat dahingehend den interessantesten Background, dass in sehr subtiler Art und Weise auf die Probleme eines homosexuellen Outings zu früheren Zeiten, in einer früheren Generation, eingegangen wird. Gleichzeitig wird damit auf die grundlegenden Schwierigkeiten jedes Außenseitertums thematisch eingegangen.

Recht witzig und auch sehr intelligent wird in den Gesprächen zwischen den einzelnen Geschichten das Genre des Horrorfilms im Zusammenhang mit einer angeblichen Abstumpfung der jungen Generation ein wenig ins Lächerliche gezogen.

Episode 5.10,

„Drama zum Dessert", „Appetite for Destruction"

Joey, Audrey, Pacey und Jack haben sich im Haus der Mrs. Ryan eingefunden, um gemeinsam zu kochen und zu tafeln. Pacey fungiert dabei an seinem dienstfreien Tag als Küchenchef. Einen Tag später als geplant kehren Jen und Dawson aus Hooksett nach Boston zurück. Die beiden wollten einfach noch ein Weilchen in trauter Zweisamkeit ihre neue Beziehung genießen und haben natürlich keine Ahnung davon, dass sich die Freunde in Mrs. Ryans Haus befinden. So werden die beiden von diesen bei einem leidenschaftlichen Kuss im Flur ertappt …

Alle sitzen bei Tisch. Man speist Paceys etwas zu klebrig geratenes Risotto, es herrscht ziemliche Spannung, und deshalb müht sich die Konversation sehr. Während sich Pacey und Jack irgendwie zu amüsieren scheinen, wirkt Joey irritiert und verwirrt, was Audrey merkt. Sie drängt ihre Freundin zu einem Gespräch unter Frauen und klärt Joey dahingehend auf, dass offensichtlich eine eindeutige Beziehung zwischen Jen und Dawson besteht, was Joey anfangs gar nicht glauben oder wahrhaben will, wäre doch ein Kuss zwischen den beiden wirklich nichts, was sie nicht schon gesehen hätte.

Aber auch Dawson und Jen fühlen sich sichtlich unwohl. Mit einem derartigen Treffen in diesem Stadium ihrer Beziehung haben sie mit Sicherheit nicht gerechnet. Dawson wird von Jack und Pacey in die Zange genommen. Er soll endlich im Detail berichten, was auf dem Festival in Hooksett vorgefallen ist. Dawson lässt sich aber nichts Konkretes entlocken und sucht stattdessen ein Vieraugengespräch mit Joey. Er erklärt ihr, was Sache ist, dass also weit mehr passiert ist als nur ein paar flüchtige Küsse an einem lustigen Wochenende, und die Studentin nimmt die Tatsache nach außen hin recht ruhig und gefasst zur Kenntnis.

Im Zuge der diversen Tischgespräche berichtet Dawson von der mehr als freundlichen Aufnahme seines Films, von seiner Begegnung mit Oliver, von der Idee, die hierorts angesiedelte Kunstakademie zu besuchen, und dass er durchaus plane, deshalb hierher nach Boston zu übersiedeln.

Jack wiederum tritt mit Zielsicherheit von einem Fettnäpfchen in das andere und schockiert Joey erst recht mit dem Vorschlag, Dawson könne ja auch hier im geräumigen Haus der Mrs. Ryan wohnen.

Zu Dawsons Irritation erscheint nun plötzlich und unangemeldet Charlie unter dem Vorwand, Jen ihr vermisstes T-Shirt zurückbringen zu wollen, an der Haustür. In Wahrheit ist er endgültig bei Laura abgeblitzt und möchte nun wenigstens Jen zurückgewinnen. Diese blockt jedoch energisch ab. Es ist zu spät, sie ist endgültig mit Dawson zusammen.

Jack warnt Jen vor dieser seiner Meinung nach etwas überstürzten Beziehung, auf die sie sich da eingelassen hat. Dawson sei noch mit der Trauerbewältigung beschäftigt und sie, Jen, mit der Aufarbeitung des Kapitels Charlie …

In diesem Gespräch wird klar, wie weit sich die beiden unzertrennlichen Freunde durch Jacks Aktivitäten in der Studentenverbindung, aber auch durch Jens intensives Engagement rund um Charlie voneinander entfernt haben, doch sind durchaus Ansätze zu einer Besserung bemerkbar.

Joey spürt nun auch vehement die geistige Distanz zwischen ihr und Dawson, worunter sie mehr leidet als unter der neuen Beziehung zwischen ihrem besten Freund und Jen. Endgültig bricht ihr jedoch das Herz, als ihr Dawson gesteht, ihre Anwesenheit tue ihm weh und er könne bei ihr nicht er selbst sein, war doch in ihrem tiefsten Inneren die leise Hoffnung auf eine mögliche Wiedervereinigung mit ihm noch keineswegs gestorben.

Innerlich zutiefst erschüttert und aufgewühlt verlässt sie recht rasch gemeinsam mit den anderen Freunden den Ort des irritierenden Geschehens. Alle müssen sich erst an die so veränderten Umstände gewöhnen und diesen Abend verdauen …

Pacey begleitet Joey noch ein Stück Weges. Er möchte die Freundin ein wenig trösten und es wird bald offenkundig, dass es in Wahrheit der offensichtliche Verlust der zentralen Position in Dawsons Leben ist, der sie letzten Endes am meisten trifft und schmerzt.

Aber auch Dawson und Jen müssen die Ereignisse erst einmal in Ruhe in der Dachkammer, Dawsons potenzieller neuer Heimstätte, überschlafen …

Review 5.10

Das „Drama zum Dessert" bildet das mitreißende Finale des ersten Akts der fünften Staffel und beendet auf ganz besondere Weise die Dawson/Joey-Storyline. Die Episode ist gespickt mit Highlights inhaltlicher Natur und bringt neue und hochinteressante Facetten, was die schauspielerischen Leistungen betrifft.

Allein der Prolog ist ein kleiner Leckerbissen. Audreys Kommentare spiegeln ihr Fremdsein in der zusammengeschweißten Gruppe wider. Im Moment ist sie nur Joeys Freundin, nicht mehr und nicht weniger. Die Gruppe als Gesamtheit hat sie jedenfalls noch nicht akzeptiert.
    Sodann der erste Dialog von Dawson und Jen, der vielsagende und mehr als flüchtige Kuss im Flur – und alle Freunde bekommen das mit. Ein mehr als vielversprechender Einstieg!

Am Beginn des Dinners herrscht betretenes Schweigen. Die Gruppe hat sich sichtlich auseinandergelebt, keiner weiß, wie mit dieser gänzlich neuen Situation umgegangen werden soll. Aber alle wissen, wie Joey im Moment zu Dawson steht, alle wissen, wie schwer sich die junge Frau in letzter Zeit mit diesem getan hat, welch schlechtes Gewissen sie in ihrem Innersten plagt und wie gerne sie doch mit ihm zusammen wäre.

Jack schießt in dieser Folge den Vogel ab. Es scheint fast so, als schauspielere er gar nicht, als amüsierten ihn seine Rolle und sein Text in dem Drama einfach als Mensch. Von einem Fettnäpfchen tritt er mit scheinbar wachsender Begeisterung in das nächste und vom gleichen Amüsement getragen sind seine Dialoge mit Pacey.

Dawson und Jen tun sich schwer. Auch sie wissen beileibe noch nicht, wie sie mit ihrer Situation umgehen sollen, wie die Freude reagieren werden und wie Joey den neuen Status verkraften wird. Dann kommt zusätzlich auch noch Charlie ins Spiel, was der Pikanterie die Krone aufsetzt. In diesem Zusammenhang erweist sich Pacey nach langer Zeit Dawson gegenüber wieder als echter Freund, dessen Urteilsvermögen von allen so hoch geschätzt wird.

Ein weiteres ganz wichtiges Kapitel beschäftigt sich mit der Entfremdung von Jack und Jen. Die blonde Studentin konnte nie mit Jacks Veränderung umgehen, die seit dessen Eintritt in die Verbindung ins Rollen gekommen war. Sie hatte immer Vorurteile und fühlt sich bestätigt. Allerdings ist sie nicht wirklich tolerant und ihre heftige Liaison mit Charlie hat ihr längere Zeit den Blick für die Hintergründe von Jacks Verhalten verstellt.

In dem ausführlichen, klärenden Gespräch der beiden wird das mehr als deutlich. Jack jedenfalls dokumentiert seinen guten Willen einerseits durch die wohlmeinenden Warnungen vor einer überhasteten Beziehung zu Dawson, andererseits durch die kleine Geste, was Jens gewohnte Milchmenge in ihrem Kaffee betrifft. Allerdings könnte gerade diese Geste auch ein kleiner, etwas eifersüchtiger Seitenhieb auf Dawson sein.

Die Höhepunkte dieser Folge sind aber mit Sicherheit Dawsons Gespräche mit Joey, seine intimen Geständnisse, die Begründungen für sein Verhalten in der letzten Zeit. Anfangs blockt das Mädchen aus Selbstschutz noch ungläubig ab, will das Geschehene nicht richtig wahrhaben, steht blauäugig und mit Scheuklappen da. Doch dann – die Wahrheit …

Joey spielt dies einige Zeit sehr gut herunter, macht gute Miene zum bösen Spiel, doch dann kann sie nicht mehr. Ihr Herz ist gebrochen und auch die letzte Hoffnung, dass Dawson sein erstes sexuelles Erlebnis mit ihr haben würde, ist nun also endgültig dahin. Und so ist das Märchen von Dawson und Joey ein weiteres Mal ausgeträumt.

Eine zusätzliche emotionale Steigerung ergibt sich aus der Erkenntnis der menschlichen Entfernung, aus dem Gefühl der Entfremdung von ihrem besten Freund. Ein letzter verzweifelter Versuch einer Relativierung scheitert mit der Frage, ob die Dinge möglicherweise anders gelaufen wären, wenn sie statt Jen nach Hooksett mitgekommen wäre. Dawson zuckt die Achseln, er weiß es nicht …

Der Gipfel ist jedoch Dawsons Geständnis, was seine wahrhaftigen und so ambivalenten Gefühle ihr gegenüber betrifft. Joeys Gesichtsausdruck erstarrt, ungläubig und konsterniert blickt sie dem Freund in die Augen. Langsam erst beginnt sie das soeben Gehörte in seiner ganzen Tragweite zu begreifen, sie senkt den Blick und nickt. Sie hat verstanden.

Die grausame finale Erkenntnis Pacey gegenüber, was den Verlust ihres Platzes im absoluten Zentrum von Dawsons Universum betrifft, ist dann quasi nur mehr ein trauriger Abgesang. Aus, vorbei, was plötzlich aber auch mit einem Quäntchen Erleichterung verbunden zu sein scheint: Sie habe dergleichen von Dawson erwartet …
Selbstschutz, Selbstbetrug oder Wahrheit?

Doch auch an Jen und Dawson ist dieser dramatische Abend keineswegs spurlos vorübergegangen und sie fürchten die unvermeidlichen weiteren Zusammentreffen mit den Freunden. Und sie tun das einzig Richtige: Sie gehen ganz langweilig schlafen …

Episode 5. 11,

„Die andere Joey", „Something Wild"

Joey verbringt ihre Semesterferien in Capeside bei ihrer Schwester. Das durch die Ereignisse rund um Dawson zutiefst verletzte Mädchen langweilt sich zu Tode und ist rundum genervt, was Bessie sehr wohl auffällt, und so rät diese ihrer jüngeren Schwester, sie möge doch wieder einmal etwas ganz Verrücktes tun.

Da erscheint Pacey wie gerufen und verkündet, er müsse zurück nach Boston fahren. Unverzüglich schließt Joey sich ihm an.

Jen ist mit Dawson nach Capeside unterwegs, um Dawsons Mutter zu besuchen. Die hübsche blonde New Yorkerin versucht ihren Freund von der Qualität der Filmakademie in Boston zu überzeugen, doch ist sich dieser keineswegs sicher, was er in Zukunft wirklich tun und aus seinem Leben machen will.

Gleichzeitig ist Joey mit Pacey nach Boston unterwegs. Auch Pacey versucht Überzeugungsarbeit zu leisten. Die genervte Studentin möge doch einmal wieder locker sein und sich nicht immer mit den Dingen quälen, die sie nicht ändern könne, wie zum Beispiel mit dem Kapitel Dawson und Jen.
In Boston angekommen, finden sie Audrey vor, die eigentlich mit ihren Eltern beim Skilaufen hätte sein sollen. Joeys Zimmergenossin berichtet allerdings, es habe mit diesen großen Krach in Geldangelegenheiten gegeben und deshalb sei sie auch früher als geplant zurückgekehrt.
In Windeseile begibt sich die ehrgeizige Joey nun zum Universitätssekretariat, um die Aushänge mit den Prüfungsergebnissen betrachten zu können. Viermal hat sie die Note „Eins" erhalten, wobei das Ergebnis von Professor Wilders Seminar noch nirgendwo aufscheint. Da taucht der Professor unvermittelt auf und es wird sofort klar, dass Joey auch diese wichtige und schwierige Lehrveranstaltung bravourös mit einer Eins bestanden hat! Außer sich vor Freude umarmt sie ihren Mentor …

In Capeside erlebt Dawson eine unangenehme Überraschung, denn die in Auftrag gegebenen Reparaturarbeiten im Restaurant seiner Mutter sind noch immer nicht durchgeführt worden. Zornig fährt er zum Lokal, um nach dem Rechten zu sehen, und lässt Gale Leery allein mit Jen zurück. Aus dieser Situation heraus ergibt sich ein Gespräch von Frau zu Frau, wobei man sich letztlich einig ist, dass Dawson unbedingt nach Boston ziehen und das Studium an der Akademie aufnehmen sollte.

Audrey hat nicht nur Probleme mit ihren Eltern, sondern auch ihren Job, die Campusführungen, verloren. In Dannys Restaurant ist allerdings gerade eine Stelle als Servierkraft frei, die Audrey sofort mit Freuden annimmt.

Joey und Audrey haben also Grund genug, ausgiebig in einem Studentenlokal zu feiern. Dort trifft alsbald auch Pacey ein, der ebenso mit allerhand Positivem aufwarten kann. Er ist zum Koch befördert worden, hat eine kräftige Gehaltserhöhung und überdies sein wohlverdientes und auch beachtliches Urlaubsgeld erhalten.

In besagtem Lokal spielt gerade Charlies Band. In einer Musikpause baggert dieser Joey mächtig an und erhält von ihr verständlicherweise einen kräftigen Korb. Erst durch ihren Hinweis auf sein Verhalten Jen gegenüber wird ihm bewusst, wer die hübsche Joey eigentlich ist. Charlie gibt jedoch nicht auf. Wie Pacey zuvor fordert auch der Musiker die junge Studentin auf, einmal etwas ganz Verrücktes zu tun. Und tatsächlich: Joey steigt auf die Bühne und beginnt aus dem Stegreif zu singen, worauf das Publikum vor Begeisterung tobt ...

Jungmädchenhaft verlegen tritt Joey sodann hinter die Bühne, wo sie sofort von Charlie beglückwünscht wird. In ihrer Hochstimmung küsst sie den Gitarristen ...

In Capeside ist es indes zu einer ersten größeren Differenz zwischen Dawson und Jen gekommen. Der junge Mann hatte seine Freundin nämlich eindringlich ersucht, sie möge ihm in Angelegenheiten, die seine Familie betreffen, keine Ratschläge geben, zumal sie selbst diesbezüglich keine ausreichenden positiven Erfahrungen nachweisen kann. Beleidigt und zu keinem weiteren Wort bereit zieht sich Jen zurück.

Ein Gespräch mit der Mutter löst jedoch sehr rasch Dawsons Problem. Gale Leery legt ihrem Sohn nahe, Jens Vorschlag mit der Übersiedlung anzunehmen. Bei Dawson ist große Erleichterung über die Einstellung seiner Mutter zu bemerken und reumütig bittet er seine Freundin um Verzeihung, was Jen jedoch gar nicht für notwendig hält, hat sie doch rasch eingesehen, dass ihr Freund mit seiner Kritik nicht ganz unrecht hatte.

Dawson entschließt sich nunmehr endgültig, ins Dachzimmer des Hauses der Mrs. Ryan zu übersiedeln und in Hinkunft mit seiner Freundin – wortwörtlich – unter einem Dach zu leben.

Und auch in Boston ist es Nacht geworden. Charlie möchte Joey unbedingt mit seinem Motorrad zu ihrer Unterkunft bringen, was diese jedoch rigoros ablehnt. Sie fordert den Musiker auf, er möge niemals und mit niemandem über diese andere, die lockere Joey sprechen.

Pacey bringt Audrey mit seinem Wagen nach Hause. Die beiden kommen einander näher. Es stellt sich heraus, dass Audrey überhaupt nicht bei ihren Eltern und der besagte Krach viel schlimmer als zugegeben war, und es beginnt sich vorderhand einmal freundschaftliche Verbundenheit unter Kollegen zu entwickeln.

Review 5. 11

Mit der interessanten und spritzigen Episode „Die andere Joey" hebt sich der Vorhang für den zweiten Akt der fünften Staffel. Alles beginnt mit einer gelangweilten, durch die Ereignisse der letzten Zeit verärgerten, aber auch neugierigen Joey, die die Ergebnisse ihrer Semesterprüfungen nicht erwarten kann. So spricht es für den Ehrgeiz der jungen Studentin, dass sie die erstbeste Gelegenheit nutzt, um den langweiligen und an den Nerven zehrenden Ferientagen in Capeside zu entfliehen und nach Boston zurückzukehren.

Dawson und Jen wiederum haben gänzlich anders gelagerte Pläne. Sie wollen Dawsons Mutter die neue Situation mitteilen. Interessant ist dabei, dass einander Joey und Pacey sowie Jen und Dawson offensichtlich auf der Straße am Ortsrand von Capeside begegnen, ohne einander zu registrieren.

Zu bemerkenswerten, aber nicht unbedingt konfliktfreien Gesprächen kommt es nun zwischen Gale und Jen, wobei immer

Dawsons Wohlbefinden, aber auch seine Zukunft und sein geplantes Studium an der Kunstakademie in Boston im Mittelpunkt stehen. Eigenartig ist allerdings, dass niemals erwähnt wird, dass Jen in der zweiten Staffel ja schon kurzfristig bei den Leerys Obdach gefunden hat und sich die beiden weiblichen Wesen demnach schon sehr gut kennen müssten. Man denke an die Episode 2.20, „Projekt Wiedervereinigung" …

Ein wenig simpel gezeichnet ist Joeys einsame und von Angst gesteuerte Suche nach ihren Prüfungsergebnissen, wobei es auch ein bisschen konstruiert wirkt, dass genau zu diesem Zeitpunkt Professor Wilder zum Aushang seiner Ergebnisse erscheint und Joey die berechtigte Freude über ihre erstklassigen Zensuren zu einer heftigen Umarmung desselben bewegt. Die Weichen für eine pikante Beziehungssituation zwischen Professor und Studentin scheinen also gestellt und eine ähnlich gelagerte Situation wie in Staffel 1 zwischen der Lehrkraft Tamara Jacobs und Pacey scheint sich anzubahnen.

Tatsache ist jedenfalls, dass sehr viele der Freunde allen Grund zur Freude und zum Feiern haben, denn Pacey wird zum Koch befördert und die bei ihren Eltern in Ungnade gefallene Audrey bekommt eine Stelle als Servierkraft in Dannys Lokal, was für die beiden sicher interessante gemeinsame Zukunftsaussichten bieten könnte.

Im Zuge der ausgelassenen Feier wird Joeys Selbstbewusstsein durch Charlies Avancen gesteigert. Es scheint tatsächlich so, als habe sie sich nun endgültig vom Kapitel Dawson gelöst. Sie wirkt so befreit wie selten zuvor und hat viel alten Ballast hinter sich gelassen. Diese Befreiung von vermeintlichen Zwängen bewegt sie letztlich auch dazu, das Risiko des Gesangsauftritts auf sich zu nehmen, und wieder wird man an die erste Serienstaffel erinnert. Hat Joey in der Folge 1.11, „Beauty Contest", Selbstbewusstsein für eine Beziehung zu Dawson getankt, so ist es jetzt genau umgekehrt, weg vom besten Freund.

In Capeside stehen im Zwist zwischen Dawson und Jen kurzfristig die Zeichen auf Sturm. Es wird aber deutlich, wie einsichtig Jen letztlich ist und wie sehr sie Dawson liebt und achtet. Zu einer sexuellen Begegnung der beiden kommt es bezeichnenderweise nicht in Dawsons Zimmer, sondern im Wohnzimmer, am flackernden Feuer des Kamins, also im Bereich des so symbolträchtigen Couchtischs. Dawson steht also nun als ernsthafter und erwachsener Nachfolger seines Vaters da, er ist somit restlos aus dessen Schatten getreten und alles, was sich um die vielschichtige Beziehung zwischen ihm und Joey rankt, bleibt diesbezüglich völlig sauber und unangetastet.

Alles in allem hat gerade diese Folge sehr intensiven Bezug zu den Wurzeln der Serie, zu den ersten beiden Staffeln. Wahrscheinlich macht sie gerade dieser Umstand so interessant.

Episode 5. 12,

„Wer schläft wo?", „Sleeping Arrangements"

Melanie besucht Pacey auf dem Boot. Sie hat eine schlechte, aber auch eine gute Nachricht für ihren Urlaubslover. Ihr Onkel hat die alte Jacht verkauft und gleichzeitig ein größeres Modell erstanden, mit welchem er einen Segeltörn um die griechischen Inseln plant. In drei Tagen soll es losgehen und Pacey soll auch wieder mit an Bord sein.

Jen und Dawson haben sich in der Zwischenzeit – mit Ausnahme von kleinen Unstimmigkeiten die Zahnhygiene betreffend – sehr gut unter einem Dach arrangiert. Allerdings hat Jen sowohl auf der Uni als auch im Radiosender immer mehr zu tun, sodass sich Dawson ein wenig beiseitegeschoben fühlt. Zusätzlich provoziert sie in ihrer Radiosendung wieder einmal in Richtung Männlichkeit, was ihr Freund und Stammhörer überhaupt nicht versteht.

Mrs. Ryan gelingt es aber, den jungen Mann zu beruhigen, und die beiden einigen sich schließlich auf ganz wenige Grundregeln, die für das Zusammenleben unter einem Dach notwendig erscheinen. Für Grams ist dabei Gebot eins, dass Jen und Dawson freundlich miteinander umgehen.

Auf Professor Wilders Vermittlung hin trifft Joey mit Eliot Sawyer zusammen, jenem jungen Studenten, den sie zu Beginn des Semesters auf der Party des Boston Bay College kennenlernte und abblitzen ließ. Joey hat den Jungen später aus ihrem Zimmer kommen sehen, und die Vermutung war also nahe liegend, dass er Sex mit Audrey hatte. Dieser Umstand veranlasst Joey, sofort auf Distanz zu gehen und sich auf keine Verabredung mit dem jungen Mann einzulassen.

Jack möchte in das Haus der Studentenverbindung übersiedeln. Dort bekommt er von seinem Mitbruder Blossom ein großes Einzelzimmer zugewiesen, was Jack sehr seltsam erscheint. Durch intensives Hinterfragen kommt jedoch rasch die Wahrheit ans Licht. Eric wäre Jack als Zimmergenosse zugelost worden, doch dieser möchte nicht mit einem Schwulen zusammenleben, damit er nicht selbst für einen solchen gehalten werde. Jack ist wütend und maßlos enttäuscht und er gibt seine Umzugspläne auf. Eric sucht jedoch das Gespräch mit ihm, entschuldigt sich und bietet ihm an, nun doch das Zimmer mit ihm zu teilen. Jack möchte allerdings Bedenkzeit …

Pacey ist gewaltig in der Zwickmühle. Einerseits ist es sehr wohl sein Traum, wieder in See zu stechen, andererseits möchte er Danny Brekker, der so viel für ihn getan, ihm so viel beigebracht hat, nicht enttäuschen. Letzlich entschließt er sich aber doch, seinen Job im „Zivilisation" zu kündigen, was Danny wider alle Erwartungen recht gelassen und ziemlich cool hinnimmt. Pacey merkt man die Enttäuschung über die so emotionsarme Reaktion seines Chefs an und Audrey legt mit ihren provokanten Äußerungen noch einiges nach.

Melanie erscheint im „Zivilisation". Sie möchte Paceys Entscheidung wissen und noch eine letzte heiße Liebesnacht mit ihm verbringen …

In der Zwischenzeit wartet Dawson auf Jen. Als sie endlich nach Hause kommt, spricht er sie offen auf die Provokationen in der Radiosendung an und verspricht ihr seinerseits absolute Treue und Verlässlichkeit. Jen wiederum ersucht Dawson, sie so zu akzeptieren, wie sie nun mal ist, und sie berichtet von ihrer Chance, eine eigene Radiosendung über Beziehungsprobleme zu bekommen.

In ihrer Unterkunft erfährt Joey von ihrer Zimmergenossin, dass diese keineswegs mit Eliot Sex hatte. Das ändert nun Joeys Absichten. Sie sucht Eliot in dessen Unterkunft auf und ersucht ihn um einen neuen Start.

Pacey ist auf seinem Boot im Packen begriffen, da taucht überraschend Audrey auf und bittet den vermeintlichen Ex-kollegen, kurz mit ihr mitzukommen.
 Auf dem Pier stehen alle Freunde und wollen sich verabschieden. Dawson hat als Abschiedsgeschenk einen wunderschönen Sextanten besorgt, doch Pacey lehnt ab. Er kann das nautische Gerät nicht annehmen, denn er wird nicht in See stechen, sondern zur großen Freude aller Anwesenden nun doch in Boston sesshaft bleiben.

Review 5. 12

Nach einer Folge schöpferischer Pause greift nun auch wieder Jack in das Geschehen ein und er hat gleich einen ganz wichtigen Plot. Voller Freude und Begeisterung nimmt er die Möglichkeit wahr, in das Haus der Verbindung einzuziehen, und erlebt dort eine mehr oder weniger große Überraschung: Ihm wird ein großes Einzelzimmer zugewiesen, was auch Dawson, der ihm beim Umzug hilft, ein wenig verwundert.
 Jack versteht diese bevorzugte Behandlung nicht und hinterfragt den Sachverhalt. Blossom, der chargierte Vorbewohner des Zimmers, windet sich, doch letztlich muss er zugeben, dass

Eric nicht mit Jack zusammenziehen will, damit er nicht auch als Schwuler gelte. Für Jack bricht eine Welt zusammen, da er bislang angenommen hat, die Verbindung würde ihn so akzeptieren, wie er ist, ohne Wenn und Aber. Nun keimt in Jack aber doch wieder der Gedanke, er sei nur für die Quote aufgenommen worden. Letztlich ist es aber dann doch Eric, der einen Versuch startet, alles wieder in Ordnung zu bringen.

Joey indes unterliegt einem schweren Irrtum. Eliot Sawyer, jener junge und sehr schüchterne Studienkollege, den sie am Abend der verhängnisvollen Party zu Semesterbeginn flüchtig kennengelernt hat, wird ihr von Professor Wilder quasi „vorgesetzt". In der fälschlichen Annahme, jener hätte an diesem Abend Sex mit Audrey gehabt, gibt Joey sich verständlicherweise äußerst reserviert und schlägt trotz durchaus vorhandener Sympathie für den Burschen alle zarten Annäherungsversuche in den Wind. Erst ein Gespräch mit der Zimmergenossin bringt Licht in die Sache …
Ein Highlight der Episode ist Joeys Zusammentreffen mit Professor Wilder in der Buchhandlung. Die Diskussion der beiden über des Professors Erstlingsroman gibt auf sehr subtile Art deren derzeitiges unklares, vielleicht auch etliche Gefahren bergendes Verhältnis wieder.

Eine schwierige Entscheidung hat Pacey zu treffen. Das verlockende Angebot, wieder zur See zu fahren, trifft ihn wie ein Keulenschlag, hat er sich doch in der Zwischenzeit großartig in Boston und bei Danny, dem er sich zu unendlicher Dankbarkeit verpflichtet sieht, eingelebt. Pacey ist unsicher, wie er dem Chef seine Absichten erklären soll, er fürchtet dessen Enttäuschung, und Audrey legt noch ein paar Schäufelchen hinzu. Die betreffenden Dialoge gehören mit zu den absoluten Highlights der Episode, spiegeln sie doch auf witzige Art haarklein die Charakterzüge beider wider. In Paceys Brust wohnen also zwei Seelen …
Ist es die Liebesnacht mit Melanie, ist es die unvermutet emotionsarme Reaktion Danny Brekkers, ist es die Tatsache, dass alle Freunde in Boston sind, oder ist es gar das zweifelsohne vorhandene Interesse an Audrey oder vielleicht alles zusammen, was Pacey schließlich dazu bewegt, sesshaft zu bleiben?

Als eine Premiere bei „Dawson's Creek" mag es gelten, dass ein Paar, nämlich Dawson und Jen, unter einem Dach zusammenlebt. Und dieses Zusammenleben gestaltet sich zunächst gar nicht so konfliktfrei. Der Geduld, aber auch der Liebe Dawsons ist es zu verdanken, dass die Reibungsflächen immer gekittet werden können.

Zusätzlich steigert sich die Radiomoderatorin gewaltig in ihren Job hinein, provoziert unentwegt und erhält dadurch eine ungeahnte Aufstiegschance. Darüber hinaus hat sie noch ihr Studium und jede Menge anderer Verpflichtungen, sodass ihr für ihren Freund immer weniger Zeit bleibt. Dieser ist verständnisvoll, aber konsequent. Dawson hat immer ehrliche Worte auf den Lippen, die vom unbedingten Willen geprägt sind, dass diese seine Beziehung weitgehend optimal funktionieren soll.

Besonders eindringlich wirkt dabei sein Gespräch mit Mrs. Ryan, deren plötzliche Faszination, das Spiel mit dem Gameboy betreffend, zu einem Gag der ganz besonderen Art wird. In die gleiche Kerbe schlägt auch ihr völlig lockerer und unbelasteter Umgang mit der Bezeichnung für das männliche Genitale, was bei Dawson Verwunderung und einige Abwehr erzeugt. Damit erreicht die Entwicklung und positive Beeinflussung einer älteren Persönlichkeit durch die jungen Leute über die Serienstaffeln hinweg einen vorläufigen Höhepunkt.

Von besonderer emotionaler Qualität ist Jens und Dawsons zweites Zusammentreffen im Bad. Schrittweise offenbaren sie einander die geschlechtsspezifischen alltäglichen Gewohnheiten, sie sind einander sehr nahe und Dawsons Bemerkung, wie sehr er doch liebe, was er an Jen sehe, setzt dieser kontinuierlich wachsenden, rundum gesunden Beziehung die Krone auf.

Episode 5.13,

„Freunde und Feinde", „Something Wilder"

Dawsons erster Tag an der Bostoner Filmakademie steht bevor und Jen hat es sich nicht nehmen lassen, ihren Freund liebevoll mit allen möglichen Schreibutensilien, unter anderem auch mit einer E. T.-Collegemappe, zu versorgen. Verliebt verabschiedet sie sich von ihm und wünscht ihrem „Baby" einen schönen ersten Schultag.

Joey und Eliot kommen einander näher. In der Unterkunft der Studentin diskutieren die beiden den Erstlingsroman Professor Wilders. Der schüchterne Eliot nutzt die Gunst des Augenblicks und bittet Joey um ein Date am kommenden Freitag. Diese sagt freudig zu.

Als sie von Professor Wilder für denselben Abend zu einer Feier im Zusammenhang mit dem Rose-Lazar-Projekt eingeladen wird, sieht sie sich in einer ziemlichen Zwickmühle, denn sie hat keine Ahnung, ob sie sich nun für den netten Eliot oder aber für den Professor, die verbotene Frucht, die Schmetterlinge im Bauch verursacht, entscheiden soll. Letztlich entscheidet sie sich mit Paceys und Audreys Hilfe für Veranstaltung zwei und schiebt Eliot gegenüber eine aufkeimende Erkältung vor, um das Date platzen lassen zu können.

Jen spielt Jack gegenüber die Postbotin. Dieses Mal bringt sie allerdings schlimme Nachrichten mit ins Verbindungshaus, denn die Uni droht Jack schriftlich mit dem Rauswurf. Jack sieht das locker, er hat ja nur einige Seminare in den Sand gesetzt, das holt er im laufenden zweiten Semester leicht auf. Lieber geht er Bier trinken und hat mit den Verbindungsbrüdern seinen Spaß ...

Blossom sieht das aber keineswegs so. Misserfolge von Füchsen schaden dem Image der Verbindung, er droht Jack unverblümt und dieser Umstand verbreitet sich wie ein Lauffeuer im Verbindungshaus.

Jen moderiert wieder einmal die Radiosendung. Sie ist glücklich und bestens gelaunt, sie verbreitet Heiterkeit und hat nur positive Ratschläge im Köcher. Daraufhin wird sie zum Redakteur zitiert, wo ihr vorgeworfen wird, ihren Biss, ihren Sarkasmus verloren zu haben, und man droht ihr mit der Absetzung.

Im „Zivilisation" beklagt sie diesen Umstand bei Pacey und ein Anruf von Dawson macht bald klar, dass genau dieser der Schuldige an der Misere ist, denn er hat ja letzten Endes maßgeblich zu Jens Glück beigetragen.

In der kleinen, intimen Kunstakademie trifft Dawson unverzüglich auf den nervenden Oliver. Dieser übergibt ihm sein neuestes Drehbuch mit der Bitte, es zu inszenieren. Heftig ist Dawsons Abwehrreaktion. Er sieht sich außerstande, die Worte eines anderen in Szene zu setzen, doch Jen gelingt es, ihren Freund zumindest einmal zum Überlegen zu bewegen.

Dawson vertieft sich in die Lektüre und teilt Oliver einige Anmerkungen dazu mit. Dieser verteidigt jedoch sein Drehbuch bis aufs Messer. Bei einem gemeinsamen Arbeitsessen mit Dawson und Jen kommt es zu einer ziemlichen Verschärfung der Lage. Oliver zieht sich beleidigt zurück und Jen ist stocksauer. Haben sie doch die beiden Filmemacher den ganzen Abend lang überhaupt nicht beachtet, und plötzlich fühlt sie, wie ihr Biss, ihr Sarkasmus wiederkehren …

Nach dem Abendessen mit dem Projektteam begleitet Professor Wilder Joey in Richtung ihrer Unterkunft. Sie diskutieren seinen Roman und es stellt sich heraus, dass der Mann entgegen früheren Behauptungen gar nicht verheiratet ist und auch keinen Nachwuchs hat. In einem romantischen Augenblick auf einer Parkbank küssen die beiden einander.

Joey gerät, wie so häufig in derlei Situationen, in Panik und verlässt rasch die Stätte, was sie später Audrey gegenüber bereut. Diese redet ihrer Freundin und Zimmergenossin ins Gewissen und rät ihr, sich so zu nehmen, wie sie nun mal ist. Sie solle nicht immer charakterliche Änderungen bei sich anstreben.

Jack hat auf eine Seminararbeit eine Eins erhalten und zeigt Blossom stolz das positive Ergebnis. Dieser ist zufrieden und man beschließt, gemeinsam in Dannys Lokal feiern zu gehen. Dieses Unterfangen endet jedoch in einem Fiasko. Alle sind sturzbetrunken und treiben dumme und unangebrachte Scherze mit Jack. Für Blossom und seine Leute hat immer und nur das Wohl der Verbindung Vorrang vor allem anderen, was Jack nicht akzeptieren kann. In einer wüsten gegenseitigen Beschimpfung und einer Massenschlägerei einer gegen zehn eskaliert die Situation. Jack verletzt sich schwer an der Hand und wird von seinen Verbindungsbrüdern blutend und allein zurückgelassen. Audrey und Pacey kümmern sich um den Verletzten. Pacey, der gute alte Freund, hat für die ganze Sache überhaupt kein Verständnis und legt Jack dringend nahe, die fürchterliche Sauferei und auch die Verbindung aufzugeben. Jack leugnet jedoch die ganzen Vorgänge und zieht sich mit zornigem Gesichtsausdruck zurück …

Dawson hat sich nun doch entschlossen, Olivers Drehbuch zu verfilmen. Auf der Akademie einigen sie sich schließlich und Oliver gesteht, selbst die Hauptrolle in dem Film übernehmen zu wollen.

Review 5. 13

Die außerordentlich vielfältige Episode „Freunde oder Feinde" bietet eine willkommene Gelegenheit, sich mit Jens Beziehung zu Dawson und deren Auswirkungen zu befassen. Schon der Prolog macht es deutlich: Die beiden Erwähnten befinden sich in einer rundum gesunden, liebevollen Beziehung. Allein schon die Übergabe der Geschenke an Dawson mit dem abschließenden „Er ist so süß …" ist an positiver Aussagekraft kaum zu überbieten. Einzig die Collegemappe mit dem E. T.-Motiv mutet ein wenig seltsam, ein wenig provokant an, ist doch gerade dieser Film quasi ein Synonym für Dawson und Joey …
    Das nächste Highlight in diesem Zusammenhang ist Jens Radiosendung. Ihre Fröhlichkeit, ihr augenscheinliches Glück

durchströmen das ganze Studio, wofür zum Beispiel Audrey wenig Verständnis hat, möchte sie doch die alte, bissige, verbitterte Moderatorin zurück. „Lass doch die Sonne rein …" stellt dabei den absoluten Gipfel dar.

Im Gespräch mit Pacey wird es dann offenkundig: Den Verantwortlichen des Radiosenders ist Jens Wandlung ein Dorn im Auge und Pacey überbietet das mit der Aussage, dass auch er lieber mit einer Person spreche, der es noch schlechter gehe als ihm selbst. Jens Telefongespräch mit Dawson bringt das Problem auf den Punkt und erst durch ihre Verärgerung über ihren Freund und Oliver gewinnt sie letztlich den Biss zurück.

Mit Oliver wird eine sehr interessante Figur in den Mittelpunkt des Geschehens gerückt: ein Freak, ungehobelt, ichbezogen, unhöflich … Aber er hat auf seine sehr eigenwillige und auch geniale Weise großen Einfluss auf Dawson, was dieser für die Rückkehr in sein schöpferisches Leben dringend gebrauchen kann.

Mit einer gar nicht überraschenden Wendung wird der Plot um Joey und Professor Wilder mächtig vorangetrieben. Mittels einer Lüge lässt Joey den guten Eliot einfach sausen und zieht vordergründig die akademische Gesellschaft vor. Der „nette Kerl" verursacht eben nicht die herbeigesehnten Schmetterlinge im Bauch, die verbotene Frucht schon. Eine kleine und wenig subtile Parallele, ein Hinweis auf die fatale Dreiecksbeziehung in der dritten Staffel?

Audrey jedenfalls erkennt das Dilemma genau und legt in ihrer unnachahmlichen Art noch etwas nach. Herrlich ist dabei die Metapher vom Austausch der Körpersäfte …

Dass es zu einem leidenschaftlichen Kuss zwischen dem Professor und seiner Studentin kommen muss, liegt nun auf der Hand, und Joey bereut, dass sie, wie schon so oft, aus reiner Panik davongelaufen ist.

Interessant erscheint eine ganz neue charakterliche Skizzierung des Lehrers in dessen Aussage, seine vorgegebene Familie betreffend, er kenne keine Lüge, er erfinde einfach nur Personen in seinem Leben. Ist das letztlich der Anstoß, warum Joey sich auf den Kuss einlässt?

Ein ganz wichtiges Kapitel sei Jack und der Verbindung gewidmet, denn sukzessive lichtet sich der Vorhang. Es wird klar, dass Jack mit seiner anfänglichen Skepsis durchaus recht hatte. Über allem haben die Verbindung und deren Wohl zu stehen. Man ist vitaler Teil der Organisation und hat nur so zu handeln, wie es dem Konvent nützlich ist. Blossom bringt das mehrmals sehr deutlich zur Sprache.

Kritik ist nicht erlaubt. Die hat durch Unmengen von Bier hinuntergespült zu werden, man hat sich in allem und jedem der Verbindung unterzuordnen. Jack hat Kritik geübt und erntet sofort ungeteilten Widerstand, was letztlich zu der wüsten Schlägerei führt. Ohne sich um den verletzten Jack zu kümmern, zieht die betrunkene Meute ab.

Paceys Versuch, Jack von der massiven Fehleinschätzung seiner Situation zu überzeugen, scheint zu scheitern. Jacks Gehirnwäsche hat offensichtlich grandios funktioniert, er steht weiter hinter der Verbindung. Ganz am Ende des Gesprächs scheint nur ganz kurz so etwas wie Erkenntnis aufzukommen, doch Jack blockt ab. Er möchte nicht darüber reden …

Am Ende steht ein Knalleffekt: Dawson ist bereit für einen neuen Film und Oliver möchte dabei die Hauptrolle spielen. Für Spannung ist also mehr als gesorgt …

Episode 5.14,

„Wollen, können, sollen", „Guerilla Filmmaking"

Gespickt mit kleinen und auch größeren Pannen und reichlich amateurhaft gestaltet sich die filmische Umsetzung von Olivers und Dawsons Projekt. Audrey als Hauptdarstellerin kann sich mit dem Text nicht identifizieren, Jen hat einige Probleme als Regieassistentin und Paceys Mikrofon ist häufig als unerwünschter Störfaktor mitten im Bild zu sehen. Dawson jedoch ist geduldig, nimmt sich die betreffenden Personen zur Brust und versucht zu retten, was zu retten ist.

In Professor Wilders Seminar wird über die Konflikte eines Schriftstellers diskutiert, über die Diskrepanz zwischen Idealen und Begierden. Joey möchte dazu ein Beispiel nennen, doch die Lehrveranstaltung ist zu Ende.

Die Studentin möchte mit ihrem Professor sprechen und die Dinge, die sich da zwischen ihnen beiden entwickelt haben, klären, doch sie kann, sie möchte nicht sprechen, sie ist völlig blockiert. Ziemlich irritiert bespricht sie diesen Sachverhalt mit Audrey, die soeben mit Pacey ein seltsames Erlebnis hatte. Sie hat diesen nämlich dabei ertappt, wie er mangels eigener Unterkunft wieder einmal in Dannys Lokal genächtigt und dort ziemlich eindeutigen Besuch von einem Mädchen gehabt hat, dessen Vorname ihm nicht einmal exakt bekannt war.

Jacks Verbindungsbrüder bemühen sich, den unangenehmen Vorfall im „Zivilisation" wieder einigermaßen gutzumachen, doch es bleibt ein schaler Nachgeschmack zurück, den Jack auch gegenüber Eric anspricht. Lange unterhalten sich die beiden jungen Männer, bis Eric plötzlich wissen will, wie man letztlich dahinterkomme, ob man nun schwul sei oder nicht. Jack versucht aus eigener Erfahrung, diese heikle Frage zu beantworten, worauf Eric feststellt, er wäre gerne so wie Jack. Dieser ist über diese Äußerung einigermaßen schockiert und wechselt rasch das Thema, worauf Eric indigniert und verunsichert das Zimmer verlässt.

Dawsons Probleme eskalieren. Oliver entpuppt sich als katastrophaler Schauspieler und es bleibt Dawson letzten Endes nichts anderes übrig, als diesen durch Charlie zu ersetzen, was wiederum Jen halb zum Wahnsinn treibt. Außerdem findet der Regisseur das Ende des Films absolut unpassend und schlecht. Er hat jedoch keine Ahnung, wie man es besser machen könnte. In der Zwischenzeit übt Pacey mit Audrey deren sinnlichen Text, woraus sich ein leidenschaftlicher Kuss der beiden ergibt, was beide reichlich schockiert und durcheinanderbringt.

Jack wird von zwei aufgebrachten Verbindungsbrüdern zur Rede gestellt. Angeblich hat er versucht Eric zu küssen. Jack ist außer sich ob dieser gewaltigen und völlig aus der Luft gegriffenen Anschuldigung, doch er muss einsehen, dass die Meinung der beiden feststeht. Als Konsequenz daraus kehrt er der Verbindung endgültig den Rücken.

Dawson ist am Ende seiner Nervenkraft, denn auf dem Filmset funktioniert so gut wie gar nichts. Charlie erweist sich als wenig kooperativ, Jen ist kurz vor dem Ausflippen, Audrey ist von dem neben ihr das Mikrofon schwenkenden Pacey verständlicherweise höchst irritiert und Oliver glänzt durch unpassende Kritik. In seiner Verzweiflung ruft der Regisseur Joey als seine Rettung an …
  Jene hat sich zur gleichen Zeit bei Professor Wilder in dessen Wohnung eingefunden. Die Atmosphäre ist spannungsgeladen und knisternd. Sie möchte ihrem Lehrer den Konflikt zwischen Ideal und Begierde klarmachen und ihn küssen, da vibriert im letzten Augenblick ihr Handy und sie verlässt unverzüglich, aber mit der sicheren Absicht wiederzukehren das Haus.

Mit Joeys Hilfe gelingt es dann, das Chaos auf dem Filmset einigermaßen zu ordnen und Audrey dazu zu bewegen, die Toilette zu verlassen, in die sie sich aus lauter Verzweiflung eingesperrt hat. Ebendort erteilt Joey Pacey und Audrey ihren Segen für deren beginnende Beziehung …

Dawson ist besorgt über die nervlich völlig aufgelöste Jen und überredet sie, nach Hause zu gehen. Auf dem Heimweg trifft sie auf Jack, der einsam, verloren und vor Kälte zitternd auf der Bank einer Bushaltestelle sitzt. Der junge Mann gesteht der Freundin seine Fehler im Zusammenhang mit der unseligen Studentenverbindung ein.

Doch auch der Jungregisseur ist Opfer der großen Kälte. Nachdenklich sitzt er auf seinem Stuhl, friert und findet kein richtiges Ende für den Film. Es nähert sich Joey, sie spricht von Hoffnung für alle und will sich verabschieden, da naht plötzlich für Dawson der erhellende Augenblick. In aller Kürze erklärt er Audrey die Änderungen im Text und es beginnt zu schneien. Und aus dem ursprünglich geplanten Ende mit Mord und Totschlag ist plötzlich ein sentimentaler Schluss voller Hoffnung geworden.

In der Schlussszene marschiert Joey bestens gelaunt durch das verschneite Boston. Sie ergreift einen Schneeball, wirft ihn und trifft das Verkehrsschild „Sackgasse" …

Review 5. 14

„Wollen, können, sollen" stellt eine jener Episoden dar, für die „Dawson's Creek" seit Anbeginn berühmt ist: Endlich wird wieder gefilmt. Dawson ist in seinem Element. Die Schaffensfreude steht ihm ins Gesicht geschrieben. Alle Freunde helfen ihm bei diesem großen Projekt. Und Dawson kann über zu wenige Probleme nicht gerade klagen: Die Besetzung der Hauptrolle mit dem etwas tölpelhaften, nicht besonders attraktiven und sexuell nicht sehr anziehend wirkenden Oliver entpuppt sich als Riesenflop, und die Crew agiert zusätzlich reichlich amateurhaft.

Was bleibt dem armen Filmemacher also anderes übrig, als die Hauptrolle mit dem sexy Indie-Rocker Charlie zu besetzen? Auf den ersten Blick wirkt das Dreieck Jen, Dawson und Charlie ein wenig pikant, doch Dawson nimmt es gelassen, er hat keine andere Wahl, er vertraut Jen, und Charlie scheint ohnehin das Interesse an dieser verloren zu haben.

Knüppeldick kommt es allerdings, als Pacey von seinem Kuss mit Audrey berichtet, Charlie Anmerkungen zu seiner Rolle verkündet und dadurch die extrem genervte Jen nun völlig ausrastet. Das Projekt scheint stark gefährdet, zumal das Ende des Films auch nicht wirklich befriedigend gelöst ist, doch nun erscheint Joey als Retterin in der Not.

Bemerkenswert, dass Dawson Joey immer in den Augenblicken besonders benötigt, wenn es um Ordnung in seinem

Schaffen, um seine Inspiration geht, und ebenso bemerkenswert ist es, dass jene auch immer die nötige Hilfestellung geben kann, was Jen offensichtlich in dem Maße nicht vollbringen kann. Das wird in manchen Szenen deutlich: sei es beim Bedienen des Megafons oder beim reichlich unprofessionellen Ausflippen wegen Charlie …

Letztlich ist nämlich gerade auch Joeys Aussage, was die Hoffnung betrifft, für den Filmemacher der entscheidende kreative Kick. Endlich findet er den geeigneten Schluss …

Jacks Situation in der Verbindung eskaliert. Mit Erics indirektem Eingeständnis seiner latenten Homosexualität bringt er den Verbindungsbruder in ernste Schwierigkeiten. Offensichtlich hat er an Jack Gefallen gefunden, doch dieser blockt ab, was Eric aus Selbstschutz oder auch Enttäuschung letztlich zu seiner falschen Aussage treibt. Jack macht jedenfalls das einzig Richtige. Er verlässt die Verbindung. Witzig, aber sehr subtil gezeichnet erscheint dessen Zusammentreffen mit Jen, die ihm auf seine Anfrage, ob sie allein sei, versichert, sie hätte die Wiener Sängerknaben mit dabei …

Auch der Plot um Joey und Professor Wilder spitzt sich gefährlich zu. Joey ist ohne Zweifel bis über beide Ohren verliebt, sie ist blockiert, mutiert zur brabbelnden Idiotin und verhält sich deshalb nicht sehr reif, was mit dem nervösen, heftig gestikulierenden Hin-und-her-Wandern vor dem Fenster des Professors deutlich wird.

Knisternde erotische Spannung entwickelt sich bei dem Techtelmechtel der beiden in der Wohnung Professor Wilders. Da stört auch Dawsons fernmündlicher Hilferuf nicht, er unterbricht nur die prekär-laszive Stimmung. Joey hat keineswegs noch genug. Sie will es nun wissen. Mit dem festen Vorsatz, wiederzukehren und nun endlich ihren Begierden freien Lauf zu lassen, verlässt sie ihren Lehrer und früheren Mentor. Eine weitere Teilnahme an dessen Seminar hat sie jedoch zuvor schon ausgeschlossen …

Ein wenig eigenwillig erscheint Joeys Rolle in der beginnenden Beziehung zwischen Pacey und Audrey. Es ist nicht ganz nachvollziehbar, dass die beiden ihr gegenüber ein so schlechtes Gewissen wegen des Kusses haben, ist Joey doch schon lange nicht mehr mit Pacey zusammen und zudem für Audrey die beste Freundin. Joey jedenfalls klärt diese völlig falsche Einschätzung der Situation durch ihren „Segen" auf.

Abgesehen davon jedoch ist das eine turbulente, spritzige Episode mit einer Fülle von „filmischen" Highlights!

Episode 5.15,

„Der Überfall", „Downtown Crossing"

Diese Episode bildet eine absolute Premiere für „Dawson's Creek". Zum ersten Mal hat eine der Protagonistinnen, nämlich Katie Holmes alias Joey Potter, eine „Standing-alone-Folge". Diese schließt direkt an die vorhergegangene Episode „Wollen, können, sollen" an.

Das Lied „Close to you" singend und summend schlendert Joey durch das nächtliche verschneite Boston. Sie benötigt etwas Geld und benutzt hierfür einen Bankautomaten. Von dort aus verständigt sie telefonisch Professor Wilder und kündigt ihre Rückkehr an. Sie will den Geldautomaten verlassen, doch sie kommt nicht weit …

Der Titelsong ist ähnlich wie in Episode 5.04 sehr sparsam und schlicht gehalten …

Vor dem Bankinstitut wird sie von einem eher langhaarigen, bärtigen jüngeren Mann angesprochen und belästigt. Bald schon kommt dieser direkt zur Sache. Er will das Geld, das Joey soeben vom Geldautomaten abgehoben hat. Das Mädchen wehrt, weigert sich, da setzt ihm der Fremde eine Waffe an die Brust und Joey bleibt nichts anderes mehr übrig, als zu gehorchen.

In der Folge fordert der Mann auch noch das Handy der Studentin. Diese nutzt einen kurzen Augenblick der Unachtsamkeit des fremden Mannes und tritt ihm gegen den Unterleib. Der Versuch misslingt, denn der Räuber erholt sich rasch. Er zwingt Joey, ihn zum Bankautomaten zu begleiten, und plündert auch noch das Sparkonto des Mädchens. Es stellt sich heraus, dass der Fremde verheiratet ist und mit Drogenhandel sein Geld verdient.

Zu allem Überfluss zwingt er Joey auch noch dazu, ihm ihren Mantel auszuhändigen, zumal er bei seiner Frau einiges gutzumachen habe. Da würde sich doch das schicke Kleidungsstück als ideales Versöhnungsgeschenk präsentieren. Ohne Geld und wärmenden Mantel wird Joey von dem Räuber in die klirrend kalte Winternacht entlassen.

Doch diesmal kommt der Verbrecher nicht allzu weit. Mitten auf einer ungeregelten Kreuzung erfasst ihn ein Fahrzeug, er wird heftig zu Boden geschleudert und bleibt regungslos und schwer verletzt liegen. Joey tritt zu ihm und nimmt das geraubte Geld und ihren Mantel wieder an sich. Bei dem Versuch, auch ihr Handy zurückzubekommen, leistet der Verletzte jedoch Widerstand. Er hat weder Interesse an der Polizei noch am Knast. Joey gelingt es jedoch, den Mann zu überzeugen, dass er aufgrund seiner schweren Verletzungen dringend der Hilfe eines Spitals bedarf. Nach dem Eintreffen von Rettung und Exekutive sinkt Joey ohnmächtig in die Arme eines Beamten.

Als Joey wieder zu sich kommt, findet sie sich im Krankenhaus wieder. Ein Dienst habender Arzt versichert ihr, dass sie völlig gesund sei, sie könne nach Hause gehen.

Auf dem Weg nach draußen läuft ihr ein kleines Mädchen über den Weg, das offensichtlich seine Mutter sucht. Rasch ist die betreffende Person gefunden. Im Zuge der anschließenden Unterhaltung wird bald klar, dass diese die Frau des Verbrechers und das kleine Mädchen dessen Tochter ist. Grace, der jungen Frau, ist diese Situation schrecklich unangenehm und peinlich. Sie möchte ihrem Töchterchen Sammy all das ersparen und schickt sich an, mit der Kleinen das Krankenhaus zu verlassen.

Ein Arzt tritt zu Joey. Der Verletzte möchte sie sehen. Joey, die sich selbst in Sammy sieht, kommt diesem Wunsch nach und begibt sich in das Krankenzimmer auf der Intensivstation. Sie möchte endlich dahinterkommen, warum jemand mit Drogen handelt und somit in jeder Richtung auf die schiefe Bahn gerät.

Der Schwerverletzte erzählt unter anderem von dem Schulgeld für seine heiß geliebte Tochter, das er veruntreut hat, damit er Drogen kaufen könne. Zur Abdeckung dieser Schulden hätte er nämlich Joeys Geld gebraucht. Mit den Gedanken an die Liebe seiner Tochter, an Vergeben und Verzeihen und mit dem Song „Close to you" auf den Lippen stirbt der Schwerstverletzte.

Das Krankenhaus verlassend, trifft Joey nochmals auf Grace und Sammy. Sie erzählt dem kleinen Mädchen, dass es sein Vater gewesen sei, der sie, Joey, vor dem Auto von der Straße weggeschubst und ihr so das Leben gerettet habe. Sammy soll ihren geliebten Vater als Helden in Erinnerung behalten. Zu guter Letzt zieht Joey den ganzen Packen Geldscheine – das wiedererhaltene Diebesgut – aus ihrer Tasche und steckt ihn Sammy in den Rucksack.

Review 5.15

Die Episode „Der Überfall" bringt die einzige „Standing-alone-Folge" der ganzen Serie. Und Katie Holmes alias Joey Potter ist dabei der absolute Star ...

Mit dem Song „Close to you" auf den Lippen ist sie bereit für ein ganz großes Abenteuer. Von Dawsons Filmset kommend, möchte sie so rasch wie möglich zu Professor Wilder in dessen Wohnung zurückkehren. Doch erstens kommt es anders und zweitens, als man denkt – oder, wie es so schön heißt: „Ohne Geld keine Musik ..."

So muss sie also einen Geldautomaten frequentieren, was sie lieber nicht hätte tun sollen. Sie wird nämlich bei diesem Unterfangen beobachtet und der Beobachter ist keiner von den wirklich Guten. Nicht dass der jüngere Mann ein großer Schurke wäre, nein, im Prinzip ist er ein kleiner Ganove, der mangels anderer Erwerbsquellen mit Drogen handelt und Geld für den Ankauf von Stoff mit ausgeprägtem Suchtpotenzial benötigt. Der Mann hat Familie, eine Frau und eine kleine Tochter.

Joey besinnt sich auf ihre eigene Kindheit. In der kleinen Tochter sieht sie sich selbst. So ist es für sie nahe liegend herauszufinden, welche Beweggründe es für einen Menschen geben könnte, mit Drogen zu handeln und damit auf die schiefe Bahn zu geraten.

Und nun wird die Handlung sehr subtil. Mit viel Fingerspitzengefühl gelingt es, die ganzen Details der Familiensituation des Täters, aber auch die vielen für Joey bislang unbeantwortet gebliebenen Fragen herauszuarbeiten und zumindest teilweise zu beantworten. Joey zieht die Parallelen. Im Krankenhaus reagiert sie auf den Wunsch des Übeltäters, der sie noch einmal sehen und sprechen möchte. Joey begleitet ihn bei seinem Sterben, sie ist bei ihm: „Close to you …"

Mit dem Tod dieses Mannes hat sie anscheinend auch ihrem Vater verziehen, die Dinge für sich relativiert, plötzlich vieles verstanden, wofür ihr bislang das Verständnis gefehlt hat. Und gerade sie, die nicht wirklich mit materiellen Mitteln Gesegnete, steckt dem hübschen kleinen Mädchen das ihr geraubte Päckchen Geldscheine zu. Eine mehr als anerkennenswerte Geste, die viel über den Charakter der Joey Potter aussagt. Sie möchte einfach nicht, dass es dem Mädchen genauso ergeht, wie es ihr selbst ergangen ist. Sie, die Armut und Ausgegrenztsein wohl am besten kennt, die für eine solche Situation das meiste Verständnis aufbringen kann, verzichtet selbst und gibt …

Die Aufarbeitung ihrer familiären Vergangenheit ist ihr wichtiger als ein mögliches und womöglich auch gefährliches erotisches Abenteuer. Der dem Tod geweihte Gauner und dessen Tochter haben für sie nun Priorität. Sie sieht ihr Schicksal geteilt und profitiert menschlich, charakterlich dadurch. Sie ist der Wahrheit ihres eigenen Lebens wieder ein Stückchen näher gekommen. Ganz ähnlich, wie es Dawson bei der Aufarbeitung seiner Beziehung zu seinem Vater nach dessen Unfalltod ergangen ist, ist nun auch symptomatischerweise Joey diesen großen Schritt in ihrem Leben weitergekommen. Sie hat mit Sicherheit an Reife gewonnen ...

Wenn auch die „Standing-alone-Episode" für „Dawson's Creek" ein wenig ungewöhnlich ist und die anderen Protagonisten fehlen, so muss man doch einerseits vor Katie Holmes' schauspielerischer Leistung, andererseits aber auch vor der Subtilität der Thematik den Hut ziehen und der fünften Staffel für diese Aufarbeitungen danken.

Episode 5. 16,

„Ein einsamer Ort", „In a Lonely Place"

Dawson besucht Joey in ihrer Unterkunft. Einträchtig sehen sich die beiden einen Film an, mit dem Joey nicht viel anfangen kann. Dawson jedoch benötigt den Streifen für sein Studium, wie es überhaupt zu seinen Hausaufgaben gehört, sich nächtelang Filme anzusehen. Man merkt Dawson an, wie wichtig ihm das Wohlergehen der Freundin nach deren schrecklichem Erlebnis ist. Er lädt sie für den kommenden Abend zum Besuch einer Filmvorführung an der Akademie ein.

Jen muss ein Rockkonzert besuchen und die Mitglieder einer Vorgruppe für den Radiosender interviewen. Sie möchte Dawson als Begleitung mitnehmen, doch hat dieser für diesen Abend ja bereits das Treffen mit Joey vereinbart. Jen wirkt ein wenig indigniert, ist aber dann doch einverstanden, da ihr Lebensgefährte ohnehin wenig mit Hardrock am Hut hat, und sie entschließt sich, stattdessen Audrey mitzunehmen.
 Diese ist ein wenig durcheinander, steht doch plötzlich Pacey vor ihrer Tür. Bald wird klar, dass die beiden an genau

dem Abend miteinander Sex hatten, an dem Joey überfallen worden ist. Für Audrey ist das eine Störung des Gleichgewichts der Weltordnung, zumal sich der Lover ja seither auch nicht bei ihr gemeldet hat.

Joey wartet auf Professor Wilder. Sie möchte ihm erklären, warum sie an besagtem Abend nicht mehr bei ihm erschienen ist, doch dieser winkt ab – er möchte es gar nicht wissen. Vielmehr dankt er Joey dafür, dass sie nicht mehr gekommen ist. Sie habe ihm damit Leben und Beruf gerettet. Die Studentin ist fassungslos …

Pacey möchte die Dinge mit Audrey klären, doch ist diese bereits mit Jen unterwegs. Der Koch trifft jedoch auf Jack, der ihn in eine Schwulenkneipe mitschleppt. Dort lernt Pacey einen Restaurantkritiker kennen, der sich dazu bereit erklärt, über das „Zivilisation" zu berichten. Jack ist amüsiert, hat doch Pacey glatt vergessen, dass der Kritiker wahrscheinlich eine Gegenleistung dafür erwartet. Nach einiger Diskussion entschließt man sich, dem Mann reinen Wein einzuschenken und ihm mitzuteilen, dass Pacey nicht zu haben ist. Der Kritiker nimmt es zur Kenntnis und überreicht zu Paceys gespielter Entrüstung Jack seine Visitenkarte …

Bei der Filmvorführung treffen Dawson und Joey auf Professor Wilder, der sich in Begleitung einer jungen Dame, offenbar seiner Freundin, befindet. Recht rasch kommt Dawson dahinter, was es mit Joey und ihrem Professor auf sich hat. In einem kurzen philosophischen Gespräch klären Joey und Professor Wilder die Sache endgültig. Vorbei ist vorbei, und allein die Erinnerung an ein Abenteuer, an ein Erlebnis, zu dem es nie gekommen ist, zählt letzten Endes …

Jen und Audrey interviewen wie geplant die beiden Rockmusiker und es wird immer klarer, warum Audrey Pacey gegenüber so eigenwillige Gedanken hegt und ein so schlechtes Gewissen hat. An dem Abend des Überfalls auf Joey und Audreys sexueller Begegnung mit Pacey hat ihr Joey nämlich eine Nachricht auf ihrem Handy hinterlassen, die eindeutig darauf schließen ließ, dass irgendetwas mit Joey nicht in Ordnung war.

Das Gespräch mit dem Musiker bringt jedoch für Audrey einiges an Klarheit. Ebenso erhellende Augenblicke hat Jen, was ihre Beziehung zu Dawson betrifft ...

Einträchtig wie am Vortag schlendern Dawson und Joey nun nach der Filmvorführung durch das nächtliche Boston. Wie in alten Zeiten und in aller Freundschaft diskutieren sie Joeys Problem mit Professor Wilder und das noch immer vorhandene blinde Verständnis der beiden besten Freunde füreinander wird wieder einmal offenkundig.

Pacey wartet bei seinem Wagen auf Audrey und auch sein Problem klärt sich. Audrey entschuldigt sich für ihr dümmliches Verhalten und gemeinsam steigen sie in Paceys Auto.

Jen kommt zu Dawson nach Hause. Dieser erzählt ihr von der Tatsache, dass Joey fast eine Affäre mit ihrem Professor hatte. Jen wiederum ist verwirrt und irritiert ob des erhellenden Gesprächs, das sie kurz zuvor mit dem einen Musiker hatte, und sie fragt sich, ob eine Beziehung auch ohne gemeinsame Interessen langfristig funktionieren kann. Dawson bejaht dies mit dem Argument, es reiche völlig aus, voneinander begeistert zu sein ...

Review 5. 16

Vier Plots beherrschen die vielfältige Episode „Ein einsamer Ort": das Ende von Joeys Techtelmechtel mit ihrem Professor und ihre vorsichtige Annäherung hin zu Dawson; die Probleme in dessen Beziehung zu Jen; die Interviews mit den beiden Bandmitgliedern im Sender sowie Jack und Pacey in der Schwulenkneipe.

Joeys Ambitionen, was ihre Gefühle und Begierden gegenüber Professor Wilder betrifft, werden ein jähes Ende gesetzt.

Der Professor will den Grund für ihr Fernbleiben gar nicht wissen, vielmehr bedankt er sich sogar dafür. Ganz nach dem Vorbild der hohen Literatur möchte er mögliche diesbezügliche Erlebnisse seiner Fantasie überlassen, die Erwartung als reinste Freude …

Dawson kümmert sich intensiv um Joeys Wohlergehen nach ihrem Überfall, er versucht sie durch die Einbindung in seine „Hausaufgaben" abzulenken, was an sich ja durchaus legitim ist, doch scheint gerade diese Fürsorge ein härterer Prüfstein für seine Beziehung mit Jen zu werden. Noch gibt diese sich Audrey gegenüber locker und als Dawsons liebende Lebensgefährtin. Im Gespräch mit dem einen Bandmitglied werden ihr aber letztlich die Augen geöffnet. Sie vermisst die gemeinsamen Interessen mit Dawson und eine gewisse Leidenschaftlichkeit, die offensichtlich mit der Zeit ein wenig verloren gegangen ist.

Aber auch Audrey und Pacey haben ihre Probleme. Sie hatten zur gleichen Zeit in Paceys Wagen ihre erste sexuelle Begegnung, als Joey überfallen worden ist, was für Audrey eine Störung des kosmischen Gleichgewichts bedeutet. Und sie spielt zudem die Beleidigte, da ihr Lover sie nicht angerufen hat. Letztlich lässt sie sich jedoch von dem anderen Bandmitglied überzeugen, dass derlei Gedanken völlig unsinnig sind. Sie geht auf Pacey zu und gibt ihm eine Chance.

Den spritzigsten und auch witzigsten Plot stellt jedoch Jacks und Paceys Besuch in der Schwulenkneipe dar. Die Dialoge sind einfach großartig, und auf ganz subtil-witzige Weise wird herausgearbeitet, wie Homosexuelle andere Schwule erkennen können, wie sie einander kennenlernen und in der Öffentlichkeit miteinander umgehen. Sehr gelungen ist auch die Art und Weise, wie es Jack gelingt, Pacey von Audreys menschlichen Qualitäten zu überzeugen.

Ein ebenso guter Dialog beherrscht die Szene, in der Joey und Dawson durch das nächtliche Boston marschieren. Einträchtig wie schon lange nicht tauschen sie ihre intimsten Gedanken aus. Und Dawson ist verwundert über die Veränderungen, die in seiner besten Freundin in letzter Zeit vorgegangen sind, wobei der Ausdruck „joeytypisch" besonders besticht. In diesem Zusammenhang wird sehr subtil Dawsons Überraschung über Joeys Gefühle und Absichten ihrem Professor gegenüber herausgearbeitet.

Interessant wirkt auch die Schlussszene, in der Dawson von seinen Gesprächen mit Joey berichtet. Jens Reaktion wirkt fast ein wenig neidisch, was Joeys Beinahe-Affäre mit dem Professor betrifft. Jen scheint gelangweilt, ihre Beziehung ist zwar liebevoll und sicher, doch fehlt ihr einfach das notwendige Feuer. Eher trübe Aussichten also ...

Episode 5.17,

„Highway to Hell"

Charlie sucht Joey in der Nähe ihrer Unterkunft auf. In den nächsten Tagen ist ein großer Gig in einem Lokal auf dem Land geplant und der Gitarrist möchte die Worthington-Studentin unbedingt als Frontfrau gewinnen, zumal der Leadsänger aus seiner Band ausgestiegen ist. Joey fühlt sich zwar geschmeichelt, möchte aber Charlies Ansinnen noch überdenken.

Audrey und Pacey sind mit heftigen sexuellen Aktivitäten beschäftigt. Joeys Zimmergenossin stört jedoch die Tatsache, dass die genannten unheiligen Tätigkeiten immer an unpassenden Orten und mit der ständigen Gefahr des Ertapptwerdens durchgeführt werden müssen, und sie legt ihrem Lover nahe, sich eine eigene Wohnung anzuschaffen.

Charlie wiederum lässt nicht locker und Audreys Einbeziehung in den Diskussionsprozess führt zu Joeys Entscheidung, den Gig letztlich mitzumachen.

Jen und Dawson schicken sich an, nach Capeside zu reisen, da dort Lillys erster Geburtstag gefeiert werden soll. Zwischen den beiden Lebensgefährten sind starke Spannungen zu spüren, die durch Joeys Erscheinen am Haustor auch nicht unbedingt gemildert werden. Diese möchte Dawson jedoch nur mitteilen, dass sie wegen des Gigs nicht nach Capeside mitkommen kann, und sie übergibt dem Freund ein Geburtstagsgeschenk für dessen kleine Schwester.

Im Gespräch mit Jack stellt Jen fest, dass sie mit Dawson Schluss machen möchte …

Pacey, Audrey und Joey wollen gerade in Paceys Wagen steigen, um zum Gig zu fahren, da erscheint Charlie und teilt ihnen mit, dass er verschlafen und deshalb den Bus der Band verpasst habe. Er brauche also eine Mitfahrmöglichkeit. Pacey ist gar nicht begeistert. Es gefällt ihm nicht, wie der Gitarrist Joey anbaggert, wie er Jen behandelt und Audrey bei Dawsons Film pausenlos die Zunge in den Hals gerammt hat. Und so wird die Fahrt zu einem regelrechten Fiasko …

Aber auch in Capeside ist nicht alles eitel Sonnenschein. Dawson muss zu seiner großen Überraschung feststellen, dass seine Mutter inzwischen einen Freund hat. Der Sohn ist irritiert und indigniert, hat er doch mit einer solchen Möglichkeit keineswegs gerechnet.

In einem Gespräch mit Jen wird offenkundig, dass er und seine Partnerin mental meilenweit auseinandergedriftet sind. Es kommt zu einer verbalen Auseinandersetzung der beiden und Jen entschließt sich, mit Jack das Weite zu suchen. Diesem gegenüber gibt Jen zu, dass sie sich offensichtlich zu früh in die Beziehung zu Dawson gestürzt habe, dass nun alles für sie so sicher und absehbar geworden sei, es fehle der Reiz der Leidenschaft und des Neuen.

Der Gig in einem furchtbaren, schrecklich heruntergekommenen Lokal scheint auch nicht das zu werden, was er versprochen hat. Joey ist gehemmt und nervös, das Publikum geht nicht mit und Charlie möchte den Auftritt schon abbrechen, da entschließt sich die Band zu einer Hardrocknummer. Diese zieht dann und der Gig endet doch noch erfolgreich.

Zu Joeys Leidwesen beschließen Audrey und Pacey, die Nacht in einem Motel zu verbringen, ist doch auch der zwar ungeliebte, doch durchaus attraktive Charlie mit von der Partie. Pacey beruhigt Joey. Es werde ihr nichts passieren, solange sie unter seiner Obhut sei. Das scheint jedoch gar nicht mehr notwendig zu sein, denn irgendwie scheint Joey in der Zwischenzeit die Avancen des Musikers zu genießen und durchaus die Absicht zu haben, diesem das Herz zu brechen.

In Capeside ist Lillys Geburtstagsparty zu Ende und Dawson betrachtet gerührt Joeys Geschenk für die kleine Schwester, eine Sammlung von Zeichnungen, welche die künstlerisch so begabte Freundin gemacht hat. Es handelt sich um Motive aus Capeside und von der Familie Leery.
   Letztlich ist dem jungen Mann klar geworden, dass seine Mutter bei aller Liebe zu ihrem verstorbenen Ehemann auf ihrem Lebensweg weitergehen musste, und er wertet die Existenz ihres Freundes nun durchaus positiv.

In einer der Schlussszenen trifft Dawson beim Eingang der Capeside-High auf Jack und Jen. In der Erkenntnis, einander zwar gebraucht, sich aber letzten Endes in verschiedene Richtungen entwickelt zu haben, beenden Dawson und Jen ruhig und gefasst ihre Beziehung.

Review 5.17

Wieder einmal kommt alles für Dawson knüppeldick zusammen. Seine Beziehung zu Jen ist auf dem Tiefpunkt, es geht so gut wie gar nichts mehr. Ist es nun Joeys wiedererstarkte Präsenz in seinem Leben, oder ist es einfach nur die Tatsache des Auseinanderlebens, die für Jen letztlich den Antrieb zur Beendigung ihrer Beziehung darstellt?

Jedenfalls muss Dawson in Capeside erkennen, dass seine Mutter eine neue Beziehung eingegangen ist. Dawson ist aufgebracht und steht der Situation verständnislos gegenüber.

Mit Jen kann er darüber nicht mehr reden und mit Joey auch nicht. Diese ist ja mit Charlies Band unterwegs. Keine leichte Situation also für Dawson …

Im Mittelpunkt der Episode steht also das Thema der Veränderung, des Wandels und des Weitergehens im Leben.
Dawson wirkt gefestigt. Die Arbeit an dem neuen Film und die gemeinsamen Monate mit Jen haben ihm gutgetan. Die beiden haben einander wirklich gebraucht und einander sehr viel gegeben. Dawson sieht aber schließlich ein, dass auch er selbst, genauso wie seine Mutter, neue Wege beschreiten muss. Seine Trennung von Jen ist unspektakulär, ruhig und gefasst. Man kann sich sicher sein, dass die beiden Freunde bleiben.

Ganz zwischendurch und ohne Vorwarnung ergibt sich zufällig der nächste zentrale Knackpunkt der fünften Staffel, der quasi den dritten Akt einläutet: Dawson nimmt Joeys Geburtstagsgeschenk für Lilly zur Hand, er betrachtet die Grafiken und einmal mehr wird ihm klar, welch hohen Stellenwert seine beste Freundin für ihn hat, wie sehr er sie liebt und braucht.

Der zweite Plot – die Ereignisse um Joeys Kneipenauftritt mit Charlies Band – ist absolut mitreißend. Allein das Desaster auf der Fahrt, auf dem „Highway to Hell", ist einfach großartig inszeniert. Aus mehreren Gründen ist es verständlich, dass Pacey Charlie gegenüber ausrastet. Er hat mitbekommen, wie der Gitarrist Audrey wiederholte Male bei den Dreharbeiten für Dawsons Film leidenschaftlich küssen „musste", er weiß, wie sich der Musiker Jen gegenüber verhalten hat, und nun sieht er seine Exfreundin stark gefährdet.
Doch Joey ist vorsichtig. Ihr Verhalten ist für Charlie eine Herausforderung. Sie provoziert ihn, doch scheint es für Joey nur ein neckisches Spielchen zu sein. Beim gemeinsamen Duett in der Kneipe wird besonders deutlich, wie bewusst sie den Gitarristen anmacht. Ernsthafte Absichten scheint sie jedoch keine zu haben, im Gegenteil, man wird das Gefühl nicht los, dass sie dem Musiker ganz bewusst das Herz brechen und damit gewissermaßen dessen Verhalten Jen gegenüber

rächen möchte. Auch Pacey wird das klar und er empfindet sogar einen leichten Anflug von Mitgefühl für Charlie.

Symptomatisch und interessant ist die Schlussszene. Joey betritt das Hotelzimmer und findet Charlie tief schlafend vor. Das Lächeln in Joeys Gesicht spricht Bände ...

Eine dramatische, mitreißende Folge ...

Episode 5.18,

„Die Premiere", „Cigarette Burns"

Joey sitzt in Dawsons Dachkammer und sieht sich interessiert den Director's Cut von dessen neuem Film an. Sie wirkt sichtlich gerührt und beeindruckt. Besonders aber wundert sie sich über die schauspielerischen Qualitäten von Charlie.

Oliver teilt Dawson mit, dass genau dieser noch unfertige und viel zu lange Cut am nächsten Abend an der Filmakademie Premiere feiern soll. Dawson ist außer sich. Sein Partner hat ihn und seine Meinung einfach übergangen!

Oliver und Dawson diskutieren an der Hochschule heftig miteinander. Der Regisseur kann es einfach noch immer nicht fassen, was der Autor da angerichtet hat. Zu allem Überfluss signalisiert Oliver so ganz nebenbei noch eindeutiges Interesse an Jen ...

Audrey und Pacey üben in Paceys Behelfsquartier, Danny Brekkers Wohnung, leidenschaftlich das Kamasutra. Der junge Mann ist hingerissen von den außergewöhnlichen Fähigkeiten seiner Freundin und er lässt sich unüberlegterweise zu der Frage hinreißen, mit wie vielen Männern Audrey denn bislang geschlafen habe. Audrey gibt keine konkrete Antwort, bezeichnet aber zum Beispiel Madonna als prüde im Vergleich zu sich selbst.

Später bittet sie Joey um Rat. Soll sie Pacey die volle Wahrheit ins Gesicht sagen?

Auf der Fahrt zur Filmvorführung nennt sie nun eine konkrete Zahl ihrer ehemaligen Lover, die aber so hoch ist, dass der geschockte Pacey einen Auffahrunfall verursacht.

Die Situation von Dawson und Jen, die immer noch unter einem Dach wohnen, gestaltet sich gar nicht so einfach. Selbstverständlichkeiten aus der Zeit, in der die beiden zusammen waren, sind nun plötzlich infrage gestellt, doch Jen findet eine ganz einfache Lösung: Es brauche gar keine fixen Regeln zu geben, denn niemand schreibe ihnen beiden vor, was sie zu tun oder zu lassen hätten.

Überraschend werden Grams, Jen und Jack von dem Afroamerikaner und Mathematiklehrer Clifton Smalls zur Filmvorführung abgeholt, der sich als der neue Freund der Großmutter vorstellt, was bei Jen einen heftigen Schock auslöst.

Mitten in den Vorbereitungen für die Filmvorführung steckend, hört Dawson völlig unbeabsichtigt ein telefonisches Streitgespräch zwischen einer attraktiven jüngeren brünetten Frau und deren Freund mit an. Die Brünette entpuppt sich als Filmkritikerin, die Oliver ohne Dawsons Zustimmung zur Premiere geladen hat. Ohne noch über die wahre Identität der Dame Bescheid zu wissen, benimmt sich der Regisseur der Frau gegenüber nicht sehr geschickt, kritisiert ihren schlechten Geschmack bei Filmen und erzeugt so ihren Unmut, aber auch den Unwillen, sich den Film überhaupt anzusehen. Auf Olivers Drängen hin eilt Dawson der Dame nach und versucht sie zu beschwichtigen, was schließlich auch gelingt. Nach einem leidenschaftlichen Kuss der beiden ist Miss Amy Lloyd nun doch bereit, sich den Streifen weitgehend vorurteilsfrei anzusehen.

Im Vorführungssaal trifft Joey auf Charlie, dem man seine Nervosität anmerkt, was auf Joey nicht ganz unsympathisch wirkt, zeigt sich doch der ansonsten so extrem coole Typ durchaus einmal von seiner menschlichen Seite.

Joey postuliert, dass Charlie nichts anderes im Kopf habe als den Wunsch, sich mit ihr zu verabreden, worauf Charlie mit einer wenig witzigen, dafür aber umso schlüpfrigeren

Bemerkung kontert. Joey ist angewidert und möchte zu Dawson.

Auf einer Treppe trifft sie auf Jen, die soeben eine geheimnisumwitterte, höchst seltsame Begegnung mit Oliver hatte. Einhellig stellen die beiden Mädchen fest, dass einzig und allein Dawson bislang jener Freund gewesen sei, der sich letztlich nicht als Versager entpuppt habe. Es sei tröstlich, dass irgendwann einmal im späteren Leben eine Person wie Clifton Smalls auf sie warten werde.

Charlie möchte seinen Lapsus von vorhin wiedergutmachen und entschuldigt sich in aller Form bei Joey, was diese letzten Endes zur Kenntnis nimmt. Sie lässt den jungen Mann neben sich Platz nehmen.

In der Vorhalle schwärmt Pacey Jack gegenüber von Audreys wunderbaren charakterlichen Eigenschaften. Überraschend tritt jene hinter ihren Freund und erhöht die Zahl ihrer Geliebten auf nahezu das Doppelte, was Pacey zu einem reflexartigen Ausspucken seines Getränks veranlasst. Des Weiteren aber tut das soeben Gehörte Paceys Zuneigung zu Audrey keinen Abbruch.

In Wirklichkeit hatte diese nur mit ganz wenigen Männern Sex, Pacey hat seine Probe mit Bravour bestanden und die beiden gestehen einander ihre Liebe.

Das Premierenpublikum ist nun vollzählig versammelt und alle sind gespannt. In kurzen, aber bewegenden Worten leitet Dawson zu seinem Film über.

Review 5. 18

Oliver kann es also nicht erwarten! Er überfährt Dawson und organisiert die Vorführung des halb fertigen und für Dawsons Begriffe keineswegs noch herzeigbaren Films. Der junge Regisseur ist schockiert.

Mit ihm und Oliver treffen zwei völlig unterschiedliche Künstlertypen aufeinander. Dawson ist der absolute Perfektionist. Der andere hat der Welt gegenüber wenig Selbstvertrauen, sehr wohl aber in die eigene Arbeit, da wirkt es manchmal sogar etwas übersteigert.

Mit der Einladung von Amy Lloyd, der Filmkritikerin, schießt der Autor jedoch nun gänzlich übers Ziel. Herrlich das verunglückte Kennenlernen zwischen ihr und Dawson, großartig die Gespräche der beiden im Café und auf dem Weg zur Akademie. Den Vogel schießt letztlich Dawson mit der Bemerkung ab, er habe bloß mit Amy knutschen müssen, um sie zur Rückkehr zu bewegen.

Die kurze Szene mit Oliver und Jen beinhaltet einigen Sprengstoff und lässt eine große Frage offen: Was haben die beiden miteinander getrieben? Olivers Blick und Jens „Großer Gott …" in der Schlussszene jedenfalls sprechen Bände.

Um bei Jen zu bleiben: Ihre erste Begegnung mit Clifton Smalls gerät zu einer schauspielerischen Meisterleistung. Man könnte fast annehmen, die junge Studentin würde gleich in Ohnmacht fallen. Letztlich gefällt Jen aber die Sache mit Grams und Mr. Smalls und sie schöpft gemeinsam mit Joey eine ganz entzückende Hoffnung …

Sehr subtil ist die Szene mit ihr und Dawson in der Küche geraten. Das Gespräch der beiden und der Versuch, klar zu sehen, wie man mit der neuen gemeinsamen Situation unter einem Dach umgehen könne, ist großartig gelöst worden. „Wer kann uns vorschreiben, was wir tun …?"

Eine Zentralposition in dieser Episode hat jedoch Audrey. Zunächst gibt sie sich als nymphomanisch angehauchte Sexbombe, steigert die Anzahl ihrer Liebhaber in Bereiche der

Lady Chatterley und Pacey ist völlig aus dem Häuschen. Trotz des verbeulten Autos nimmt er es letztlich aber doch gelassen, akzeptiert die vielen Erfahrungen seiner Angebeteten, singt Jack gegenüber ein Loblied auf sie und gesteht ihr seine Liebe. Darauf hat Audrey gewartet und sagt nun die Wahrheit: Es waren in Wirklichkeit ja nur ganz wenige Jungs …

Pacey hat seine Probe mit Bravour bestanden und beider Tor zum gemeinsamen Glück ist weit geöffnet.

Etwas schwächer gerät leider die Storyline um Joey und Charlie. Diesmal gibt es weniger bissiges Geplänkel. Der schmachtende Charlie zieht sein ganzes Softie-Register und scheitert vorerst an seiner eigenen Dummheit. So gut hätte er Joey schon kennen müssen, dass er bei dem Mädchen mit der ordinären Masche schon überhaupt keine Chance hat. Er ist nicht der Teufel, er ist einfach nur ungeschickt. Letztlich verzeiht ihm Joey seinen verbalen Fehltritt und gibt ihm eine neue Chance.

Im Mittelpunkt stehen für sie jedenfalls immer noch Dawson und sein Film, das ist unschwer zu erkennen. Die Sache mit Charlie wird immer mehr zu einer emotional einseitigen Angelegenheit. Joey spielt mit dem verliebten Jungen ein neckisches Spiel. Wie das wohl ausgehen wird?

Mit einigen Abstrichen ist „Die Premiere" jedoch eine der besten Episoden der fünften Staffel.

Episode 5. 19,
"Lichtjahre entfernt", "100 Light Years from Home"

100 Folgen „Dawson's Creek"! Die Jubiläumsepisode …

Und einmal mehr ist Dawsons Zimmer (Dachkammer) der Treffpunkt von Dawson und Joey. Die Studentin soll gemeinsam mit den anderen Freunden die Frühlingsferien in Florida verbringen, doch sie ist sich nicht sicher, ob sie das auch wirklich möchte. Dawson wiederum hat zur gleichen Zeit gemeinsam mit Oliver einen Gesprächstermin bei einem Agenten in New York. Joey ersucht ihren Freund, den Termin doch abzusagen und einfach mitzukommen, doch dieser lehnt ab …

Geistig lassen die beiden das vergangene Jahr Revue passieren und sie zweifeln daran, ob sie ihren Träumen wirklich irgendwann einmal nahe kommen werden. Letztlich hilft ihnen dieser Gedanke im Moment aber auch nicht weiter. Mit der Metapher, sie würden all das vielleicht in einem späteren Leben klären, wenn sie beide Katzen seien, verabschieden sie sich herzlich voneinander …

Dawson fährt mit Oliver in seinem Wagen über den Highway Richtung New York. Er ist in sich gekehrt und schweigsam, was Oliver zu denken gibt. Er möchte wissen, woran sein Filmpartner denn so krampfhaft denke. Dawson beginnt seine bewegte Geschichte, seine ganzen positiven, aber auch die negativen Erlebnisse mit Joey zu erzählen, was filmisch durch Schwarz-weiß-Rückblenden unterstützt wird. Auf diese Art werden alle bisherigen Highlights der so komplizierten Beziehung nochmals dokumentiert.

Audrey, Pacey, Jack, Jen und Joey verbringen also die Frühlingsferien im Ferienhaus von Audreys Eltern in Miami. Erstere ist ein wenig ratlos und gekränkt. Trotz all dem Spaß beim Sex haben sie und Pacey ihre Beziehung noch keineswegs definiert, auch die diversen Eltern haben von der Existenz des jeweils anderen noch keine Ahnung, und das belastet Audrey.

Zu allem Überfluss taucht nun auch noch Chris, Audreys Highschool-Liebe, auf, der in der Zwischenzeit zum Popstar avanciert ist und den Freunden Karten für ein Konzert überreicht. Audrey ist sehr irritiert, was Pacey natürlich sofort auffällt. Er versucht seine Freundin zur Rede zu stellen, doch erst ein zufälliges klärendes Gespräch mit Chris bringt Licht ins Dunkel. Audrey gesteht, dass Chris ihr „Dawson" war, und Chris meint, Audrey immer noch zu lieben! Starker Tobak also für Pacey. Als dieser noch einen Kuss zwischen Audrey und Chris mit ansehen muss, wird er aktiv und spricht seine Freundin direkt darauf an.

Mit abenteuerlichen Methoden und dauernder telefonischer „Belagerung" gelingt es Charlie mit Paceys Hilfe, Joey in deren Urlaubsort aufzustöbern. Joey scheint geschmeichelt und nicht ganz uninteressiert zu sein. Doch soll sich für sie in diesem Zusammenhang ausnahmslos alles auf der Spaßebene abspielen. Ein ehrliches Gespräch mit Pacey, der ihr seine Probleme mit Audrey klagt, führt letztlich dazu, dass Joey herausfinden möchte, was sie tatsächlich für Charlie empfindet.

Oliver ist gezeichnet von Dawsons Erzählungen. Er fordert seinen Filmpartner auf, den Termin in New York zu verschieben und unverzüglich nach Florida zu fahren, damit er dort seine Beziehung zu Joey endlich restlos klären könne. Und so geschieht es auch ...

In Miami kommt es nun schön langsam zur Stunde der Wahrheit: Audrey möchte unbedingt Paceys offizielle Freundin werden, was dieser auch sehr gerne hätte, und er bittet sie auch ganz ernsthaft darum.

Joey vermittelt Charlie, dass es noch immer sein unmögliches Verhalten gegenüber Jen sei, das sie von einer ernsteren Beziehung zu ihm abhalte. Auf Charlies Gegenfrage, ob denn sie selbst noch niemals jemandem wehgetan hätte, muss sie nachdenklich und schweigend passen. Daraufhin bauen die beiden im Haus von Charlie ihr mitgeführtes Zelt auf ...
Als Dawson nach 26 Stunden Autofahrt endlich in Miami ankommt, ist Jack auf seinem absoluten Tiefpunkt angelangt.

Er hat telefonisch erfahren, dass Toby nun einen neuen Freund hat und sehr glücklich ist, was den jungen Mann dazu veranlasst hat, noch mehr Alkohol als sonst in sich hineinzuschütten. Sturzbetrunken steht er nun schwankend auf dem Dach oberhalb des Swimmingpools und stürzt sich in der Meinung, fliegen zu können, ins Wasser hinunter.

Dawson reagiert sofort, springt ihm nach und rettet so dem Freund das Leben. Im anschließenden Gespräch wird beiden klar, dass sie am liebsten die ganze letzte Zeit zurückdrehen und neu beginnen würden.

Pacey findet den todmüden Dawson in der Küche sitzen vor und gleich wird ihm dessen Absicht klar. Zu dessen Leidwesen muss er jedoch den alten Freund enttäuschen. Der Fluch des schlechten Timings hat Dawson wieder einmal eingeholt, denn Joey ist nun mit Charlie zusammen.

Während sich Joey und Charlie das erste Mal küssen, steht Dawson verlassen und allein am Strand und blickt resignierend in die Weiten des Ozeans hinaus.

Review 5. 19

Die Jubiläumsepisode startet mit dem wahrscheinlich besten Prolog der fünften Staffel. Das Gespräch zwischen Dawson und Joey gibt nicht nur eine Standortbestimmung ihrer Beziehung, sondern auch einen aufklärenden Rückblick auf die Entwicklungen seit dem Tod von Dawsons Vater. Mit der eindringlichen Bitte, doch über die Frühlingsferien nach Florida mitzukommen, erhält Dawson von Joey eine erneute Chance, die er aber nicht nützt. Der Termin bei dem Agenten in New York ist ihm wichtiger …

Das erste Mal ist in eine „Dawson's Creek"-Folge eine umfangreiche Musikpromotion verpackt, was bei allem Respekt vor M & M in einer Jubiläumsfolge nicht unbedingt nötig gewesen wäre. Als Highlights sind aber mit Sicherheit die Rückblenden auf die Beziehung zwischen Dawson und Joey zu sehen, wobei die Wahl des „Schwarzweißbilds" für Dawsons frühere Denkungsart symbolträchtig und deshalb auch klug erscheint.

Sehr nett ist auch das Strandleben in Florida gezeichnet, nicht klar erscheint allerdings in diesem Zusammenhang die ziemlich „zugeknöpfte" Kleidung der diversen Protagonisten, sind doch die meisten anderen Urlauber durchaus in Badekleidung unterwegs.

Ein Schwerpunkt der Folge liegt auf der bislang nicht klar definierten Beziehung zwischen Audrey und Pacey, welche durch das unerwartete Erscheinen von Audreys großer Jugendliebe noch weiter auf die Probe gestellt wird. Audreys Bemerkung, Chris sei ihr „Dawson" gewesen, löst bei Pacey verständlicherweise eine Lawine an negativen Gefühlen aus, doch der junge Mann verhält sich reif und geschickt. Er will Audrey und verzeiht ihr nicht nur den Kuss mit Chris, sondern bietet der kalifornischen Blondine nun endlich eine feste Beziehung an, was jene letztlich mit großer Freude und Erleichterung annimmt.

Das Geplänkel zwischen Joey und Charlie geht in die nächste Runde. Interessant ist dabei, dass es gerade Pacey ist, der dem Musiker die Urlaubsadresse verrät. Er vertraut auf Joey, ist überzeugt, dass sie sich von Charlie nicht das Herz brechen lassen wird, und ermutigt sie, einfach einmal nur im Hier und Jetzt zu leben, was Joey letztlich auch für sinnvoll erachtet.

Allerdings hat Joey dem Gitarristen noch immer nicht sein Verhalten Jen gegenüber verziehen. Auf Charlies Frage, ob sie selbst nicht auch schon jemandem wehgetan hätte, muss sie letztlich klein beigeben und ihm gewissermaßen eine Chance geben.

Witzig erscheint, dass die beiden ihr Zelt drinnen im Haus aufstellen. Liegt es an der zu erwartenden nächtlichen Kühle oder steckt, wie es für „Dawson's Creek" typisch wäre, eine andere Symbolik dahinter?

Dawson jedenfalls kann einem wirklich leidtun ... Wie ebenfalls für „Dawson's Creek" typisch, entpuppt er sich wieder einmal als der klassische Held des schlechten Timings und kommt zu spät. Joey und Charlie stecken quasi bereits „unter einer Decke". Da nützt auch der lebensrettende Freundschaftsdienst an Jack nichts. Eingedenk seiner so frischen und gar nicht positiven Erlebnisse im Zusammenhang mit Audrey und Chris unterbreitet Pacey dem alten Freund schonungslos die für diesen mehr als ernüchternde Wahrheit und rät ihm, Joey nun endlich endgültig aufzugeben.

Die finale Szene erinnert ein wenig an die Schlussszene des Finales der zweiten Staffel, zeigt diese ja ebenfalls Dawson, unglücklich und tieftraurig mit hängendem Kopf dastehend. Waren es in der zweiten Staffel das Grundstück der Potters und der Creek, so sind es nun der Strand und die Weiten des Ozeans, die die große Entfernung zwischen Dawson und Joey symbolisieren könnten.

Episode 5. 20,

„Die große Chance", „Separate Ways"

Joey und Charlie haben die Nacht miteinander verbracht. Allerdings kann die Intimität nicht besonders heftig gewesen sein, sind doch beide nach dem morgendlichen Aufwachen völlig bekleidet. Die beiden erzählen einander Geschichten aus Kindheit und Jugend, um sich besser kennenzulernen. Dabei wird klar, dass Charlie ein besonderes Faible für Barbiepuppen hatte.

Pacey und Audrey gehen gemeinsam zur Arbeit, doch an ihrem Arbeitsplatz ist nichts mehr, wie es war, denn Danny ist ganz überraschend weg. Per Rundschreiben ruft die neue Geschäftsleitung zu einer Mitarbeiterversammlung auf, was sowohl Audrey als auch Pacey sehr skeptisch stimmt, zumal beide nicht glauben wollen, dass Danny, ohne Lebewohl zu sagen, seinen Abschied genommen hätte.

Dawson und Oliver bemühen sich, eine gemeinsame Strategie für den verschobenen Termin bei dem New Yorker Agenten zu entwickeln, doch sie scheitern. Viel zu weit liegen die Auffassungen der beiden so verschiedenen Menschen in dieser Hinsicht auseinander.

Charlie wartet auf dem Campus des Worthington College auf Joey. Freudig erregt teilt er ihr mit, dass die Band zu einer umfangreichen Tournee eingeladen worden sei, dass dies die Chance sei, auf die er immer gewartet habe, und er bittet Joey, als seine Freundin mitzukommen.
    Diese ist perplex. Es sei mitten im Semester und sie sehe keine Veranlassung, deswegen ihr Studium zu gefährden, teilt sie Charlie unverblümt mit, worauf sich dieser mit dem Gedanken trägt, aus der Band auszusteigen und in Boston zu bleiben.

Nach stundenlanger Wartezeit werden Dawson und Oliver endlich von dem Agenten empfangen. Dieser wirkt anfangs durchaus interessiert, doch gelingt es Oliver, zu den ungünstigsten Zeiten auch noch grundsätzlich das Falsche zu sagen, worauf der viel beschäftigte Mann bald das Interesse verliert und die beiden jungen Filmemacher höflich, aber bestimmt aus seinem Büro hinauskomplimentiert.

Die neue Geschäftsführerin des „Zivilisation" ist Miss Pearl, eine nicht mehr ganz junge, jedoch durchaus attraktive Brünette. Der Erfolg des Lokals soll beispielgebend für eine ganze Kette an Restaurants sein, wobei sich aber ihren Aussagen nach personelle Einsparungen nicht vermeiden lassen würden. Während Audrey das Schlimmste vermutet, ist Pacey noch durchaus optimistisch. Er wird jedoch als Erster aller Mitarbeiter zu einem Vieraugengespräch mit Miss Pearl geladen, was ihn sofort am Bestand seines Jobs zweifeln lässt. Doch es kommt anders: Pacey wird befördert und Audrey wird gekündigt.

Joey weiß nicht, wie sie mit ihrer Situation umgehen soll. Während sie nicht in Charlie verliebt ist und ihn unbedingt von seiner Chance mit der Band überzeugen will, hat der Hals über Kopf verliebte Junge bereits den Entschluss gefasst, mit Joey in Boston zusammenleben zu wollen, was für die Studentin schon gar nicht infrage kommt. Derartig tief greifende Verpflichtungen hat sie keineswegs geplant.

Dawson und Oliver diskutieren ihre vertrackte Lage und es kommt zum Streit, was Oliver veranlasst, allein per Bahn heimzufahren. Dawson jedoch verharrt im Parkhaus des Agentenbüros, wo der Agent nach endloser Zeit auch erscheint. In wenigen, aber umso ehrlicheren Worten versucht Dawson zu retten, was zu retten ist, und den Agenten davon zu überzeugen, ihnen noch eine Chance zu geben. Und er hat damit schließlich Erfolg.

Audrey bittet Pacey, er möge sich für ihre Wiederaufnahme im „Zivilisation" einsetzen, doch ist vorerst einmal keine Zeit für ein diesbezügliches Gespräch. Die Reduktion der Mitarbeiteranzahl macht sich nämlich bereits negativ bemerkbar …

Charlie hat in einer Studentenkneipe seinen letzten Auftritt mit der Band. Audrey begleitet Joey in das Lokal, wo jene ihrer Freundin von ihren Problemen im Zusammenhang mit Charlie erzählt. Sie möchte einfach nicht, dass der Musiker nur ihretwegen seine große Chance verspielt. Sie will, sie kann nicht der Grund dafür sein. So viel empfindet sie für ihn nicht …

Nun erscheint auch noch Pacey und sofort übernimmt Audrey die Initiative. In einer gespielten Eifersuchtsszene wirft sie Joey vor, sie habe für Pacey noch immer Gefühle und auch Sex mit ihm. Alle sind völlig verwirrt und perplex, doch Charlie beginnt langsam zu verstehen. Mit dem Argument, auf weniger hätte er nicht reagiert, drängt Joey Charlie, nun doch auf Tournee zu gehen. Sie kann ihm keinen Grund zum Bleiben geben. Der junge Musiker ist zwar zutiefst enttäuscht, doch er fügt sich.

Am darauffolgenden Morgen spielt er auf dem Campus vor Joeys Fenster ein Abschiedsständchen und beide nehmen hoffnungsvoll, zufrieden und keineswegs unglücklich voneinander Abschied.

Im „Zivilisation" möchte Pacey noch einmal mit der neuen Geschäftsführerin wegen Audreys Wiederanstellung sprechen, wobei Miss Pearl eindeutiges sexuelles Interesse an Pacey signalisiert und ihn ganz unverhohlen küsst. Der junge Koch weist jedoch alle Avancen seiner neuen Chefin zurück.

Dawson verlässt Mrs. Ryans Haus, um für seine abendliche Ernährung zu sorgen, hat doch Grams wegen ihrer Beziehung zu Mr. Smalls kaum Zeit, ihren hausfraulichen Pflichten nachzukommen. Da schlendert Joey herbei. Sie möchte wissen, wie es bei Dawsons Termin gelaufen ist.

Dieser erzählt ihr glücklich vom letztlich positiven Ausgang des Gesprächs. Joey gratuliert ihrem Freund, umarmt ihn voller Freude und bietet ihm ihre Begleitung an. Die Erlebnisse der letzten Tage Revue passieren lassend, marschieren die beiden einträchtig die abendliche Straße entlang.

Review 5.20

Diese Episode bringt schwerwiegende Veränderungen mit sich. Erstens wird durch Charlies Chance, auf Tournee gehen zu können, dessen beginnende Beziehung zu Joey völlig unerwartet getrennt, zweitens sehen sich Audrey und Pacey beruflich mit einer gravierenden Änderung konfrontiert. Aber auch Oliver und Dawson haben einen schweren Weg vor sich. Jack und Jen hingegen haben keine Screentime erhalten.

Tatsächlich gelingt es Joey also, dem sonst so coolen, sexy Indie-Rocker Charlie das Herz zu brechen, und sie rächt damit quasi dessen schäbiges Verhalten Jen gegenüber. Pacey hatte ja eine derartige Entwicklung bereits vorausgesehen …

Die Art, das Damencatchen mit Audrey als härtestes aller Mittel, wirkt zwar etwas eigenwillig und gelinde gesagt reichlich konstruiert, aber weniger hätte wahrscheinlich wirklich nicht gereicht, um Charlie zum Ergreifen seiner großen Chance zu bewegen.

Sehr romantisch jedoch ist der Abschied der beiden gestaltet. Charlie spielt am frühen Morgen auf dem Campus Gitarre und singt ein Ständchen, wobei Joeys flüchtige Aussage, der Junge würde der Menschheit einen Gefallen erweisen, wenn er besser spielen würde, sehr genau wiedergibt, dass sie nicht besonders viel für ihn empfindet und über seinen Abschied aus ihrem Leben nicht ganz unglücklich ist. Für sie sind viele wichtige Schritte übersprungen worden, sie hat für kurze Zeit im Hier und Jetzt gelebt, doch ist das für die ehrgeizige Studentin kein Zustand, der von langer Dauer sein darf.

Gar nicht konstruiert sind aber die anderen Plots. Einzig die Tatsache, dass Danny seinem engen Mitarbeiter Pacey, dem er sich zudem auch noch freundschaftlich verbunden fühlt, über sein Ausscheiden als Chef des Lokals nicht Bescheid gesagt hat, erscheint ein wenig fragwürdig.

Der Einstieg der neuen Geschäftsführung und die daraus resultierenden Probleme sind jedoch sehr interessant und durchaus nachvollziehbar gestaltet. Ebenso logisch und wahrscheinlich auch geschlechtstypisch sind die unterschiedlichen Sichtweisen von Pacey und Audrey, was die Person Miss Pearl betrifft. Während Audrey die ganze Entwicklung negativ sieht, bleibt Pacey optimistisch und bekommt mit der unverhohlenen Anmache der Chefin, die in einem Kuss kulminiert, die Rechnung präsentiert.

Ganz logisch und auch in dieser Form zu erwarten läuft Dawsons und Olivers Termin mit dem Agenten ab. Dieser wird übrigens als ganz zivilisierter, vielleicht etwas blasser, aber durchaus nicht unsympathischer, viel beschäftigter Geschäftsmann skizziert, was vielleicht ein wenig verwundert, wird doch das ganze Drumherum in der Filmbranche in der sechsten Staffel völlig anders dargestellt ...

Man sieht aber deutlich, dass eine gegenseitige künstlerische Befruchtung keineswegs auch einen gemeinsamen geschäftlichen Erfolg garantieren kann, denn vom Typ her passen Dawson und Oliver überhaupt nicht zusammen. So wie Oliver durch Ungeschicklichkeit und gespielte Überheblichkeit auffällt, tut Dawson dies durch Beharrlichkeit und Ehrlichkeit, was aber auch durchaus dessen Grundcharakter entspricht.

Ein Highlight ist die Schlussszene, die wieder einmal Dawson und Joey gehört. Der entzückende, mitreißende Dialog rund um die Gewöhnung an ein Herzensbrecherdasein, um die Pizzafamilie und um Dawsons Erlebnisse bei dem Agenten ist ganz typisch für „Dawson's Creek", für Dawson und Joey, und er führt den Fans wieder einmal vor Augen, warum sie die Serie so lieben und schätzen.

Episode 5. 21,

„Im Dunkel der Nacht", „After Hours"

Das Semester neigt sich dem Ende zu …

Pacey bewohnt zurzeit Danny Brekkers schönes Domizil und hat Jack zu Gast. Dieser muss büffeln, hat er doch in diesem Semester jede Menge verbockt. Nun wartet eine Mathematikprüfung auf ihn und er hat nicht den leisesten Schimmer von multidimensionaler Infinitesimalrechnung. Pacey wiederum erzählt dem Freund von den Annäherungsversuchen seiner Chefin, da erscheint diese höchstpersönlich …

Miss Pearl entschuldigt sich bei Pacey für ihr Verhalten und bringt als Geste der Versöhnung eine Flasche Champagner mit, signalisiert aber gleichzeitig Interesse an Dannys prächtiger Wohnung, zumal sie selbst ja zurzeit mit einem schlichten Hotelzimmer vorliebnehmen müsse. Pacey könne im gegebenen Fall aber trotzdem noch einige Zeit lang kostenlos die Suite bewohnen und Audrey sei selbstverständlich auch wieder an ihrem Arbeitsplatz willkommen.

Dawson leistet Joey beim Lernen in der Bibliothek Gesellschaft. Er muss sich für seine Prüfungen eine erkleckliche Anzahl an Filmen ansehen. Einer der Streifen amüsiert ihn jedoch derartig, dass er immer wieder laut auflachen muss, was wiederum Joey und die anderen eifrig Lernenden stört. Schließlich entschließt er sich dazu, sich den Film im Kino anzusehen.

Jack ist restlos verzweifelt. Mit Kräutertee versucht Grams seine Hirnleistung zu stärken, doch bald muss sie einsehen, dass da im Moment Hopfen und Malz verloren ist, schließlich hat Jack nicht einmal den Anflug einer Ahnung von der komplexen Materie.

Audrey erscheint tatsächlich wieder an ihrem Arbeitsplatz und sie will von Pacey wissen, ob ihn seine Chefin angebaggert hat. Pacey bestreitet dies vehement, doch Audreys Aggressivität wird immer beängstigender. Letztlich kündigt sie von sich aus ihren Job.

Rein zufällig trifft Dawson vor dem Kino auf die Filmkritikerin Amy Lloyd. Erfreut über das unerwartete Wiedersehen unterhalten sich die beiden und sie beschließen, in Amys Wohnung gemeinsam einen Film anzusehen. Doch aus diesem Unterfangen wird nichts. Die beiden disponieren kurzerhand um und schlafen miteinander.

Joey wird unentwegt beim Lernen genervt. Einmal erscheint die lernfaule Audrey mit bohrenden Fragen wegen Pacey, dann wiederum möchte Jack, der zuvor erfolglos bei seiner alten Studentenverbindung um Hilfe angesucht hat, das vermeintlich so umfangreiche Wissen der Joey Potter für seine Zwecke nutzen. Doch auch diese kann ihm nicht wirklich helfen.

Nach dem unerwarteten Schäferstündchen entdeckt Dawson ein Video von Amys Debütfilm zum Abschluss ihres Filmstudiums, dessen gemeinsames Betrachten diese mit der Aussage heftig zurückweist, der Film sei ein absolutes Meisterstück an Beschissenheit und die allgemeine negative Kritik darauf sei der eigentliche Grund für sie gewesen, sich statt Filme zu machen auf das Schreiben von Kritiken zu beschränken.

Dawson ist ein wenig irritiert. Er ist sexuell noch nicht so erfahren, um wissen zu können, aus welchen Gründen man miteinander schlafen kann, ohne einander näher zu kennen. Amy meint, es wären Dawsons Schuhe, die über den positiven Charakter des Trägers ausreichend ausgesagt hätten …

Pacey hilft seiner Chefin beim Transport der Buchhaltung des Restaurants zu ihrem Hotel. Jene betont, wie wichtig es für sie sei, einen Freund wie ihn zu haben. Pacey kehrt in seine Wohnung zurück, doch nach kurzer Zeit erscheint wieder Miss Pearl in seinen Gemächern, diesmal mit eindeutigeren Absichten. Die knisternde erotische Spannung bekommt jedoch Audrey mit, die an Paceys Wohnungstür aufgetaucht ist. Mit einer heftigen Szene schickt sie ihren Lover zum Teufel.

Pacey ist nun alles einerlei. Er küsst Alex Pearl leidenschaftlich, doch nach kurzer Zeit wehrt die Frau ab. Es genüge ihr vollends zu wissen, dass es zum Äußersten hätte kommen können. Das lässt Pacey komplett ausrasten. Verzweifelt versucht er Audrey zu erreichen, doch sie geht nicht zum Telefon.

Jack kehrt unverrichteter Dinge nach Hause zurück. Dort erwarten ihn ungeduldig Grams und Eric. Dieser hat aus der Verbindung alte Prüfungsunterlagen entwendet und versucht nun dem ehemaligen Verbindungsbruder, quasi als Dank für dessen Hilfe bei der Selbstfindung, im Schnellverfahren das nötige Basiswissen zu vermitteln.

Dawson verlässt Amys Wohnung. Beiden ist klar, dass angesichts der verschiedenen Stadien ihres Lebens eine tiefere Beziehung zueinander nicht sehr sinnvoll ist. Trotzdem möchte Dawson zu der Filmkritikerin Kontakt halten, was diese auch durchaus begrüßt.

In der Schlussszene beobachtet Dawson Joey beim Lernen. Er bringt seiner Freundin Kaffee und sie beklagt in einer langen Litanei all die Fehler, die sie in diesem Semester begangen hat und die sie so häufig vom Lernen abgehalten haben. Der Angesprochene ist jedoch kurzerhand eingenickt. Joey unterbricht ihren Redeschwall und blickt ihren Freund fragend an. Dieser erwacht kurz und erkundigt sich, ob ihr seine Schuhe gefallen würden, was Joey mit einem reichlich verwirrten „Ja ... wieso?" beantwortet.

Review 5. 21

Die Semesterprüfungen nerven alle Studenten bis aufs Äußerste. Speziell Joey hat so ihre Probleme, schließlich hat sie sich nicht wie gewohnt auf ihren Lerneifer konzentriert, und das muss sie nun büßen. Die Gestresste kann einem wirklich leidtun, zumal sich ihr Freund Dawson bloß Filme ansehen muss, damit er seine Prüfungen bestehen kann. Besonders witzig ist die Szene geraten, in der der Filmstudent unentwegt die verzweifelt Lernenden durch lautes Lachen und Rascheln mit Knabbergebäcktüten stört.

Die Storyline um Pacey, Audrey und Miss Pearl eskaliert. Die verständlicherweise eifersüchtige und misstrauische Audrey traut dem plötzlichen Frieden nicht. Als Frau kennt sie die weiblichen Signale und Tricks viel zu gut, um ruhig schlafen zu können. Und sie tut gut daran.

Krampfhaft bemüht sich Pacey, seiner Chefin bloß ein Freund zu sein, natürlich auch mit dem Hintergedanken, seinen Job nicht zu verlieren. Und natürlich ist ihm die unverhohlene Anmache von Miss Pearl gar nicht so unangenehm, irgendwie wirkt er dadurch geschmeichelt, sein männliches Ego wird befriedigt.

Wie so häufig in der fünften Staffel sind die Dialoge zwischen Pacey und Jack ein absolutes Highlight. Dieses Mal durfte der Prolog für so etwas herhalten ...

Aber auch Jack kann einem richtig leidtun. Seine vielen „hochprozentigen" Ausflüge in die Studentenverbindung und das Ende der Beziehung zu Toby haben ihm derartig zugesetzt, dass er so ziemlich das ganze Semester verbockt hat. Und das in so kurzer Zeit aufholen zu können, erscheint nahezu unmöglich. In diesem Zusammenhang wird die großartige Beziehung zwischen Grams und Jack wieder einmal ganz offensichtlich.

Ganz symptomatisch ist Jacks misslungener Versuch, in der Verbindung Hilfe zu bekommen. Brüsk und feindselig, ja hämisch wird er abgewiesen. Einzig Eric hat Verständnis, er weiß, was er dem Kommilitonen schuldig ist. Er riskiert den Rauswurf aus dem Konvent und hilft Jack.

Großartige Szenen und tiefgründige Dialoge, ja fast Weisheiten werden im Rahmen der gemeinsamen Liebesnacht von Amy und Dawson auf den Bildschirm gebracht, wobei zwei Höhepunkte mit Sicherheit die „Schuh-Erkenntnis" und Amys legerer verbaler Kommentar über ihren Film als ein „Meisterstück an Beschissenheit" darstellen.

Während bei Dawson dessen überraschendes erotisches Erlebnis völlig harmonisch zu Ende geht, gerät Pacey in eine ganz andere, sehr prekäre Lage: In einer verfänglichen Situation mit Miss Pearl wird er von Audrey ertappt und diese gibt ihm unverzüglich den Laufpass. Doch auch aus dem nun geplanten „Techtelmechtel aus Verzweiflung" mit seiner Chefin wird nichts. Für sie ist nach dem leidenschaftlichen Vorspiel Sendepause.

Die Schlussszene gehört wieder Dawson und Joey. Die morgendliche Ruhe ist spürbar, der Soundtrack unterstreicht die Stimmung. Beide sind hundemüde – aber aus ganz unterschiedlichen Gründen. Inspiriert durch die erlebte Liebesnacht und die intimen Gespräche mit Amy, nimmt der junge Mann bei seiner geliebten Freundin einen neuen Anlauf. Er versucht, die „Schuh-Erkenntnis" praktisch anzuwenden, und hat damit Erfolg: „Ja! – Wieso?"

Eines ist allerdings nicht so ganz logisch: Trotz aller Müdigkeit und trotz aller Konzentration auf ihre Lerntätigkeit hätte es Joey mit ihrer weiblichen Intuition auffallen müssen, dass Dawson vor wenigen Augenblicken mit einer anderen Frau Sex hatte …

Die Weichen für die finalen Episoden der fünften Staffel sind jedenfalls gestellt.

Episode 5.22,
„Der Himmel stürzt ein", „The Abby"

Semesterschluss ... Im Worthington College herrscht ausgelassene Stimmung, von der auch Joey und Audrey angesteckt werden. Überall fliegen Wasserbomben durch die Gegend und auch die beiden Zimmerkolleginnen haben sich solche zugelegt ...

Audrey möchte nicht allein nach Hause, nach Kalifornien, fliegen. Aber Joey hat keineswegs die Absicht, ihre Zimmergenossin nach dem Westen zu begleiten, und so einigt man sich schließlich, gemeinsam mit Dawson nach Capeside zu fahren.

Es klopft an der Tür. Joey und Audrey bewaffnen sich mit ihren Wasserbomben, öffnen die Tür und ... treffen den ahnungslosen Professor Wilder an.

Der Professor teilt Joey mit, dass ihre Story vom Semesterbeginn in der Worthingtoner Literaturkritik publiziert worden ist, und überreicht der Überraschten ein Exemplar derselben. Im selben Atemzug berichtet er der Studentin, dass er wieder zu schreiben beginnen möchte.

Im „Zivilisation" ist ein Horrorregime ausgebrochen. Alex Pearls Bösartigkeit kennt nun keine Grenzen mehr, zumal ein wichtiges Essen mit potenziellen Investoren vor der Tür steht, bei dem alles perfekt klappen sollte. Und auch zwischen der Geschäftsführerin und Pacey stehen alle Zeichen auf Sturm. Aus lauter Panik und eigener Unfähigkeit beleidigt sie unentwegt ihre Mitarbeiter und nimmt eine nicht gänzlich saubere Gabel zum Anlass, eine junge Alleinerzieherin, die den Job dringend braucht, fristlos zu feuern.

Jen und Jack schmieden Urlaubspläne. Nach reiflichen Überlegungen entscheiden sich die beiden für Costa Rica. Dieser Plan wird jedoch rasch infrage gestellt, da Jens Eltern ihre Tochter überraschend zu einem gemeinsamen Sommerurlaub einladen. Diese ist nun natürlich in der Zwickmühle. Sie entscheidet sich schließlich aber dafür, die Einladung ihrer Eltern nicht anzunehmen, wofür auch Grams durchaus Verständnis aufbringen kann, schließlich haben sich Jens Eltern bislang keineswegs nobel gegenüber ihrer Tochter verhalten.

In Capeside eingetroffen, ersucht Joey Dawson, er möge sich ein wenig um Audrey kümmern, da sie ihren Vater im Gefängnis besuchen möchte.

Dawson erzählt Audrey von früheren Erlebnissen mit Pacey und möchte ihr so dabei helfen, dessen Verhalten reiferen Frauen gegenüber ein wenig anders zu sehen. Er versucht ihr klarzumachen, dass sie sich von ihren romantischen Vorstellungen keineswegs loslösen müsse. Weiters berichtet er von dem Telefongespräch, das er kürzlich mit seinem Agenten hatte. Dieser hat ihn und Oliver über den Sommer nach L. A. eingeladen, damit dort in professioneller Form an seinem Film weitergearbeitet werden könne. Audrey ist hingerissen, denn nun muss sie nicht mehr allein nach L. A., und sie sichert den beiden Filmemachern Unterkunftsmöglichkeiten in ihrem Elternhaus zu.

Im „Zivilisation" gerät das Essen mit den Investoren zu einer Art „Staatsstreich". Die Mitarbeiter streiken, Pacey verfrachtet das Galamenü zu einem Obdachlosenheim und bringt stattdessen Pizza mit, worauf Alex Pearl völlig ausrastet.

Der junge Koch verliest eine Petition, die der Geschäftsführung absolute Inkompetenz bescheinigt. Daraufhin wird er gefeuert, was er emotionslos zur Kenntnis nimmt.

Auf dem Parkplatz wartet er auf seine nun ebenfalls entlassene Chefin. Er möchte wissen, wie diese Person so bösartig werden konnte. Leider streikt nun auch sein Wagen und er muss sich von Miss Pearl in ihrem geliehenen Porsche nach Hause fahren lassen. Die Fahrt gerät zu einem wahren Horrortrip. Die frustrierte Frau rast mit ungeheurem Tempo durch die Stadt und versetzt Pacey in Angst und Schrecken.

Erst durch gezielte Provokationen des Beifahrers lässt Alex Pearl von ihren suizidalen Absichten ab und bringt das Fahrzeug irgendwie zum Stehen.

Gemeinsam sitzen die beiden Beschäftigungslosen nun am Straßenrand ...

Im Gefängnis muss Joey erfahren, dass ihr Vater schon vor geraumer Zeit wegen guter Führung aus der Haft entlassen worden ist, was bei ihr einen gehörigen Schock auslöst. Letzten Endes verrät ihr aber ein Gefängnisaufseher gegen alle Vorschriften die momentane Arbeitsstätte von Mike Potter.

Audrey und Bessie versuchen das verstörte Mädchen zu beruhigen. Gleichzeitig aber verplappert sich Audrey und erzählt der unwissenden Joey von Dawsons Trip nach Florida. Dieser bläst in das gleiche Horn wie Bessie und Audrey und meint Joey gegenüber, dass es Mike Potter wahrscheinlich nur peinlich war, wieder mit seiner Familie Kontakt aufnehmen zu müssen. Joey möchte nun auf Audreys Andeutungen hin die Dinge geklärt haben und wissen, was ihr Dawson denn zu sagen habe. Begeistert berichtet er seiner Freundin von den tollen Zukunftsaussichten in L. A. und Joey schwankt zwischen Freude und Enttäuschung, hatte sie doch eigentlich gänzlich andere Inhalte erwartet ...

Dawson besucht die Grabstätte seines Vaters und erzählt dem Verstorbenen von den Ereignissen des letzten Jahres. Er gesteht ihm aber auch, wie sehr er Joey doch liebe und wie gerne er mit ihr zusammen sein wolle ...

Diese hat sich letztlich bei der Arbeitsstätte ihres Vaters, einem großen Supermarkt, eingefunden. In der Schlussszene strebt die Studentin mit der Worthingtoner Literaturkritik in der Hand dem Einkaufszentrum zu ...

Review 5.22

Mit einem Knalleffekt startet die vorletzte Episode der fünften Staffel, mit einer Wasserschlacht im Worthington College, die leider Professor Wilder massiv zu spüren bekommt ...

Generell ist anzumerken, dass in dieser Folge höchste Dramatik im Zusammenhang mit Pacey und Alex Pearl geschickt mit einer Portion echtem Capeside-Feeling zusammengemischt wurde, welches durch die überraschenden Tatsachen um Mike Potters Entlassung aus dem Gefängnis noch zusätzlich nostalgisch verstärkt und aufgewertet wird.

Sehr subtil und mit viel Einfühlungsvermögen ist die Storyline rund um die Urlaubsplanungen von Jen und Jack aufgearbeitet, die zwei Seelen, die in Jens Brust wohnen. Letztlich ist jedoch ihre Entscheidung berechtigt, das Angebot ihrer Eltern nicht anzunehmen und gegenüber dem besten Freund ihr Wort zu halten. Besonders witzig ist mit Sicherheit Jens Tanz auf dem Lehnsessel, wobei natürlich auch der Soundtrack besticht.

Dramatik pur bestimmt die Entwicklungen im „Zivilisation". Seit dem an Intimität grenzenden Ereignis zwischen Alex und Pacey dürfte im Restaurant alles aus den Fugen geraten sein. Die Geschäftsführerin ist unfähig, bösartig, machtgeil und, wie sich im späteren Handlungsverlauf herausstellt, auch höchst neurotisch.

Pacey ist der Kratzbaum, der Antipode, er geht mit seinen unverhohlenen Machtspielchen ein hohes Risiko ein. Völlig richtig erscheint jedoch der „Staatsstreich", die Petition, obzwar wahrscheinlich als Konsequenz die totale Schließung des Lokals und damit die Entlassung aller zu erwarten wäre, was jedoch letztlich nicht explizit bekannt wird.

Die Höllenfahrt von Alex Pearl und Pacey arbeitet wunderbar die Charaktere der beiden heraus, auf der einen Seite die Probleme der frustrierten Frau und auf der anderen Seite Paceys Wendigkeit und Klugheit.

Joey ist völlig niedergeschlagen. Der Vater ist schon vor geraumer Zeit entlassen worden, ohne dass er seiner Familie etwas davon mitgeteilt hätte. Audrey, Bessie, aber auch Dawson versuchen dessen mögliche Beweggründe klarzulegen, trotzdem ist das alles für die jüngere Tochter kaum verständlich und sie leidet sehr darunter. Dawson aber gelingt es letztlich doch, seine Freundin weitgehend von der Logik der Beweggründe zu überzeugen.

Ganz großartig erscheint die Szene auf Dawsons Bett. Joey möchte Klarheit über die Dinge, sie möchte wissen, was sie von Audreys Andeutungen halten soll, und sie wird sichtlich tief enttäuscht, als Dawson ihr unerwartet etwas ganz anderes mitteilt, etwas, was wiederum Trennung statt Zusammenkommen impliziert. Joey überspielt diese Enttäuschung meisterhaft, sie überreagiert in ihrer gespielten Begeisterung und wirkt so klarerweise unglaubhaft. Interessant, dass Dawson davon nichts mitbekommt. In seiner Vorstellung ist er wahrscheinlich schon in L. A. …

Ein wenig eigenartig erscheint das Zwiegespräch zwischen Dawson und seinem verstorbenen Vater auf dem Friedhof, es wird jedoch durch den großartigen Soundtrack gerettet.

Doch wird letztlich endlich ausgesprochen, was ohnehin schon lange wieder sonnenklar war. An Dawsons Liebe zu Joey hat sich nichts geändert, an seinem unbedingten Willen, mit dem Mädchen zusammen sein zu wollen. Ihr wagt er das nicht zu sagen, sie hält er im Ungewissen. Dem Verstorbenen jedoch schenkt er reinen Wein ein …

Der Kreis zur ersten Staffelfolge schließt sich und das Staffelfinale wird vorbereitet. Einzig Dawsons Wort „vollkommen" erscheint im Zusammenhang mit seiner Beziehung zu Joey unangebracht. Vollkommene Beziehungen sind unmöglich und das müsste Dawson eigentlich wissen. Genau diese Aussage ist aber letztlich wieder ein Spiegel jenes unerfüllbaren Maßstabs, den beide Protagonisten schon seit jeher aneinander angelegt haben.

Die Schlussszene zeigt Joey mit der Worthingtoner Literaturkritik in der Hand. Sie möchte endlich ihren Vater wiedersehen und kann mit großem Stolz auf ihre Leistungen zurückblicken.

Episode 5.23,

„Schwanengesang", „Swan Song", Staffelfinale

Dawson träumt. Einige Jahre sind vergangen. Zufällig trifft er Joey auf einem Flughafen und sofort möchte er seine Pläne, was sein neues Filmprojekt in L. A. betrifft, ändern, doch Joey berichtet von der Tatsache, dass sie mit einem Anwalt verlobt sei.

Mit gespielter Freude nimmt der Regisseur diesen Umstand zur Kenntnis und Joey eilt davon. Im Weggehen teilt sie ihm noch mit, dass er all die Chancen, die sie beide jemals hatten, vermasselt habe und er nun doch endlich aufgeben solle. Verwirrt erwacht Dawson ...

Joey und Audrey treffen beim Jachtclub auf Pacey, der dort den Job eines Sicherheitsbeamten ausübt. Audrey ist keineswegs bereit, mit ihrem Ex-Lover zu sprechen, und zieht sich sofort zurück. Joey versteht Paceys Inaktivität nicht, doch dieser klärt sie über seine grundlegend hoffnungslose Lage auf.

Dawson möchte Lillys erstes Wort nicht verpassen und hat ein schlechtes Gewissen, Mutter und Schwester allein zurückzulassen, doch Gale Leery beruhigt ihren Sohn. Er habe nun alles getan, was hier zu tun sei, und er könne also ohne Reue das Projekt L. A. in Angriff nehmen. Sie möchte aber auch wissen, ob Dawson sich schon von Joey verabschiedet habe, was dieser kryptisch verneint. Sie hätten aber abends ein gemeinsames Dinner mit Audrey geplant.

Jack besucht Jen im Radiostudio, teilt ihr zufrieden seine mittelmäßigen Noten mit und überreicht ihr „Moby Dick" als Reiselektüre, da er selbst im Flugzeug schlafen möchte. Jen wiederum verabschiedet sich für den Sommer von ihren Hörern.

Das gemeinsame Dinner in Capeside ist zu Ende. Audrey verabschiedet sich und drängt Joey und Dawson dazu, nochmals miteinander zu sprechen. Der junge Mann ersucht seine

Freundin halb im Scherz, niemals einen Anwalt zu ehelichen, doch plötzlich wird Joey ernst. Sie möchte nun endlich Klarheit darüber, warum Dawson den weiten Weg nach Florida auf sich genommen hat.

Nach einigem Zögern erklärt er ihr, dass er ihr nur seine Liebe gestehen wollte. Die unklare Situation mit Charlie habe ihn jedoch dieses Unterfangen aufgeben lassen. Joey reagiert sehr nachdenklich … Sie möchte nicht einfach nur Dawsons Rettungsanker sein, zu dem man immer dann zurückkehren kann, wenn das Leben zu bedrohlich wird. Für Dawson ist jedoch nicht das Leben die Bedrohung … Er will Joey küssen, doch sie dreht sich weg. Sie kann das einfach nicht tun.

Am folgenden Tag holt Dawson Audrey mit dem Taxi ab, um zum Flughafen zu fahren. Gleichzeitig steckt er einen Brief an Joey in den Postkasten der Pension Potter. Nach einem bewegenden Abschied der zwei Freundinnen und ohne ein weiteres klärendes Wort zwischen Dawson und Joey trennen sich nun die Wege.

Am Flughafen treffen alle – mit Ausnahme von Pacey und Joey – nochmals zusammen. Jen und Jack meinten schon, ihren Flug verpasst zu haben, doch hat dieser Verspätung. Während der Wartezeit trifft Jack auf Eric, der sich in der Zwischenzeit gegenüber seinen Eltern endlich als homosexuell geoutet hat, womit er bei diesen aber offensichtlich auf wenig Verständnis gestoßen ist. Dementsprechend hilfebedürftig scheint der junge Mann nun zu sein.

Dawson trifft mit Grams zusammen, die ihm einerseits erklärt, mit Mr. Smalls heimlich nach Las Vegas reisen zu wollen, die den jungen Mann andererseits aber über die Zwickmühle aufklärt, in der Jen steckt. Weiters trifft er auf Todd, den Regisseur, der ihn zu Beginn des Semesters aus der Hospitanz gefeuert hat. Dieser möchte in L. A. mit Dawson in Kontakt treten, damit er sich vielleicht nun doch den einen oder anderen von dessen Filmen ansehen könne.

Dawson begegnet aber auch Jen, die er dazu auffordert, ihre Pläne zu ändern und unbedingt den Sommer mit den Eltern zu verbringen. Sie würde sonst niemals richtig durchblicken und somit auch nicht erwachsen werden können.

Letztlich entschließt sich Jack, mit Eric in Boston zu bleiben, und Jen bucht den Flug zu ihren Eltern nach New York um.

Währenddessen sitzt Joey am Pier. Konzentriert und nachdenklich liest sie Dawsons Brief, den ihr Bessie zusammen mit ihrem neuen Reisepass in den Jachtclub gebracht hat. Pacey tritt hinzu und leistet der Freundin Gesellschaft. Beiden wird klar, dass sie nun selbst aktiv werden müssen, und so machen sie sich unverzüglich auf den Weg zum Flughafen.

Während Pacey mit einer großen romantischen Geste versucht, Audrey zum Bleiben zu überreden, besorgt Joey ein Flugticket nach Paris, um in den Boarding-Bereich vordringen zu können. Audrey ist schließlich bereit, zu Pacey zu gehen und diesem zu verzeihen. Gemeinsam machen sich die beiden nun mit dem Auto auf die lange Reise nach Kalifornien.

Im letzten Augenblick erreicht Joey Dawson. Sie erklärt ihm die Beweggründe für ihre abweisende Haltung. Sie hat in der Beziehung zu ihm einen Rückschritt befürchtet. Nach dem Lesen des Briefs und einiger Überlegung jedoch scheint Dawson für sie ein großer Teil ihrer Vergangenheit, Gegenwart und Zukunft zu sein. Dessen Bitte, mit ihm nach L. A. mitzukommen, lehnt sie jedoch ab. Nach L. A. zu gehen sei Dawsons Sache, aber nicht die ihre.

Mit der Versicherung, Dawson ebenfalls zu lieben, küsst Joey ihn zärtlich, und die beiden nehmen Abschied voneinander. Mit Joeys Aufforderung „Na los, Rainman, dein Leben wartet!" entschwindet Dawson voller Tatendurst und positiv gestimmt Richtung Flugzeug. Traurig blickt ihm Joey nach …

Die letzten Szenen betrachten nun die kommenden Stunden. Jen trifft im Flugzeug auf Todd; Jack und Eric scherzen miteinander; Grams und Mr. Smalls sind nach Las Vegas unterwegs; Pacey und Audrey fahren bestens gelaunt mit dem Auto nach L. A.; Joey gibt ihr Ticket nach Paris zurück; und Dawson spricht einer neben ihm im Flugzeug sitzenden jungen Frau, die unter massiver Flugangst leidet, Mut zu, womit das Finale der fünften Staffel schließt.

Review 5.23

Mit Dawsons höchst unerquicklichem Traum, der bereits ein wenig auf die sechste Staffel und vor allem auf das Serienfinale hinweist, startet das Staffelfinale, der „Schwanengesang". Sind die ersten Szenen durchaus noch sehenswert, so ist es spätestens mit dem so wichtigen Dialog zwischen Dawson und Joey für weite Strecken mit dem rundweg Positiven zu Ende.

Dawson will Joey küssen, endlich hat er ihr reinen Wein eingeschenkt, ihr seine Liebe gestanden und sie wendet sich ab, sie kann das einfach nicht. Warum? Genau das hat sie in der vergangenen Episode ja von Dawson hören wollen. Liegt es an Dawsons Sommer- bzw. Lebensplanung, die sie durch eine offene Erwiderung ihrer Gefühle nicht gefährden möchte? Oder ist ihr Dawsons Erklärung, alles habe sich für ihn mit einem Schlag geändert, als er ihr Geburtstagsgeschenk für Lilly betrachtet habe, zu wenig? Das alles ist nicht wirklich einsichtig, logisch oder überzeugend.

Alles andere spielt sich nun weitgehend auf dem Flughafen ab. Es herrscht ein dauerndes Kommen und Gehen, es wird gewartet und umgebucht. Alle treffen noch einmal zusammen, es kommt zu Aussprachen, wobei die sicher witzigste jene zwischen Grams und Dawson darstellt, bei der die alte Dame diesem erklärt, sie fliege mit Mr. Smalls nach Las Vegas und Jen solle davon nichts erfahren.

Ganz wichtig ist das Gespräch zwischen Dawson und Jen, das mit Sicherheit neben Erics plötzlichem Erscheinen und den diesbezüglichen Auswirkungen auf Jack hauptverantwortlich für deren Sinneswandel ist. Dawson ist überzeugend, aber seine aufrichtige Liebeserklärung an seine Ex-Lebensgefährtin wirkt ein wenig irritierend.

Recht banal gerät leider das Gespräch zwischen Jen und Joey, die einander letztlich trotz der Vorkommnisse im abgelaufenen Studienjahr ihre gegenseitige Zuneigung versichern.

Einen Zentralpunkt soll offensichtlich Dawsons Brief an Joey darstellen, von dessen Inhalt weder Pacey noch der Zuseher auch nur bruchstückhaft informiert werden. Das Einzige, was man erfährt, ist die Tatsache, dass Dawson eine Art fatalistisches Lebewohl geschrieben haben muss. Das ist aber auch schon alles …

Recht konstruiert erscheint auch Bessies Aktivität im Zusammenhang mit Joeys Reisepass. Um ein Flugticket für einen Binnenflug buchen zu können, wäre doch dieses Dokument nicht notwendig. Aber es muss ja Paris sein, was de facto einen „Flashback" mit Weiterentwicklung aus der ersten Staffel darstellt.

Pacey und Joey, die Opfer der Capeside-Krankheit, entschließen sich also, Audrey und Dawson auf den Flughafen zu folgen, wobei sich die Frage stellt, wie sie den Bostoner Flughafen von ihrem Heimatstädtchen aus so schnell erreichen können. Man nehme es staunend zur Kenntnis.

Das Finale furioso wird nun mit Paceys großer romantischer Geste eingeleitet, und wie in Episode 1.12, der „Entscheidung" der ersten Staffel, bewährt sich wieder einmal ein Dollarschein als Retter in der Not. Die Geste, aber auch die Worte des mutigen jungen Mannes berühren Audrey, überzeugen sie von ihm. Sie verzeiht ihm unter der Bedingung, dass er sich in Zukunft von älteren Schlampen fernhält.
   Audrey lässt den Flug einfach sausen und mit dem Auto geht es Richtung Westen. Die unter starker Flugangst Leidende ist somit gerettet …

Joey erreicht Dawson in letzter Sekunde. Ist der Anfang ihres Monologs, was die Gewöhnung an Dawsons Rolle in ihrem Leben angeht, noch sehr fragwürdig, so folgt nun doch der versöhnliche Abschluss. Auch Joey gesteht Dawson letztlich ihre Liebe. Mit einem süßen, innigen Kuss erklärt sie ihm diese späte Einsicht, die den Kuss aus dem „Letzten Abend" (Finale Staffel 4) betrifft, und sie schickt ihren „Rainman" hinaus ins Leben. Verbal und sehr emotional drückt sie hiermit also aus, was die geschriebenen Worte in der Widmung aus 5.05, „Der beste Freund", aus bekannten Gründen nicht hatten erreichen können.

Traurig blickt Joey ihrem Freund nach. Wieder einmal muss sie einen Mann ziehen lassen, der sich in der großen weiten Welt selbst verwirklichen möchte. Dawson jedoch wirkt aufgebaut, voller Hoffnung, und er schreitet frohen Mutes durch das Gate. Der Soundtrack untermauert dies mit „Taking Chances …".

Das sind nun profunde, in höchstem Maße berührende Szenen, die das bisher leider schwächste und sehr konstruierte Staffelfinale doch noch ein wenig retten …

Dawson's Creek, Staffel 6

Episode 6.01,

"Die Party ist aus", "The Kids are Alright"

Die äußerst umstrittene sechste Staffel startet in den USA mit einer Doppelfolge, 6.01 und 6.02, wobei der Prolog einen Rückblick auf die vergangenen Sommerferien darstellt. In der deutschen Synchronisation ist diese Folge zweigeteilt ... Dem Original sei hier formal Rechnung getragen.

Joey berichtet: Sie selbst hat, anstatt nach Paris zu fliegen, lieber in Capeside gekellnert und dabei einen netten Jungen kennengelernt. Zu einer tieferen Beziehung ist es jedoch nicht gekommen.
   Audrey und Pacey wiederum haben den Sommer in L.A. verbracht und dort ziemlich durchgefeiert.
   Jen hat die Sommerferien nun doch mit ihren Eltern verlebt. Diese haben ihrer Tochter erklärt, sich nun endlich scheiden lassen zu wollen, was Jen letztlich gut fand.
   Jack hat die Ferien mit Eric verbracht, der sich nun endlich völlig geoutet hat, wurde aber von diesem bald wieder wegen eines anderen Jungen verlassen. Jack hat sich jedoch sehr bald gefangen und andere Jungs kennengelernt.

Joey ergreift ein Schwarzweißfoto von Dawson: Den ganzen Sommer, drei Monate lang, haben die beiden kein Wort miteinander gesprochen ...

Semesterbeginn: Joey hat es – wie so oft in Worthington – eilig. Sie hat einen Termin bei ihrem neuen Literaturprofessor in dessen Sekretariat und ist spät dran. Auf dem Weg dorthin stößt sie mitten im Lauf einen Mann kräftig nieder. Zu Joeys Leidwesen stellt sich heraus, dass diese bedauernswerte Person der betreffende Professor ist. Nach einigem Hin und Her bietet ihr Professor Hedson dennoch einen Job als Assistentin für

Recherchen an und lässt sie trotz ihrer mangelnden Erfahrung an seinem Seminar teilnehmen. Allerdings besteht er darauf, dass sie bis zur ersten Stunde das komplette Buch „Letzte Ausfahrt Brooklyn" zu lesen hat, was Joey ein wenig befremdet, ist doch der Termin schon am kommenden Nachmittag.

In der Zwischenzeit sind nun auch Pacey und Audrey aus L. A. nach Worthington zurückgekehrt. Audrey wirkt, was ihr Studium betrifft, nicht wirklich motiviert, während Pacey darauf brennt, den Job, den ihm Audreys Vater in Aussicht gestellt hat, auch wirklich zu bekommen.

Jen wiederum ist glücklich über die Tatsache, dass ihre Eltern nun geschieden sind, was ihrer Großmutter seltsam erscheint, denn so positive Gedanken kennt sie bei ihrer Enkelin eigentlich nicht. Die positiven Gefühle werden aber recht rasch von dem Umstand überschattet, dass sich die beiden nebeneinander sitzend in einem Seminar an der Uni wiederfinden, was bei Jen einen gewissen Schock auslöst.

Pacey hat keine Bleibe in Boston. Er hat von der ausschweifenden Lebensweise in L. A. genug und ist von der langen Autofahrt geschafft. Zudem hat er am kommenden Tag – Joeys Geburtstag – das Vorstellungsgespräch. Eine weitere Nacht mit Audrey wäre ihm derzeit zu viel. So bittet er Joey, sie möge verhindern, dass er kurzfristig bei den Mädchen in deren Unterkunft mitwohnen kann, was sie als Freundschaftsdienst auch tut. Im Moment sind Pacey Übernachtungen bei Grams ohne sexuelle Ausschweifungen allemal noch lieber.

In einem Gespräch mit Jack keimt aber in ihm der Gedanke an eine eigene Wohnung auf, die er sich aus Kostengründen ja mit dem Freund teilen könnte. Unverzüglich begibt er sich auf Wohnungssuche und findet seine Traumwohnung. Allerdings benimmt er sich gegenüber der Vermieterin Emma Jones, einer Musikstudentin aus England, reichlich ungeschickt, kann keinen Verdienst nachweisen und wird rasant vor die Tür gesetzt.

Jen und Jack haben indes gemeinsam das Seminar „Popkultur" belegt und diskutieren über die sexuelle Orientierung des vortragenden Professors.

In der Zwischenzeit beginnt Joey etwas widerwillig das gewünschte Buch zu lesen. Sie kommt allerdings nicht weit, denn Dawson meldet sich per Telefon und bestellt sie kurzfristig zu einem Treffen in ein Café, da er sich zurzeit beruflich in Boston befindet. Nach kurzem Zögern eilt Joey zum vereinbarten Treffpunkt. Dawson kommt jedoch nicht, das Buch bleibt nahezu ungelesen, und zu allem Überfluss erscheint sie auch zu spät im Seminar. Dawson ruft auf ihrem Handy an, was die ganze Lehrveranstaltung stört. Es tue ihm leid, dass er nicht zum vereinbarten Treffpunkt habe kommen können, und er wolle das Wiedersehen abends im „Hell's Kitchen" nachholen. Natürlich ist Professor Hedson über die Störung erbost und spricht Joey unverzüglich auf das betreffende Buch an. Natürlich hat das Mädchen keine Ahnung!

Abends im „Hell's Kitchen": Die Freunde treffen zusammen. Joey erkundigt sich über Dawsons Verbleib. Bewundernd berichtet Audrey über den Fleiß des jungen Mannes in L. A.

Pacey indes möchte frühzeitig und allein aufbrechen, um bei seinem Vorstellungsgespräch am nächsten Morgen einen möglichst guten Eindruck zu machen, was Audrey gar nicht behagt. Sie möchte eine stilvolle gemeinsame Nacht mit ihrem Freund verbringen und hat in einem exklusiven Hotel in Boston ein Zimmer gemietet. Diese Tatsache überzeugt Pacey und die beiden ziehen gemeinsam los. Jen und Jack wollen zu Grams nach Hause.

Dawson ist immer noch nicht da und Joey entschließt sich, noch ein Weilchen zu warten. Letztlich wird es auch ihr zu bunt und sie verlässt das Lokal. Im selben Moment fährt ein Taxi vor und Dawson steigt aus. Groß ist bei beiden die Wiedersehensfreude!

Lange unterhalten sie sich an der Bar und Dawson versucht Joey vergeblich etwas offensichtlich Wichtiges mitzuteilen. Er wird jedoch unterbrochen, denn endlich spielt die Jukebox „As I Lay Me Down" von Sophie B. Hawkins, den Song, den Joey Stunden zuvor ausgewählt hat. Der Song erinnert sie an ein gemeinsames Erlebnis aus ihrer frühen Jugendzeit. Dawson ist gerührt und bittet Joey zum Tanz.

Es ist recht spät geworden. Dawson geleitet Joey in ihre Unterkunft. Das Mädchen will den jungen Mann zu so später

Stunde nicht mehr allein draußen herumlaufen lassen und bietet ihm Audreys Bett an. Dawson ist sichtlich bemüht abzulehnen, aber Joey lässt nicht locker.

Schließlich jedoch gibt Dawson nach. Ungeduldig stellt er die Uhr auf kurz nach Mitternacht, zieht ein Säckchen aus seiner Reisetasche, übergibt dasselbe an Joey und gratuliert ihr mit bewegenden Worten zu ihrem Geburtstag. Diese ist ganz überwältigt. Innig umarmt sie ihren Freund. Lange blicken die beiden einander in die Augen. Sie beginnen sich zu küssen, erst liebevoll und zärtlich, dann voller Leidenschaft und Begierde. Sanft legt Dawson seine geliebte Joey auf die Kissen nieder ...

Episode 6. 02,

„Immer das gleiche Lied",
„The Song Remains the Same"

„As I Lay Me Down" – Sonor erklingt im Soundtrack Sophie B. Hawkins' Orgel ... Wirr liegen Schuhe und andere Kleidungsstücke auf dem Fußboden verteilt. Die Kamera schwenkt über eine Glaskugel aus Hollywood – Dawsons Geburtstagsgeschenk für Joey – hin auf Joeys Bett. Dawson liegt dicht neben ihr und liebkost zärtlich ihren Nacken. Joey wendet sich lächelnd um und die beiden beginnen sich zu küssen. Mit einem erneuten Schwenk der Kamera über die Glaskugel aus Hollywood wird abgeblendet ...

Der Morgen ist hereingebrochen. Joey schläft allein in ihrem Bett. Langsam erwacht sie, wendet sich glücklich lächelnd dem vermeintlich neben ihr liegenden Dawson zu und findet statt diesem einen handgeschriebenen Zettel vor: „Bin Frühstück holen."

Im gleichen Augenblick betritt Dawson das Zimmer. Er trägt ein Tablett mit Kaffeebechern und eine wunderschöne weiße Rose bei sich, die er sofort der Erwachenden übergibt. Joey möchte über die Ereignisse der letzten Nacht und über die ganzen jetzt anstehenden Veränderungen sprechen, doch Dawson möchte jetzt nicht reden. Lachend und einander küssend fallen die beiden Liebenden aufs Bett.

Auch Audrey und Pacey sind schon wach. Nervös nestelt Pacey an seiner Krawatte herum, hat er doch in wenigen Minuten das Vorstellungsgespräch. Auch Audrey sollte sich erheben und an die Uni gehen. Sie zieht es jedoch vor, im Bett zu bleiben und sich das Frühstück aufs Zimmer servieren zu lassen.

Jen und Grams sitzen in einer Cafeteria. Sie wollen vermeiden, dass sich ein weiteres Zusammentreffen in einem Hörsaal wiederholt, und so teilen sie sich die zu belegenden Lehrfächer auf. Jens lautstarke Äußerungen über den neu erwachten Lerneifer ihrer Großmutter machen einen am Nachbartisch sitzenden jungen Mann aufmerksam. Nach einigen Repliken gibt Jen zu, dass sie aus dem Radiosender gefeuert worden ist. Grams bittet gegen Jens Willen den jungen Mann, bei ihnen am Tisch Platz zu nehmen.

Pacey hat seinen Job als Börsenmakler bekommen. Allerdings hat er von dieser Branche nicht die geringste Ahnung. Da es aber offensichtlich fürs Erste nur um das telefonische Ankeilen von Kunden geht, sieht der junge Mann vorderhand kein wirkliches Problem darin.

Dawson muss wieder zur Arbeit. Er vereinbart mit Joey für den späteren Nachmittag einen Treffpunkt auf seinem Filmset. Beide sind sprachlos, verlegen und glühen gleichzeitig vor Glück. Ein weiteres Mal versucht Dawson seiner geliebten Freundin etwas mitzuteilen und ein weiteres Mal wird er unterbrochen: diesmal vom Klingeln seines Handys … Todd, sein Chef, wartet bereits auf ihn!

In der Zwischenzeit hat Audrey einen weiteren Termin mit Emma Jones vereinbart, deren Traumwohnung Pacey geistig einfach nicht loslässt.

Joey wiederum muss sich entscheiden, welchen Job sie nun annehmen soll – den von Professor Hedson angebotenen oder den Job als Kellnerin im „Hell's Kitchen", der ihr am letzten Abend eben von derselben Emma offeriert worden ist. Rein zufällig serviert die ausgeflippte Engländerin auch in diesem Lokal. Joey entscheidet sich letztlich fürs Kellnern.

Bei dem Gespräch zwischen Jen und dem jungen Mann namens C. J. ergibt sich, dass dieser Telefonberater beim „Nottelefon" ist und dass er Jen sehr gerne als Mitarbeiterin in dieser Organisation haben möchte. Er lädt das Mädchen zu einem Einführungsabend ein. Dieser ist jedoch gar nicht nach dem Geschmack der kritischen Jen und sie lehnt aus diesem Grund eine Mitarbeit ab.

Nach einem kleinen Orientierungsproblem treffen Dawson und Joey auf dem Filmset zusammen. Dawson zeigt seiner Freundin die diversen Bauten und Kulissen, darunter sein originalgetreu nachgebildetes Elternhaus … Nur für den Nachbau seines Zimmers im ersten Stock war den Filmleuten das Budget ausgegangen. Trotzdem ist Joey restlos begeistert.

Audrey, Pacey und Jack versuchen mit wenig Erfolg, Emma zu überzeugen, wie hilfreich es doch sei, mit zwei Jungs zusammenzuleben. Emma jedoch hat stattdessen ein Lesbenpärchen als Mieterinnen im Visier. Jack erzählt den beiden Mädchen von einer vermeintlichen Rattenplage in der Wohnung, was die beiden zu einer überstürzten Flucht und Emma in weiterer Folge gegen besseres Wissen zur Einwilligung veranlasst. Die Wohnung ist für Jack und Pacey also an Land gezogen!

Dawson hat auf dem Filmset Lichterketten und Girlanden aufgehängt sowie Sekt und diverse Leckereien hergerichtet, um Joeys Geburtstag gebührend zu feiern. Außerdem möchte er offiziell mit ihr ausgehen. Verliebt wie nie zuvor stoßen die beiden auf den Ehrentag an.

In der Zwischenzeit haben die anderen Freunde eine Überraschungsparty in Joeys und Audreys Zimmer organisiert. Lange müssen sie allerdings auf das Eintreffen der Jubilarin warten, denn Dawson und Joey haben in ihrem neuen Glück das Zeitgefühl völlig verloren. Endlich kommen die beiden …

Beim Eintreten ins Zimmer jedoch läutet Dawsons Handy und Joey muss feststellen, dass es sich bei der Anruferin um ein fremdes Mädchen aus L. A. handelt. Die Stimmung ist verdorben, die enttäuscht-panische Joey wirft Dawson eine Flut an Vorwürfen an den Kopf und die Festgäste verlassen schleunigst den Ort des grausamen Geschehens. Alle Argumente Dawsons, es handle sich bei dem Mädchen nur um eine flüchtige Bekanntschaft, es sei nichts Ernstes und er habe sich ohnehin einige Male bemüht, Joey davon in Kenntnis zu setzen, helfen nichts.

Letztlich geht es in dem nun folgenden fürchterlichen Streit zwischen Dawson und Joey gar nicht mehr um das Mädchen. Es geht nur mehr um die Vergangenheit ihrer so schwierigen Beziehung, und die schreckliche Feststellung Joeys, dass die letzte Nacht ein Riesenfehler gewesen sei, veranlasst den völlig deprimierten Dawson, grußlos aus dem Zimmer zu gehen und die todtraurige Joey weinend auf ihrem Bett zurückzulassen. Ein letzter verzweifelter Blick Joeys auf die Hollywoodkugel – Abblende ...

Review 6. 01

Die sechste Staffel wird mit einem Rückblick auf die vergangenen Ferien und auch auf die finalen Szenen des „Swan Song" (5. 23) begonnen und damit eröffnet sich ein neues Kapitel im Dawson/Joey-Plot. Die beiden hatten sich in der Gewissheit ihrer gegenseitigen Liebe voneinander verabschiedet, und das war es dann auch. Wenn man es mit dem intensiven Kontakt der beiden Protagonisten zwischen der vierten und fünften Staffel vergleicht, so mutet der Umstand, dass die beiden nunmehr drei Monate überhaupt nichts voneinander gehört haben, auf den ersten Blick reichlich seltsam an.

Während wir von Joey überhaupt keine Begründung für diesen Umstand zu Gehör bekommen, so klärt sich die Sache bei Dawson schon eher auf. Einerseits hatte er extrem viel zu tun, was auch durchaus vorstellbar ist, andererseits aber sagt er klar und deutlich: „I didn't want to ruin that feeling …" – er habe sich dieses gute Gefühl nach dem Abschied aus Boston nicht zerstören, es nicht verderben wollen. Es ist ohne Zweifel eine Begründung, aber keine sehr gute …

Das Einzige, was man Joey in diesem Zusammenhang zugutehalten kann, ist die Tatsache, dass sie ihre beginnende Beziehung zu dem Jungen in Capeside nach dessen Eingeständnis seiner Verliebtheit in sie sofort beendet hat. Ob das einen kausalen Zusammenhang mit Dawson hat, wird jedoch nicht klar. Dem Dawson/Joey-Plot wird nun in einem Gutteil der ganzen Folge keine nennenswerte Bedeutung zugemessen.

Interessant ist die Tatsache, dass Jen mit der Scheidung ihrer Eltern nicht nur sehr gut umgehen kann, sondern diese auch noch durchaus begrüßt. Ihr erscheint jede Entscheidung richtig, die tatsächlich eine Entscheidung ist, was sehr für den herangereiften Charakter des Mädchens spricht.

Der Jack/Eric-Plot wird nur sehr oberflächlich behandelt, was auch nachvollziehbar ist, da sich die ganzen Ereignisse und Aktivitäten in den Ferienmonaten abgespielt haben. Befremdend und für Jack ein wenig untypisch ist allerdings das Faktum, dass er nach der Beendigung der Beziehung zu Eric offensichtlich häufig wechselnde Freunde hatte.

Ganz typisch und gut gezeichnet ist der Audrey/Pacey-Plot. Die beiden haben in L.A. bestimmt nichts ausgelassen und wirklich ihren Spaß gehabt. Wozu allerdings der Perversling in Form des Jack Osborne eingeführt worden ist, der in der ganzen Staffel immer wieder plötzlich auftaucht und dann wieder in der Versenkung verschwindet, ist nicht ganz klar, es dürfte sich aber letztlich um einen PR- oder Quotengag handeln. Eine andere sinnvolle Rolle, außer bestenfalls als Audreys Helferlein in Sachen PR in 6.21 zu sein, kann man dieser Figur wohl nicht zusprechen.

Und wieder einmal bekommen wir es mit neuen Professorenbildern zu tun. War es in der fünften Staffel mit Professor Wilder der sensible Typ, so haben wir es nun mit gleich zwei Exemplaren zu tun, die unterschiedlicher gar nicht sein könnten: Der knallharte, zynische Literaturprofessor Hedson und der latent schwule Professor Freeman, der sich der Popkultur angenommen hat. Während Hedson von Anfang an als Widerling gezeichnet wird, ist Freeman das genaue Gegenstück. Doch die Entwicklung wird uns in der Folge eines Besseren belehren …

Zu Beginn der neuen Staffel lernen wir aber auch bislang ziemlich unbekannte Seiten so mancher Charaktere kennen: Einen müden Pacey, der sexuelle Ausschweifungen zugunsten einer beginnenden Karriere als Börsenmakler opfert; eine Joey, die ihren Lerneifer emotionalen Zielen unterordnet und einen diesbezüglichen Misserfolg entgegen ihren sonstigen Gepflogenheiten nicht allzu tragisch nimmt. Wir lernen Jack von seiner eifrigen Seite kennen, wir bekommen eine positiv denkende Jen vorgesetzt und eine vor Lerneifer strotzende Großmutter Ryan. Wir lernen auch einen vor Selbstvertrauen strotzenden, lebensbejahenden und unkomplizierten Dawson kennen, was ja letzten Endes auch Joey positiv auffällt …

Und neben Jack Osborne werden zwei weitere neue Charaktere eingeführt: Emma Jones, eine ausgeflippte, aber intellektuell hochstehende Musikstudentin und Nebenerwerbs-Kellnerin aus England, die eine Traumwohnung ihr Eigen nennt, und den jungen Mann C.J., der aber in der ersten Folge von Typ und Charakter her nicht sehr deutlich gezeichnet wird. Man bekommt lediglich mit, dass er ziemlich neugierig, in einem Beratungsdienst tätig und auf irgendeine Weise an Jen interessiert ist.

Das finale und emotionale Highlight von 6.01 ist aber sicherlich wieder beim Dawson/Joey-Plot zu sehen. Das Gespräch der beiden an der Bar ist mitreißend, beim gemeinsamen Tanz sprühen die Funken und Dawsons kurzer Monolog an seine Joey zeigt deutlich die wahre Stellung des Mädchens in seinem Leben: „… you are always with me, wherever I go …" (Du bist immer und überall bei mir). Das ist glaubhaft und die absolute Wahrheit. Dass es in diesem elektrisierenden und intimen Rahmen zu weit mehr als zu ein paar flüchtigen, vielleicht auch nur freundschaftlichen Küssen und Gesten kommen muss, ist wohl mehr als verständlich.

Review 6. 02

Der Dawson-Joey-Plot ist emotional beherrschend für diese Episode. Die beiden haben nach fünf Staffeln „Dawson's Creek" nun endlich ihr „erstes Mal" gehabt, wunderschön gezeichnet, geschmackvoll, voller Sinnlichkeit und knisternder Erotik, getragen von Katie Holmes' Schönheit und Ausstrahlung …

Und das erste Mal ist, was Joey betrifft, am Morgen danach nichts passiert, was die Romantik der Situation stört. Ein unglaubliches Glücksgefühl durchzieht den ganzen stimmungsvollen, pastellfarben gezeichneten Morgen. Natürlich, das ist klar, beide sind verlegen und suchen nach Worten. Und Dawson ist es wohl wirklich nicht zu verdenken, dass er nicht mehr reden will. Wie lange hat er doch auf diese Augenblicke gewartet …!

Auch die anderen Szenen dieses Plots sind von der Verlegenheit, aber auch von der Angst vor dem Wort bestimmt. Man möchte nichts sagen, was das alles wieder zerstören könnte. Zu oft ist das ja in der Vergangenheit schon geschehen. Aber genau diese Unsicherheit spiegelt die mentale Distanz zwischen Dawson und Joey wider, die sich in den vergangenen kontaktlosen Monaten aufgetan hat.

Der ultimative Höhepunkt ist in diesem Zusammenhang sicher Joeys „Shut up …" (Sei still!) beim Abschied und die anschließende Überblendung, die beide glücklich lächelnd jeweils auf der anderen Seite der geschlossenen Zimmertür stehend zeigt. In dieser Symbolik schwingt jedoch möglicherweise bereits ein Ausblick mit, der gar nicht so rosig aussieht.

Die anderen Plots fallen natürlich durch die dramatischen emotionalen Entwicklungen in der Dawson-Joey-Beziehung ein wenig ab, sind aber keineswegs uninteressant. Paceys gravierende persönliche Veränderung beginnt. Er weiß, dass er Geld braucht, will jedoch keineswegs von Audrey und deren kapitalkräftigen Eltern abhängig sein, und er will Audreys Vater nicht enttäuschen. Ganz besonders witzig ist Audreys Verhalten in puncto Frühstück auf dem Zimmer …

Der Jen/C. J.-Plot erscheint im Moment ein wenig holprig und die Einführungsveranstaltung ein bisschen kindisch, wenn man die oft existenziellen Probleme der Anrufer bei der Beratungsstelle in Betracht zieht, und auf den ersten Blick muten die Veranstaltung wie auch C. J. selbst wahrhaft ein wenig religiös-sektenhaft an, was für Jen natürlich nicht wirklich anziehend ist.

Witzig auch das Thema Wohnungssuche, die Anspielungen auf Paceys Job, die Pikanterie in der Beziehung zwischen Emma und Audrey und natürlich als Highlight Jacks Notlüge gegenüber dem Lesbenpärchen.

Sehr viel wird in der Szene, in der Ritch Rinaldi seine neuen potenziellen Mitarbeiter kennenlernt und sie über ihre Aufgaben in Kenntnis setzt, vermittelt, wobei der tatsächliche Charakter Rinaldis noch weitgehend wertfrei und weder negativ noch positiv behaftet erscheint. Der Mann ist eben genauso knochenhart, wie es sein Job verlangt. Wie allerdings ein ganz normaler schwarzer Anzug schwul wirken kann, erscheint nicht ganz verständlich …

Ein letzter wichtiger Ausflug zum Dawson/Joey-Plot. Was ist nun tatsächlich in den weiteren zentralen Szenen passiert und wo könnte der Subtext zu finden sein?

Zuerst zeigt Dawson seiner geliebten Freundin das Filmset. Ganz geheuer ist ihr das nicht, denn sie hat sich ja zuvor verlaufen. Für die Rekonstruktion von Dawsons Zimmer, dem so ziemlich wichtigsten Element ihrer beider Jugend, ist der Crew das Geld ausgegangen, was einen hohen symbolischen Wert haben könnte: Mit der Tatsache ihres ersten Koitus ist nun auch ihre Jugend endgültig Schnee von gestern.

Den von Dawson bereitgestellten Sekt und den Geschenkkorb, der eigentlich Todd gehört, wie auch die zu Unrecht ungestraft abgepflückte weiße Rose am Morgen nennt Joey im Original „kind of hooky" (irgendwie hakig), was semantisch durchaus zutreffend ist. Irgendetwas hat einen Haken, stimmt also nicht …

Leider werden in der deutschen Synchronisation die Worte „irgendwie billig" verwendet, was aber nicht dem so wichtigen Subtext der Originalversion gerecht wird.

Die Lichterketten und das Ambiente auf dem Filmset scheinen auch eine Art Blendung zu sein. Sodann kommt mit Dawsons Aussage, er werde am kommenden Tag abreisen, der erste wirkliche Keulenschlag. Und was nun geschieht, wirkt bei genauer Betrachtung wie der Tropfen, der das Fass zum Überlaufen bringt. Das fremde Mädchen ruft auf Dawsons Handy an. Dawson verhält sich in diesem Augenblick eher tollpatschig und unreif. Dabei hätte er gar keinen Grund dazu, hat er doch Joey einige Male von seiner Westküstenliebelei berichten wollen. Den Vorwurf kann sie ihm also nicht machen, und doch rastet Joey in einer Weise aus, die durchaus als krasse Überreaktion gedeutet werden kann. Sie hat allerdings Sekt getrunken, und es ist bekannt, dass bei Joey Alkoholgenuss oftmals fatale Auswirkungen hat.

So ist es grob zusammengefasst nicht ein Ereignis allein, das dieses Fiasko provoziert hat, sondern eine ganze Reihe von Einzelfaktoren, welche letzten Endes zu diesem ernüchternden Ergebnis geführt haben.

Besonders interessant ist die Wendung, die der Streit und die ganze ausufernde Diskussion letztlich nehmen: Plötzlich werden das Mädchen aus L.A. und dessen Beziehung zu Dawson nicht mehr thematisiert, sondern es sind nur mehr die alten Wunden in der Dawson/Joey-Beziehung, und diese Aufarbeitung und deren Zeitpunkt erscheinen nun nicht mehr wirklich glaubhaft. Hier wurde bewusst ein dramaturgisches Mittel eingesetzt, um das Pärchen Dawson/Joey für den weiteren Handlungsverlauf aller Chancen zu berauben.

Die Angst ist also vollends berechtigt gewesen, das Wort hat letztlich alles zerstört, und es mag jetzt vielfach der schale Nachgeschmack haften bleiben, dass zwischen den beiden Seelenverwandten, deren Liebe ja gemäß Dawsons Bezeichnung (zweite Staffel) über das Physische weit hinausgeht, genau das, dieses „erste Mal", nie hätte passieren dürfen …

Episode 6.03,

„Im Sturzflug",
„The Importance of Not Being Too Earnest"

Joey sitzt in ihrer Unterkunft an ihrem Laptop. Sie möchte eine E-Mail an Dawson verfassen und hat keine Ahnung, was sie schreiben soll. Eine Unterhaltung mit Audrey muntert sie etwas auf und sie beginnt zu tippen. Spätabends ist die Nachricht endlich fertig. Gähnend schickt sie sie ab und geht zu Bett.

Nervös blickt Joey am nächsten Morgen in ihren Posteingang und findet eine Unzahl an eingegangenen Nachrichten. Anstatt an Dawson hat sie nämlich irrtümlich die intime E-Mail an den ganzen Campus gesendet. Ein Katastrophentag ist also angebrochen. Der ganze Campus und insbesondere Professor Hedson machen sich über Joey lustig.

Aber nicht nur für das ohnehin seelisch angeschlagene Mädchen bringt dieser Tag wenig Positives. Auch Paceys erster Arbeitstag ist nicht wirklich von großem Glück begleitet. Erstens kommt er zu spät ins Büro, was seinen Chef, einen arrogant, knochenhart und egozentrisch wirkenden jüngeren Mann, dazu veranlasst, ihm gleich eine Anzahl der hartnäckigsten und nicht zu knackenden Kunden zu übergeben. Überdies muss Pacey den Boss in einen Autosalon chauffieren, damit dieser dort sein neues, sündteures Sportcoupé abholen könne.

Aber auch Jack hat Probleme. Jener Professor Freeman, dessen sexuelle Orientierung er ja in Folge 6.01 („Die Party ist aus") mit Jen diskutiert hat, verdonnert seine ganze Studentenschaft zu einem Kinobesuch. Jack muss sich eingestehen, dass er sich zu dem Professor ziemlich hingezogen fühlt. Allerdings hat dieser in seiner Einführungsvorlesung so nebenbei erwähnt, dass er verheiratet sei …

Joeys Tag der Leiden geht nun munter weiter. Professor Hedson besucht das „Hell's Kitchen" zu Joeys Dienstzeit, um dort zu speisen, was erneut zu einer unangenehmen Diskussion zwischen den beiden führt. In ihrem grenzenlosen Frust erzählt

Joey auch dem Barkeeper Eddie, den sie aus Hedsons Seminar kennt, von ihrem Unglück, doch der junge Mann hat von der ganzen Sache keine Ahnung, da er sich nicht für das Internet begeistert.

Die größte Enttäuschung muss aber Pacey hinnehmen. Es gelingt ihm nämlich, einen der hartnäckigsten Kunden zu knacken, was seinen Chef, Ritch Rinaldi, einerseits sehr positiv überrascht, andererseits aber von diesem als zufällige Glückssache abgetan wird. So schlägt sich der Chef diesen Geschäftsabschluss selbst zu und wird von seinen Mitarbeitern frenetisch gefeiert.

In den letzten Szenen sieht man Joey und Eddie im „Hell's Kitchen" beim Aufräumen und beim Aufteilen der Trinkgelder. Die Jukebox spielt „As I Lay Me Down". Eddie sieht die maßlose Traurigkeit in Joeys Gesicht, meint, er hasse dieses Lied, und knallt mit dem Fuß gegen die Box. Sofort spielt diese einen neuen Song …

Und man sieht Pacey frühmorgens allein in seinem Büro sitzen. Hin und wieder steht er auf und studiert konzentriert diverse Unterlagen. Rinaldi kommt, Pacey grüßt, sieht seinen Chef indifferent an und lächelt dann grimmig.

Dawson sitzt in einer Drehpause nachdenklich an seinem Laptop und versucht eine E-Mail an Joey zu schreiben. Nach einer einzigen nichtssagenden Zeile jedoch ist seine Pause zu Ende. Er löscht das bislang Geschriebene und verschwindet.

Review 6.03

Nach der Dramatik und der starken emotionalen Belastung in 6.01 und 6.02 ist in der laufenden Folge in der Gesamtheit gesehen ein wenig Ruhe eingekehrt und es wird vor allem auf die Entwicklungen der diversen neuen Konstellationen Wert gelegt. Leider gibt es nun vermehrt die Situation, dass ein oder mehrere Hauptdarsteller ganz wenig oder gar keine

Screentime haben (Dawson), und daran wird man sich in weiterer Folge gewöhnen müssen.

Die Episode „Sturzflug" wird von zwei zentralen Themen beherrscht: der Beziehung zwischen Lehrer und Studenten bzw. Chef und Untergebenen sowie dem Einfluss der Erwachsenenwelt auf die persönlichen Entwicklungen bzw. im Fall Paceys der beliebigen Formbarkeit der Adoleszenten.

Joeys verirrte E-Mail ist thematisch der Aufhänger für die ersten echten akademischen Stehversuche der jungen Studentin. Auch wenn der bedauerliche Irrtum für die schwermütige Joey natürlich ein Hammer ist, so hilft er ihr in gewissem Sinne auch ganz gewaltig weiter. Die heftigen damit zusammenhängenden verbalen Provokationen führen dazu, dass es Joey schließlich gelingt, ihrem gestrengen und zynischen Professor auf akademischem Weg Paroli bieten zu können, und zum ersten Mal spürt man im Charakter des Professors Hedson ein durchaus vorhandenes ausgeprägtes Gerechtigkeitsempfinden.

Ritch Rinaldi, Paceys Chef, ist ein ausgefuchster Profi. Mit wenigen provokanten Worten und Taten gelingt es ihm, seinen neuen jungen Mitarbeiter auf Kampflinie zu bringen und ihn gewissermaßen einer Gehirnwäsche zu unterziehen. Innerhalb weniger Tage ist für diesen alles vergessen, was früher war, und die Wertstrukturen haben sich völlig umgekehrt. Ein wenig erinnert das an den Einfluss, den Andie in der zweiten Staffel – natürlich auf ganz andere Weise und mit anderen Mitteln – auf Pacey hatte, aber auch an Paceys Wesensveränderungen in der Zeit um den Aufbau der Pension Potter, in der er sich ja sukzessive und klammheimlich bis über beide Ohren in Joey verliebt hat.

So gewinnt die Aussage Paceys aus Folge 6.21, „Goodbye Yellow Brick Road", „… ich war in meinem Leben schon von vielem besessen, hauptsächlich von Frauen" in doppeltem Sinne ihre Rechtfertigung. Nur ist es in diesem Fall keine Frau, sondern die Gier nach Erfolg, Respekt und vor allem nach Geld.

Recht interessant sind auch die zwei deutlichen Seitenhiebe auf das Internetzeitalter mit den bissigen Aussagen Audreys im

Zusammenhang mit den passiv-aggressiven E-Mail-Typen und Eddies Replik, dass er kein Verfechter des Internets sei und so die verflixte E-Mail nicht habe lesen können.

Man merkt auch eine immer stärkere Ichbezogenheit Joeys, die in gewisser Form paranoide Auswüchse bekommt, möchte ja jeder Mensch bloß ihr Leben und ihre Zukunft zerstören. Eine Erklärung mag vielleicht in einer depressiven Reaktion nach der durchlebten extremen Enttäuschung zu finden sein.

Der Plot Jack/Professor Freeman wird immer zentraler, und er stellt gewissermaßen eine Parallele zu den Ereignissen im Zusammenhang mit Professor Wilder und Joey in der fünften Staffel dar. Nur steht nun die Qualität der Aufarbeitung um etliche Stufen höher, was sicher mit dem Reifegrad von Jack zu tun hat, den Joey in der betreffenden Staffel noch keineswegs hatte.

Der Eddie/Joey-Plot gewinnt auch schrittweise an Bedeutung, wobei den emotionalen Höhepunkt sicherlich wieder „As I lay me down" darstellt. Interessant, dass Eddie zweimal kräftig hintreten muss, bis sich die Jukebox letztlich zu einem anderen Titel entschließt. Nach dem ersten Tritt wird der Song pikanterweise ja wiederholt …

Symbolisch und im Subtext vielleicht eine Rückblende auf „Immer das alte Lied" oder aber etwas noch weit Hintergründigeres: Hat sich Joey ja bei diesem Song zweimal in Dawson verliebt …

Der Kreis schließt sich. So wie in 6.01 und 6.02 Dawsons Zimmer auf dem Filmset nicht vorhanden ist und er und Joey ihre erste gemeinsame Liebesnacht verbracht haben – womit faktisch ihre Jugend ausgeläutet worden ist –, ist mit dem kratzenden und plötzlichen Einsatz des neuen Songs die Ära Dawson und Joey unwiderruflich zu Ende. Und letztlich gilt auch hier: Nichts bleibt beim Alten und kein Stein auf dem anderen …

Ein wenig unter die Räder kommen in dieser Episode Audrey, Jen und insbesondere Dawson, der über eine mickrige, völlig sinnlose E-Mail-Zeile, die (Gott sei Dank) wieder gelöscht wird, nicht hinauskommt.

Und hier die Kritik: Während Joey Stunden um Stunden damit verbringt, eine zugegebenermaßen vielleicht ein wenig merkwürdige und distanzierte – vom Ufer betrachtete (Zitat) – Mail zu verfassen, findet es Dawson nicht der Mühe wert, sich auch nur irgendwie sinnvoll mit dem Thema zu befassen und zu agieren. Nein, das ist nicht logisch und das ist nicht Dawson! Bei aller beruflichen Belastung – so gefühllos ist er nicht! Daran hätte nicht einmal Hollywood etwas ändern können …

Es wird aber so gebracht, auch hier bleibt offensichtlich nichts beim Alten, und Joeys Aussage in Folge 6.02, in der sie offen beklagt, sie habe ja gar nicht wissen können, wie sehr sich Dawson in den vergangenen Monaten verändert habe, gewinnt durch diese Unlogik an Relevanz.

Episode 6.04,

„Instant Karma!"

Das Filmset mit dem Regisseur Todd, dessen Regieassistenten Dawson und der ganzen Crew ist nach Boston zurückgekehrt. Nervös wartet man auf das Eintreffen von Natasha, dem weiblichen Star des in Produktion befindlichen Horrorfilms.

Es stellt sich jedoch heraus, dass diese nicht vom Flughafen abgeholt wurde und also ebendort festsitzt. Dawson übernimmt so rasch wie möglich diese Aufgabe. Natasha verhält sich Dawson gegenüber abgehoben, distanziert und unfreundlich. Im weiteren Verlauf wird auch klar, warum. Sie ist jenes Mädchen, mit dem Dawson am Morgen nach der gemeinsamen Nacht mit Joey per Anrufbeantworter Schluss gemacht hat, als er in Folge 6.02, „Immer das gleiche Lied", das Frühstück holen gegangen ist. Und sie ist auch die Person, die Dawson an jenem schicksalhaften Abend angerufen hat, was schließlich zum Super-GAU zwischen Dawson und Joey geführt hat.

Jedenfalls betrinkt sich Natasha während der Rückfahrt zum Filmset so gewaltig, dass eine Einhaltung des Drehplans unmöglich wird.

Indes diskutieren Eddie und Joey im „Hell's Kitchen" ein Buch, welches für Professor Hedsons Seminar zu lesen ist. Joey gefällt es nicht, was Eddie sehr verwundert. Geht es dabei doch um Menschen, die spontan handeln, nicht alles vorausplanen und demnach auch Risiken eingehen. Die Diskussion wird allerdings durch eine telefonische Großbestellung unterbrochen.

Eddie und Joey beladen also das Lieferfahrzeug mit Unmengen an Speisen und Getränken. Unglücklicherweise ist der Besteller das Filmset. Dort treffen Dawson, Joey und Natasha zusammen, was zu einem heftigen verbalen Ausbruch von Natasha, Ekel und Abscheu bei Joey und grenzenloser Peinlichkeit bei Dawson führt.

Pacey sitzt, wie schon so oft in letzter Zeit, lernend im Büro. Audrey, Jen und Jack wollen auf eine große Party gehen und natürlich auf Paceys Anwesenheit nicht verzichten. Pacey jedoch kann und will nicht mitkommen. Er muss für die Börsenmaklerprüfung lernen. Audrey versteht Paceys extreme Wesensveränderung nicht und kann damit eigentlich nicht leben. Sie will Spaß und Sex – Dinge, die ihr Pacey im Moment in keineswegs ausreichender Menge geben kann.

Ritch Rinaldi allerdings gelingt es sehr wohl, Pacey von seinen Ambitionen loszureißen und ihn zu einem Trip durch die Stadt zu bewegen, sind doch auch viele Mitglieder der Chefetage mit dabei. Der von Ehrgeiz zerfressene Pacey erwartet sich davon natürlich persönliche Vorteile.

Bei dem Trip durch Boston trifft diese Männergruppe auf Audrey, Jen und Jack, die sich auf dem Weg zur Party befinden. Der unvermeidliche Zwist zwischen Audrey und Pacey führt dazu, dass sich das Mädchen auf dem Fest bis zur Besinnungslosigkeit betrinkt und sich vom nächstbesten Jungen auf dessen Zimmer abschleppen lässt. Jen und C. J., der sich auch auf der Party befindet und Jens ungeteiltes Interesse genießt, gelingt es, das Ärgste zu verhindern, und die beiden bringen Audrey in ihre Unterkunft zurück. Überraschenderweise taucht auch Professor Freeman auf dieser Party auf. Erst später wird klar, dass dieser eigentlich nur in der Hoffnung, Jack zu treffen, auf das Fest gekommen ist. Professor Freeman outet sich in weiterer Folge trotz seiner aufrechten Ehe und der Schwangerschaft seiner Frau, von der er soeben erfahren hat, als an Jack interessiert, was bei diesem zu einem ziemlichen Schock führt.

Dawson ist inzwischen seinen Job los. Die erzürnte und verletzte Natasha will nicht weiterdrehen, solange Dawson auf dem Set ist. Was bleibt Todd also anderes übrig, als seinen so tüchtigen Assistenten zu feuern …?

Dawson nimmt wehmütig Abschied vom Set und begegnet Joey abermals. Das Gespräch zwischen den beiden ist kurz, ernst, traurig und ohne Hoffnung. Das bekommt Natasha mit, sie hat Mitleid mit dem gebrochenen Dawson und bittet Todd, ihn wieder einzustellen. Dankbaren Blicks nimmt Dawson seine Tätigkeit wieder auf.

Reumütig taucht Pacey bei Audrey auf und bittet sie um Vergebung. Diese ist aber noch immer betrunken und möchte nichts anderes, als in die Arme genommen werden. Gemeinsam schlafen die beiden ein.

Joey und Eddie machen im „Hell's Kitchen" Klarschiff. Eddie wundert sich noch immer über Joeys Abneigung gegen das zu lesende Buch. Als Antwort küsst ihn Joey ganz spontan. Eddie hat aber wenig Freude an Joeys Gefühlsregungen. Er vermutet dahinter nur eine Art Racheakt Joeys gegen Dawson oder eine falsche Aufarbeitung ihrer Frustration.

Mit einem Blick auf die missmutig-nachdenkliche Joey und das leere „Hell's Kitchen" endet die Episode.

Review 6.04

„Instant Karma!" gibt – abgesehen von dem kurzen Exkurs in 5.01, „Boston" – zum ersten Mal tiefe Einblicke in das Profi-Filmgeschäft, und diese Thematik ist episodenbeherrschend. Mit Natasha wird eine hochinteressante Figur eingeführt, ein Mädchen, das – wie für diese Branche möglicherweise typisch – eher durch Zufall zu den Lorbeeren einer Hauptrolle in einem Film gekommen ist. Zwar ist der erste Eindruck, den man von ihr bekommt, nicht der beste: Sie ist betrunken und kehrt Starallüren hervor; was sich jedoch in weiterer Folge als in direktem Zusammenhang mit Dawson stehend entpuppt.

Als absolut schillernder, charismatischer und demnach auch sehr interessanter Charakter präsentiert sich Todd Karr. In ihm sieht man die vielen Facetten eines in der Midlifecrisis steckenden kreativen und künstlerisch tätigen Chaoten, der als solcher für eine ganze Mannschaft die Verantwortung zu tragen hat.

Besonders gut gezeichnet erscheinen die Probleme, die auftauchen, wenn Künstler mit anderen Künstlern arbeiten müssen, und damit zusammenhängend die Erhaltung jenes sensiblen Gleichgewichts, ohne das eine derartige Produktion nicht denkbar wäre. Dazu gehört aber auch die „Falschheit" im Umgang miteinander, was ja in weiterer Folge noch des Öfteren sehr deutlich, voller Ironie und Kritik offenbart wird.

Wir sehen in Dawson einmal nicht den kreativen, sondern den organisatorisch geforderten Menschen, der als Regieassistent sozusagen das Mädchen für alles sein muss; eine vielfältige Tätigkeit, die ihm offensichtlich Spaß macht.

Eine Szene, die an Dramatik und Emotionalität kaum zu überbieten ist, wird im Zusammentreffen von Dawson, Joey und Natasha erreicht. Das Mienenspiel von Dawson und Joey ist unglaublich, Worte sind da gar nicht nötig …

In dem zweiten kurzen Dialog der beiden wird die ganze Enttäuschung und Verbitterung offenkundig, der Schmerz über diese letzte und wahrscheinlich größte seelische Wunde, die die beiden einander jemals zugefügt haben. Natasha hört, sieht und versteht …

Es spricht für ihren Charakter und für ihre Größe, dass sie über den Schatten ihres verletzten Egos springt und Dawson wieder zu seinem Job verhilft.

Der Plot Audrey/Pacey spitzt sich zu. Bemerkenswert ist die Tatsache, dass es Audrey nicht gelingt, ihren Freund von dessen Lerneifer loszueisen, sehr wohl aber dessen Chef. Die Werte haben sich also gänzlich verschoben. Dass die völlig unzufriedene und auch sexuell unbefriedigte Audrey ihre Frustration in Alkohol ertränkt, ist mehr als verständlich. Sie fühlt sich von ihrem Freund unverstanden und genau das, was in der fünften Staffel zur Trennung der beiden geführt hat, wird auch jetzt zu einem harten Prüfstein. Audrey, das blonde, verwöhnte Mädchen aus begütertem Haus, und Pacey, der sich keineswegs wieder einmal als der „Sozialfall" einer Partnerin sehen will … Diese Rolle ist ihm gut bekannt und er handelt demnach so, wie er muss, erreicht jedoch für seine Beziehung ganz genau das Gegenteil.

Symptomatisch ist die Szene, in der Audrey ihr Handy im Bierglas versenkt – sie kann sich das ja leisten.

Bei Professor Freeman wird mit der Zeit dessen wahrer Charakter offenbar und es verwundert wirklich nicht, dass das Outing des werdenden Familienvaters bei Jack eine mehr als abwehrende Reaktion auslöst.

In dem Gespräch, das Pacey und sein Chef nach ihrem Zusammentreffen mit der Gruppe um Audrey an der Bar führen, werden der Einfluss von Ritch Rinaldi auf Pacey und die Frauen verachtende Lebenseinstellung des Chefs weiter verdeutlicht. „Lassen Sie das abprallen!" – allein dieser kurze Satz spricht Bände. Paceys ursprünglicher Charakter unternimmt nun aber doch noch einmal einen Anlauf und versucht die Sache mit Audrey wiedergutzumachen, doch es erscheint irgendwie halbherzig …

Pacey ist hin und her gerissen. Er weiß nicht, was er tun soll und wohin er letztlich gehört. Aber nicht nur Audrey leidet darunter, sondern auch er selbst.

Der Eddie/Joey-Plot gipfelt in der Schlussszene mit Joeys Kuss. Eddies Reaktion ist absolut reif und dokumentiert die Altersdifferenz zwischen den beiden, obwohl wir expressis verbis erst viel später erfahren, dass er 25 Jahre alt ist. Joey fühlt sich durchschaut und dementsprechend ist ihr Mienenspiel. Die Leere des Lokals hat eine hohe Symbolkraft. Hinter diesem Kuss war eben nichts ...

Episode 6.05,

„Hochstapeleien", „The Impostors"

„Hell's Kitchen": Eddie macht sich unverhohlen über Joeys Kuss lustig, was diese ihrerseits gar nicht komisch findet. Es ist ihr peinlich und sie will nie mehr darüber reden.

Die Dreharbeiten indes hängen um einige Tage zurück, was Todd, Dawson und der Crew ziemliches Kopfzerbrechen bereitet. Todd ertränkt dies in Alkohol und meldet sich nicht bei der Produzentin Heather, die man schon aus Folge 5.01, „Boston", kennt.

Stinkwütend erscheint die Vielbeschäftigte auf dem Set und will die Filmproduktion überhaupt abbrechen, weil sie einerseits Natasha für ungeeignet befindet, andererseits mit Todd mehr als nur ein Hühnchen zu rupfen hat. Dieser habe nämlich mit ihr irgendwann in Kalifornien Schluss gemacht ...

Mit viel Fingerspitzengefühl und Professionalität gelingt es Dawson im weiteren Verlauf doch noch, die Produktion zu retten, und er hilft dabei Natasha und Todd, aber auch sich selbst ungemein.

Audrey hat sich nach ihrem alkoholischen Absturz bei der Party wieder einigermaßen gefangen und lernt zusammen mit Pacey in dessen Wohnung. Zu einer besonderen Annäherung der beiden kommt es allerdings nicht, obwohl Jack und Emma nicht zu Hause sind.

Pacey lernt daraufhin wieder einmal die ganze Nacht durch. Am nächsten Morgen hört Emma zufällig Audrey unter der Dusche singen und engagiert sie sofort als Leadsängerin in ihrer Girls-Punkband „Hell's Bells". Abends soll ein Gig im „Hell's Kitchen" stattfinden …

Diese Tatsache löst bei Audrey so große Begeisterung aus, dass sie unvermittelt bei Pacey im Büro auftaucht, um diesem die fantastische Nachricht persönlich zu überbringen. Audreys eigenwilliges Erscheinen und Auftreten an Paceys Arbeitsstätte rufen bei diesem und bei dessen Kollegen allerdings ziemlich gemischte Gefühle hervor.

Jen und Jack bekommen ihre Semesterarbeiten zurück. Jack hat nur eine Drei minus erhalten, was ihn sehr verwundert und betroffen macht, hat doch Professor Freeman die Arbeit vor ihrem letzten Zusammentreffen auf der Party weitaus positiver beurteilt. Jack stellt den Professor zur Rede. Dieser muss schließlich zugeben, dass möglicherweise doch emotionale Gründe für die schlechtere Zensur maßgeblich waren.

Jack macht dem Professor berechtigte Vorwürfe. Der verheiratete Mann und werdende Vater ist einsichtig, korrigiert die Note nach oben und versichert, Jacks zukünftige Arbeiten durch seine Assistenten beurteilen zu lassen.

Joey hat ein Referat in Professor Hedsons Seminar zu halten. Obwohl sie gut vorbereitet ist, hackt der Professor auf ihr herum und stellt bohrende Zwischenfragen, die wieder einmal nur Eddie beantworten kann. Letztlich werden diesem die Bösartigkeit und der Zynismus des Professors zu dumm und er versucht Joey zu helfen. Daraus entspinnt sich eine heftige Diskussion zwischen dem jungen Mann und Professor Hedson, die für alle Anwesenden völlig undurchschaubar ist. Eddie verlässt resignierend den Hörsaal. Joey läuft ihm nach und versucht ihn erfolglos zur Rückkehr zu bewegen.

Daraufhin erkundigt sie sich im „Hell's Kitchen" nach seinem Wohnsitz und muss feststellen, dass Eddie gar kein Student ist und weit entfernt seine Wohnstätte hat. Trotzdem macht sich Joey auf den Weg zu ihm. Die Begegnung mit dem jungen Mann in dessen Wohnung verläuft allerdings nicht unbedingt so, wie von dem Mädchen erwartet. Eddie schlägt Joeys Hilfsangebot barsch aus, da er sich keineswegs der Tatsache bewusst ist, von irgendjemandem Hilfe zu benötigen. Verärgert verlässt Joey die Wohnung.

Im „Hell's Kitchen" geht es abends rund. Die „Hell's Bells" geigen auf und sorgen für gewaltige Stimmung! Audrey bewährt sich als Frontfrau, muss aber zu ihrer Enttäuschung feststellen, dass Pacey sie wieder einmal versetzt und sein Versprechen, beim Gig zu erscheinen, nicht eingehalten hat. Als sie und Emma in die Wohnung kommen, finden sie den jungen Mann auf dem Sofa sitzend tief und fest schlafend vor.

Natasha ist Dawson für seine Hilfe dankbar und die beiden kommen einander wieder etwas näher. Ähnliches gilt aber auch für Joey und Eddie, der sich für sein abweisendes Verhalten entschuldigt …

Review 6. 05

Diese Episode heißt nicht zu Unrecht „Hochstapeleien", wobei man in der deutschen Synchronisation den Titel etwas abgeschwächt hat, heißt doch die Folge im Original „The Impostors" (Die Betrüger). Wer also stapelt hoch, wer betrügt wen?

Wie so häufig in dieser Staffel ist die Einstiegsszene im „Hell's Kitchen" beheimatet. Und zwischen Eddie und Joey herrscht ein ähnliches Verhältnis wie anno dazumal in den ersten Staffeln zwischen Pacey und Joey – frei nach dem Motto: „Was sich einmal vielleicht lieben wird, neckt sich jetzt …"
Verweilen wir doch noch ein wenig bei den beiden: Sie haben tatsächlich einiges gemeinsam, sind angeblich beide Studenten, sie besuchen dieselbe Lehrveranstaltung bei Professor Hedson, sie sind Kollegen im Lokal und sie sind beide offensichtlich nicht wirklich begütert. Na ja, das wäre ja schon einiges …

Und überdies hat Eddie etwas, das Audrey in Folge 6.10, „Merry Mayhem", kurz ansprechen wird: Er hat nämlich alle positiven Eigenschaften von Pacey und Dawson zusammen – und das ist nun schon wesentlich mehr als nur einiges.

Nun geschieht jedoch in Hedsons Seminar etwas ganz Seltsames: In der Art eines akademischen Diskurses, der direkt mit Details aus Joeys Referat zu tun hat, von Professor Hedson genial gesteuert und verpackt, kommt etwas ans Licht, was niemand außer Hedson und Eddie begreift. Eddie zieht sich daraufhin still zurück und Joey läuft ihm nach. Dieses für das Mädchen eigentlich recht untypische Verhalten wird sich wie ein roter Faden durch große Teile der Staffel ziehen. Sie stellt Eddie zur Rede und wird brüsk abgewiesen. Trotzdem lässt sie nicht locker und bohrt an ihrer Arbeitsstelle nach. Dort kommt die Wahrheit ans Licht: Eddie ist gar kein Student …

Und wieder läuft das Mädchen dem jungen Mann nach, will ihm helfen, ihn aus seinem vermeintlich ach so verkorksten Leben retten, und sie wird wieder abgewiesen. Joey muss mit der Zeit begreifen, dass ihre Lebensauffassung vielleicht doch nicht das einzig Seligmachende darstellt, dass es also durchaus noch andere Wege gibt, sein Leben zu meistern – abseits von ausgetrampelten Pfaden und vorgefertigten Strukturen, und sie nimmt, ohne auch nur mit der Wimper zu zucken, zur Kenntnis, dass nunmehr zwei der genannten Gemeinsamkeiten zwischen ihnen beiden weggefallen sind. Vielleicht hat sie sich auch an ihre eigene Hochstapelei in der ersten Staffel, 1.02, „Drehbuch für einen Kuss", erinnert. Jedenfalls entschuldigt Eddie sich wenigstens bei ihr, was sie damals bei Anderson nicht getan hat.

Szenenwechsel … Kommen wir zum zweiten beherrschenden Plot Audrey/Pacey: Es herrscht Stillstand und Rückschritt. Bezeichnend für die ganze Situation ist, dass Pacey Audreys – möglicherweise nur vorgetäuschte – Unlust zu sexueller Betätigung nicht nur locker, sondern nahezu mit Erleichterung zur Kenntnis nimmt, wühlt er sich doch stattdessen weiter durch seinen umfangreichen Lernstoff. Er betrügt Audrey tatsächlich! Allerdings nicht mit einer anderen Frau, sondern mit seiner Tätigkeit.

Besonders witzig ist in dieser Szenensequenz in Paceys Wohnung das morgendliche kaffeelose Zusammentreffen zwischen Pacey und Emma, wobei Paceys erschrockener Ausruf „Ich war's nicht!" offensichtlich frühkindlich-traumatischen Ursprungs sein dürfte.

Ein weiteres Indiz dafür, dass gewisse Welten nicht zusammentreffen dürfen, ist Audreys Erscheinen bei Pacey im Büro, wo der Graben zwischen der knallharten Geschäftswelt der Männer und der vielleicht ein wenig zu naiv gezeichneten Begeisterung Audreys für ihre neue Berufung in Emmas Band ganz besonders offenkundig wird. Aber ebenso offenkundig ist das Desinteresse und Unverständnis Audreys für den Job ihres Freundes. Summa summarum ist Pacey an der Beziehungskrise keineswegs der Alleinschuldige.

Der nächste – diesmal klassische – Betrug: Auch Professor Freeman hat seine wahre Identität ans Licht gebracht. Er wirkt richtig beleidigt, eingeschnappt, als ihn Jack nach der Vorlesung auf die unverständlich schlechte Benotung seiner Arbeit anspricht. Die Begründung für die Note ist an den Haaren herbeigezogen. Jack stellt sich zu Recht auf die Füße und wehrt sich. In unglaublich schonungsloser Art wirft er dem Professor dessen Verhalten an den Kopf, hat dieser doch seine gekränkte Eitelkeit in die Zensur einfließen lassen und ihn um eine bessere Note betrogen.

Die Einsicht jedoch rettet die Ehre des Professors. Es ist nur am Rande die Verbesserung der Note, die schließlich die entscheidende Rolle spielt; es sind vielmehr die Konventionen verschiedener Zeitgeistmodelle, die subtil miteinander verglichen werden. Ausrede hin, Ausrede her – der Professor hat vielleicht mit seinem Statement, es wäre in seiner Teenagerzeit kaum möglich gewesen, sich ungestraft und ohne gravierende Konsequenzen als homosexuell zu outen, einen für sich selbst akzeptablen Rückzug aus dem Dilemma gefunden. Für Jack gilt das aber nicht! Dieser geht noch einen gewaltigen Schritt weiter und verlangt für die Zukunft die Korrektur seiner Arbeiten durch einen Assistenten. Professor Freeman akzeptiert ohne Zögern diesen Wunsch.

Der letzte Betrug findet auf dem Filmset statt. Die Dreharbeiten hinken nach und Heather Tracy ist nicht informiert. Mit aller Eindringlichkeit wird in diesen Szenen die Allmacht eines Produzenten dargestellt, aber auch die Professionalität, die für ein derartiges Filmprojekt nötig ist. Todd hat diese Fähigkeit nur am Rande. Ohne Dawsons Zutun und dessen Umsicht wäre der Regisseur chancenlos. In den Szenensequenzen, die das Filmset betreffen, wird zum ersten Mal deutlich, dass Dawson tatsächlich das Zeug zu einem guten Regisseur mit all den dazu notwendigen Fähigkeiten haben könnte. Er beherrscht das Krisenmanagement, was natürlich nur mit höchster Sensibilität und Kompetenz zu erreichen ist. Der Job hat auch ihn verändert, keine Frage, da hatte Joey in den Folgen 6.01 und 6.02 schon recht. Nur wollte sie zu diesem Zeitpunkt einfach noch nicht wahrhaben, dass Dawson ihr in dieser Lebensphase in seiner Entwicklung überlegen, einfach erwachsen geworden ist. Erst spät, in Folge 6.21, wird sie endlich dahinterkommen …

Kurz noch zu Natasha und Dawson: Es ist typisch, dass er sich zu Dank verpflichtet fühlt, hat sie ihm ja in Folge 6.04 den Job wiederbeschafft. Er dankt ihr mit höchstmöglicher Professionalität, gibt ihr Sicherheit und schafft es mit ganz einfachen filmtechnischen Mitteln, Heather Tracy zu überrumpeln und umzustimmen. In diesem Wesenszug hat sich Dawson also nicht verändert, er hat seine Seele und seine Instinkte behalten. Und möglicherweise sieht man im Gebrauch dieser einfachen Mittel ein Indiz dafür, wie wichtig seine frühen und noch unprofessionellen Filmproduktionen für die jetzigen Aufgaben letztlich gewesen sind.

Herbe Kritik ist Jen betreffend anzubringen: Sie hat kaum noch Screentime und die wenige, die sie hat, ist thematisch schwach und dieses genialen Charakters unwürdig …

Episode 6. 06,

„Täuschungen", „Living Dead Girl"

Halloween naht! Da dieser Tag nicht nur Dawsons, sondern auch Todds Lieblingstag ist, soll er auch gebührend gefeiert werden. Mitten in den Vorbereitungen macht sich Todd unverhohlen an Natasha heran und Dawson rast innerlich vor Eifersucht. Ganz nebenbei erwähnt der Regisseur, dass in diesen Studios in den 50er-Jahren ein Mord an einer bekannten Filmschauspielerin begangen worden sei und diese bis zum heutigen Tag hier herumspuken solle.

Auch Pacey und Audrey sind mitten in den Vorbereitungen für Halloween. Sie wollen gemeinsam mit Jack, Jen und Emma auf eine Party gehen und verkleiden sich dementsprechend.

Joey wiederum hat eine heikle Aufgabe übernommen. Sie soll Professor Hedsons kleines Töchterchen Harley im „Hell's Kitchen" beaufsichtigen, da dieser ein Date hat. Das Mädchen entpuppt sich dann allerdings als 15-jährige rotzfreche und verzogene Göre, die Schwierigkeiten mit ihrem Vater hat und nichts auslässt, um auch Joey Probleme zu bereiten. Zudem macht sie sich an Eddie heran, der das irgendwie interessant und lustig findet. Joey allerdings ist davon gar nicht begeistert. Halloween zu Ehren beschließen Joey, Eddie und Harley, ein Geisterhaus ganz in der Nähe zu besuchen.

Jen möchte C. J. unbedingt näher kennenlernen und ruft auf Drängen Jacks hin beim Nottelefon an, wo der junge Mann gerade Dienst versieht. Sie möchte C. J. zu der Party einladen und zur Überraschung aller sagt dieser letztlich zu.

Die Halloween-Feierlichkeiten sind in vollem Gange. Dawson wird von einer Stimme verfolgt, die leise seinen Namen ruft, und er sieht immer wieder schemenhaft eine Frauengestalt aus den 50er-Jahren über die Treppen des Studios geistern. Zu allem Überfluss spukt diese Person auch auf diversen Filmmustern und Kopien herum, was bei Dawson zusätzlich Angst und Schrecken hervorruft. Als Höhepunkt aber ertappt Dawson Todd und Natasha beim heftigen Herummachen und kündigt rasend vor Eifersucht seinen Job.

Auch bei den anderen Freunden läuft nicht alles planmäßig. C. J. erscheint in Begleitung von David, einem anderen jungen Mann. Voreilig vermutet Jen Homosexualität der beiden. Tatsächlich stellt sich aber heraus, dass nur David schwul ist. Während dieser durchaus Interesse an Jack zu haben scheint, ist C. J.s Wertschätzung für Jen offensichtlich nur rein geschäftlich. Er möchte sie weiterhin ausschließlich als Beraterin für das Nottelefon gewinnen, was Jen einerseits enttäuscht, andererseits auch wieder anspornt.

Im Geisterhaus gesteht Eddie Joey seine Sympathie für sie und küsst sie. Im gleichen Augenblick merkt Joey, dass Harley, die den ganzen Ausflug ziemlich langweilig und ätzend findet, verschwunden ist. Gemeinsam machen sie sich auf die Suche und finden sie auf Eddies Idee hin – im Kino, bei einem Horrorfilm …

Auf der Party ist Audrey gelangweilt. Sie versteht sich mit Pacey überhaupt nicht mehr und versteckt sich in einem Sarg. Dort muss sie ein offenes Gespräch zwischen Pacey und Emma mit anhören. Er, Pacey, komme mit Audrey auch nicht mehr klar und bezweifle, diese je wirklich geliebt zu haben.
Das ist zu viel für die Kalifornierin. Mit einer schallenden Ohrfeige macht sie daraufhin mit Pacey Schluss.

Dawson möchte gerade zutiefst verärgert die Studios verlassen, da sieht er wieder ganz deutlich die betreffende Frauengestalt. Er geht auf sie zu. Die Gestalt lässt die Maske fallen und entpuppt sich als Natasha! Hinter ihr taucht der bis über beide Ohren grinsende Todd auf und erklärt lachend, dass alles nur eine bestens ausgeklügelte Täuschung gewesen sei und dass damit ja wohl auch die Sache mit der Kündigung nun hinfällig sei. Dawson jedenfalls hat endlich eine angemessene Strafe für seine früheren Halloween-Scherze bekommen!

Zurück im „Hell's Kitchen": Professor Hedson möchte seine Tochter abholen und erkundigt sich nach deren Verhalten. Joey versichert ihrem Professor – ganz entgegen der Wahrheit – mustergültiges Verhalten seiner Tochter, was diese mit Dankbarkeit zur Kenntnis nimmt. Mit der Aufforderung an Joey, die sich langsam entwickelnde Beziehung zu Eddie nicht kaputt zu machen, verlässt das Mädchen zusammen mit seinem Vater das Lokal.

Auch in den Studios ist das Fest vorbei. Natasha besucht Dawson in seinem Zimmer. Dawson entschuldigt sich nochmals für sein verletzendes Verhalten und beide gestehen einander ihre Zuneigung.

Review 6. 06

Nach den „Hochstapeleien" der vergangenen Episode sind nun in der Halloween-Folge der sechsten Staffel die „Täuschungen" an der Reihe. Im Gegensatz zu Folge 1. 10, „Freitag der 13.", also der Halloween-Episode der ersten Serienstaffel, wird in „Täuschungen" sehr wohl auf eine Weiterentwicklung der einzelnen Plots Wert gelegt.

Und es werden gleich zwei Charaktere neu eingeführt. Harley, die Tochter von Professor Hedson, ist zwar nicht, wie von Joey fälschlich angenommen, erst fünf Jahre alt und dementsprechend pflegeleicht, sondern in Wahrheit eine 15-jährige freche Göre, womit wir bei der ersten Täuschung angelangt wären. Andererseits hat Joey eingedenk ihrer eigenen Jugend und der Probleme mit ihrem Vater durchaus Verständnis für das zickige Verhalten des Mädchens, mehr noch: Wahrscheinlich sieht sie sich selbst in ihm …

Mit David, einem Freund C. J.s, wird die zweite Figur eingeführt. Sehr viel erfahren wir über ihn allerdings nicht, außer dass er schwul und in irgendeiner Form auch beim Nottelefon tätig ist. Der Charakter ist so gewählt, dass von Anfang an eine recht unkomplizierte Annäherung an Jack vorprogrammiert zu sein scheint.

Davor hat es aber gleich die nächste Täuschung gegeben: Immerhin hat Jen ja unverzüglich nach dem Eintreffen der beiden auf der Party messerscharf geschlossen, dass auch C. J. homosexuell sei. Besonders witzig ist dabei Jens Aussage, sie komme sich wie ein Magnet für die Schwulen vor …

Alles nur Täuschung! C. J. ist ganz hetero, doch er dokumentiert weiterhin sein Desinteresse an Jen. Sie sei nicht sein Typ und nicht das, wonach er im Moment suche. Das kann man ihm auch gar nicht verdenken, zu eigenartig und gar nicht zu ihr passend erscheint momentan das Verhalten der blonden New Yorkerin. Es wird aber nicht klar, wonach der junge Mann tatsächlich sucht.

Bevor wir uns dem eigentlichen Halloween-Plot zuwenden, sei ein Abstecher zu Audrey und Pacey gestattet. Auch die beiden haben Partygelüste, was bei Audrey mehr als verständlich ist. Zum einen ist sie ohnehin eine Partylöwin, zum anderen hat sie sich eine bombenfeste Sechs auf eine Prüfungsarbeit eingefangen und ist demnach klassisch ablenkungsbedürftig. Pacey weiß bislang noch nichts von Audreys Glanztat und von der Tatsache, dass seine Freundin bislang kaum oder gar nicht ihre Vorlesungen besucht hat. Abgesehen davon hat er mit Kostümfesten gar nichts am Hut.

Ganz allgemein sei an dieser Stelle hinterfragt, welche Party alle unsere Protagonisten eigentlich besuchen. Es wirkt nämlich so, als seien alle auf der Veranstaltung des Filmteams. Wieso treffen dann die Betreffenden niemals mit Dawson und Co. zusammen? Ist nur so ein Gedanke …

Wenden wir uns wieder unserem dem Untergang geweihten Pärchen zu. Pacey entdeckt Audreys Zeugnis mit der ominösen Sechs, macht aber zunächst noch gute Miene zum bösen Spiel. Später jedoch kann er sich ein Nachfragen nicht verkneifen und Audrey fährt ihm heftig über den Mund, dass er ja offensichtlich nichts über sie und ihre Befindlichkeit Betreffendes Bescheid wisse und deshalb gar kein Recht habe, sie zu verurteilen. Er denke ja ohnehin nur mehr an seine Arbeit …

Pacey resigniert, da trifft er auf Emma. Bei ihr weint er sich aus …

Von hoher Symbolkraft ist, dass sich Audrey in einem Sarg verborgen hält, während sie das Gespräch der beiden mit anhören muss. Als sie sich wieder aus dem morbiden Behältnis erhebt, wirkt sie wie eine Untote, und in dieser Art macht sie auch mit Pacey Schluss.

Der Hauptplot gehört in dieser Folge allerdings Dawson und der Crew. Es ist schon ein heimtückisches Komplott, das Todd und Natasha da ausgeheckt haben. Genial, mit allen technischen Tricks und Raffinessen spielen sie mit Dawsons Eifersucht, nur ist manchmal die Trennlinie zwischen Dawsons Fantasie und der Wirklichkeit nicht klar zu sehen. Wieso hat nur der zu Foppende die herumgeisternde Schauspielerin wahrnehmen können und sonst niemand?

Oder waren tatsächlich auch alle anderen der Filmcrew in das Vorhaben eingeweiht und alle Tricks de facto real? Und niemand hat Dawson gegenüber gepetzt? Alle haben dichtgehalten? Schwer zu sagen, letztlich aber großartig inszeniert, und die letzte große Täuschung ist gelungen. Dawson wird für seine früheren Streiche und für seine Sünden gegenüber Natasha ausreichend bestraft und einer Wiedervereinigung der beiden steht nun also nichts mehr im Weg.

Auch der Eddie/Joey-Plot schreitet zügig voran. Herrlich, wie Eddie Joey deren Einmischung in sein Leben, Hedsons Seminar betreffend, heimzahlt!

Eine Szene im Geisterhaus sei in diesem Zusammenhang gesondert hervorgehoben: Joey, der Angsthase, wird von Eddie in die Arme genommen und fragt: „Lässt du mich auch wieder los?" – „Ich glaube nicht ..." Ein ganz entzückendes Statement mit einem bislang weitgehend fremden, fragenden, unsicheren, fast jungmädchenhaften Blick Joeys.

Eine interessante Parallele wäre da zu vermerken: Flughafenszene in Folge 5. 23, „Swan Song": Joey küsst Dawson zum Abschied und dieser unterbricht den innigen und intimen Augenblick mit „Verdammt ... du bringst mich wieder so weit, dass ich meine Maschine verpassen will ...". Ähnliches widerfährt nun Eddie bei seinem Kuss mit Joey. Auch diese unterbricht die Romantik des Augenblicks mit „Verdammte Scheiße! Wo ist Harley?". Hat da etwa Eddie für Dawsons verbalen Output büßen müssen? Wieder nur so ein Gedanke ...

Episode 6.07,
„Tiefpunkte",
„Ego Tripping at the Gates of Hell"

In der ersten Serienstaffel beginnen viele Folgen in Dawsons Zimmer, in der sechsten Staffel findet die Eröffnungsszene häufig im „Hell's Kitchen" statt. So auch in Folge 6.07.

Joey hat dienstfrei und besucht Eddie, der eine Doppelschicht hat. Bevor sie in Professor Hedsons Seminar geht, flachsen die beiden an der Bar herum. Eine peppige Replik jagt die andere.

Indes sitzen Jack und Jen im Hörsaal und warten auf Professor Freeman. Im Zuge der Lehrveranstaltung erklärt dieser, dass ihn seine erfolgreiche Buchpublikation nach den Semesterferien zu einem beruflichen Wechsel nach Chicago veranlassen wird. Jack hat nichts davon gewusst und zeigt sich schockiert. Jetzt will er erst recht seine beginnende Beziehung zu David vorantreiben ... Auch Jen möchte vorankommen und C. J. endlich „knacken".

In ihrer Unterkunft trifft Joey auf die deprimierte Audrey. Sie hat ihre Zimmergenossin und Freundin in der letzten Zeit derart vernachlässigt, dass sie nicht einmal über das Ende von Audreys Liaison mit Pacey informiert war. Berechtigterweise wird Joey mit heftigen Vorwürfen konfrontiert. Für den Abend jedenfalls ist im „Hell's Kitchen" ein Gig der „Hell's Bells" geplant.

Nach der Vorlesung treffen Jen, Jack, David und C. J. zusammen und sie beschließen, diesen Gig gemeinsam zu besuchen. Es erscheint aber auch Professor Freeman in der Cafeteria und er ersucht Jack zu dessen Dilemma, seine abendliche Buchpräsentation zu besuchen.

Die neuen Mitarbeiter haben ihre Börsenmaklerprüfung bestanden, was Ritch Rinaldi veranlasst, alle zu einem Trip nach New Orleans einzuladen, um die Freuden der Südstaatenmädchen zu genießen. Bestens gelaunt und tatendurstig ziehen Pacey und die anderen durch die Jazzmetropole. Bei den käuflichen Mädchen zeigt sich Pacey jedoch sehr reserviert, was bei den anderen auf Spott und Hohn stößt.

Während im „Hell's Kitchen" die Vorbereitungen für den Gig laufen, besucht Jack tatsächlich Professor Freemans Buchpräsentation. Eigentlich hat er es ja ziemlich eilig, weil David und die anderen auf ihn warten, doch die Veranstaltung dauert wesentlich länger als gedacht. Schließlich outet sich Professor Freeman definitiv als homosexuell und teilt Jack mit, seine schwangere Frau verlassen zu haben. Die Frage, ob er nun bei Jack eine Chance habe, verneint dieser kategorisch.

Im „Hell's Kitchen" ist der Teufel los … Audrey ist sturzbetrunken und verlangt von Eddie weiteren Alkohol, was dieser heftig ablehnt. Joey versteht das zunächst nicht, wird aber bald eines Besseren belehrt! Audreys Zustand beim Gig löst bei den Freunden äußerste Besorgnis aus. Im Nu hat sie während ihres Auftritts das Lokal zu einem Schlachtfeld gemacht.

C. J. berichtet Jen, dass er trockener Alkoholiker sei und seine ganze Teenagerzeit durchgesoffen habe. Da er damals offensichtlich große Probleme mit Mädchen hatte, möchte er nun nicht mehr mit Frauen ausgehen, und er lehnt zu deren Enttäuschung weitere Annäherungsversuche Jens kategorisch ab.

Auf der Damentoilette kommt es erneut zu einer heftigen Konfrontation zwischen Audrey und Joey. Audrey nimmt sich kein Blatt vor den Mund und kritisiert die ach so saubere Lebensweise ihrer Freundin in aller Deutlichkeit. Aber auch von Eddie bekommt Joey die Leviten gelesen. Er wirft ihr berechtigterweise vor, dass sie ihn im Zusammenhang mit Audreys (selbst-)zerstörerischen Aktivitäten nicht unterstützt hat, und meint, dass eine weitere Vertiefung ihrer beider Beziehung nicht günstig wäre.

In New Orleans hat Pacey eine hübsche Frau kennengelernt und er schleppt diese nun auf sein Zimmer ab. Es stellt sich heraus, dass das Mädchen eine von Ritch Rinaldi bezahlte Prostituierte ist. Pacey ist außer sich! Mit Freudenmädchen will er nicht herummachen. Das versteht sein Chef wiederum überhaupt nicht und er stellt Pacey vor allen Kollegen bloß. Außer sich vor Wut und Verbitterung schlägt Pacey seinen Boss nieder.

Das „Hell's Kitchen" leert sich und die Spuren der Verwüstung sind beseitigt. David wartet noch immer auf Jack. Endlich kommt dieser und entschuldigt sich tief betroffen bei dem „versetzten" Freund. Dieser zeigt Verständnis ...

Audrey sitzt am Straßenrand und C.J. gesellt sich zu ihr. Er versucht mit ihr zu reden, was sie jedoch ablehnt.

In New Orleans ist der Morgen hereingebrochen. Einsam marschiert Pacey durch die menschenleeren Straßen ...

Joey erwacht. Sie blickt auf Audreys Bett. Zu ihrer Verwunderung und Besorgnis ist es leer. Eddie klopft an Joeys Zimmertür. Er entschuldigt sich für sein Verhalten, sie beschließen sich näher kennenzulernen und verabreden sich zu einem ersten echten Date.

Review 6.07

Die Episode „Tiefpunkte" – eine für diese Folge ganz allgemein leider durchaus berechtigte Bezeichnung – beschäftigt sich schwerpunktmäßig mit dem Problem Alkohol. Aus der Sichtweise einer Person, die in Windeseile auf einen Tiefpunkt in ihrem Leben zusteuert, und aus der Sichtweise eines Menschen, der genau diesen Punkt bereits hinter sich gelassen hat, wird dieses heikle Thema beleuchtet.

Audrey ist am Ende. Sie ist über Pacey noch keineswegs hinweggekommen und hat sich nun auf ein in dieser Situation sehr gefährliches Pflaster begeben, denn Verführungen „hochgeistiger" Art sind bei den Gigs in den diversen Lokalen und Spelunken allgegenwärtig.

Emmas Band tritt immer nur dann auf, wenn das Auditorium alkoholisch gesehen einigermaßen abgefüllt ist, was für die nervöse Frontfrau natürlich einen großen Anreiz darstellt, in dieser „Anheizphase" kräftig mitzutrinken. Audrey hat niemanden, mit dem sie sich aussprechen könnte, dem sie ihr Leid klagen und ihren Frust mitteilen könnte, denn Joey ist nie vorhanden. Entweder sie hat an der Uni zu tun oder sie hat Dienst im „Hell's Kitchen", oder aber sie ist in Sachen Eddie unterwegs. Und genau diesen Umstand macht Audrey ihrer Zimmergenossin zweimal mehr als deutlich klar: Auf ihrem Zimmer bekrittelt sie vorerst nur den Umstand, dass Joey nichts von dem unrühmlichen Ende ihrer Beziehung zu Pacey gewusst hat; auf der Damentoilette im „Hell's Kitchen" geht sie in betrunkenem Zustand noch einen großen Schritt weiter, bezeichnet Joeys Lebensführung als unrealistisch clean und untersagt der Zimmergenossin letztlich die Beurteilung ihres Lebens, zumal diese ja ohnehin nichts mehr darüber wisse. Starker Tobak! Joeys nahezu einzige Replik, Eddie sei nicht ihr Freund, ist gänzlich unpassend, sodass man letzten Endes Audreys Vorwürfen in gewisser Weise durchaus recht geben kann.

Es ist übrigens wirklich nicht der Tag unserer lieben Joey. Auch ihr Verhalten gegenüber Eddie, was Audrey betrifft, ist alles andere als in Ordnung und zeugt in dieser Situation von Unreife und mangelndem Verantwortungsgefühl. Wenn Joey nicht so unglaublich hübsch wäre, wer weiß, ob Eddie sich am Ende der Folge zu dieser „De-facto-Entschuldigung" durchgerungen und sich auf ein Date eingelassen hätte?

Überhaupt ist zu bemerken, dass die junge Studentin in dieser Phase der Staffel einen Stillstand, wenn nicht sogar einen gewissen Rückschritt in ihrer persönlichen und charakterlichen Entwicklung durchlebt. Liegt es vielleicht daran, dass sie mit Dawson den wichtigsten Menschen ihres Lebens und so ihren Lebensanker verloren hat? Ist das der Weg in die Selbstständigkeit? Wir werden sehen …

Blicken wir zu C. J.: Dieser erzählt Jen von seinem Vorleben als schwerer Alkoholiker und er begründet mit Erzählungen über seine Probleme mit seiner ehemaligen Freundin sein Verhalten gegenüber der an ihm so interessierten jungen Frau.

Diese versucht trotz allem auf ihn zuzugehen, muntert ihn auf, nicht so streng zu sich zu sein, und sie scheitert erneut in ihren Bemühungen.

Ganz anders sieht C. J. offensichtlich die Situation mit der an extremem Katzenjammer leidenden Audrey. Auf diese geht er zu, setzt sich zu ihr, reicht ihr seine Handschuhe, und in einer der Schlussszenen wird deutlich, dass das Mädchen die ganze Nacht und zumindest Teile des darauffolgenden Vormittags nicht in seiner Unterkunft erschienen ist. Irgendetwas muss da ja wohl geschehen sein ...

Joey nimmt dieses Faktum zur Kenntnis, etwas verwundert zwar, doch seltsamerweise ohne irgendeine Initiative. Sie hat, wie immer, brav geschlafen und lernt nun brav, wie immer ...

Der Plot um Jack und Professor Freeman findet ein ziemlich jähes Ende. Der Professor entsorgt sich durch einen beruflichen Wechsel selbst aus dem Dunstkreis seines Studenten, wie überhaupt die Entwicklung von dessen bizarrem Outing weg ein wenig sehr konstruiert wirkt. Die Art und Weise und auch das Tempo, wie da eine schwangere Ehefrau im Stich gelassen wird und wie Jack als der große Zampano hingestellt wird, der dem Professor endlich die inneren Augen geöffnet hat – na ja, das hätte man besser und subtiler machen können. Aber es wartet ja ein geduldiger David ...

Ein weiterer Teil der Episode ist der Storyline um Pacey in New Orleans gewidmet. Diese bringt einen weiteren tiefen Einblick in die (Macht-Geld-)Spielchen der „bösen" Geschäftsmänner, denen plötzlicher Reichtum sämtliche irgendwann vielleicht noch vorhanden gewesenen Skrupel restlos abgekauft hat.

Einzig Pacey ist die rühmliche Ausnahme. Nicht, dass er etwas gegen ein gediegenes Abenteuer in den Südstaaten hätte. Durch das Erlangen des Maklerdiploms hätte er sich das auch verdient gehabt, aber er hält es nun mal nicht mit den honorigen Damen des horizontalen Gewerbes. Weder sein Chef noch der Rest der Mannschaft haben jedoch Verständnis für sein zickiges Verhalten, denn in den Augen der Betreffenden ist ja alles käuflich ...

Dass Pacey schließlich gerade seinem Chef gegenüber gewalttätig wird, kann nur seiner Frustration wegen Audrey zugeschrieben werden, denn außer einer Menge für nichts bezahlter Scheine für die Prostituierte ist ja nichts wirklich Weltbewegendes passiert. Letzten Endes marschiert Pacey allein durch das morgendliche New Orleans und sinniert über seine einsame Position als beleidigter letzter Mohikaner in einer unsensiblen Welt.

Apropos unsensibel: Die Darstellung der Südstaaten als Sündenpfuhl ist diesem Adjektiv durchaus zuzuordnen …
Und die wirklich tolle, hinter die Kulissen blicken lassende Storyline um Dawson und die Filmcrew hat man in dieser Episode reichlich mager weiterentwickelt. Nämlich gar nicht, es gab keine Screentime …
Nun, hier ist sie: Klappe! Und … aus!

Episode 6.08,

„Backstage", „Spiderwebs"

„Hell's Kitchen": Jack, Jen und David sind hocherfreut, denn Dawson lässt sich seit langer Zeit wieder einmal blicken. Er erkundigt sich nach den Neuigkeiten und muss von den Konflikten zwischen Audrey und Pacey bzw. Audrey und Joey erfahren. Jen macht ihm Vorwürfe, dass er sich kaum sehen lässt, was Dawson mit großem Arbeitsstress begründet. Quasi zur Wiedergutmachung schenkt er den Freunden zehn Karten für das kommende „No Doubt"-Konzert in Worcester. Dawson muss rasch zur Arbeit zurück und möchte schleunigst das Lokal verlassen, da trifft er bei der Eingangstür auf Joey. Überrascht und kühl begrüßen die beiden einander. Sie tauschen einige Höflichkeitsfloskeln aus, Dawson entschwindet und Joey blickt traurig zu Boden.

Dawson kann Todd überreden, etwas früher mit dem Drehen Schluss zu machen, damit er mit Natasha auch zu dem Konzert gehen könne. Todd hat Verständnis und schenkt den beiden seine Karten und Backstage-Pässe, da er selbst dringendes Schlafbedürfnis hat. Diese und auch andere Umstände bringen Dawson einen stattlichen Wettgewinn von 600 Dollar ein …

Das geplante Date von Joey und Eddie soll im Rahmen des Konzerts stattfinden. Eddie findet das ein wenig merkwürdig, stimmt aber schließlich zu.

Jen und Audrey stöbern im Plattenladen. Audrey lässt keine Gelegenheit aus, um über Pacey und Joey herzuziehen. Jen hat allerdings allen Freunden Karten für das Konzert gegeben, ist ihr doch sehr daran gelegen, das Klima zwischen ihnen zu verbessern. In dem Laden treffen sie auf C.J. Jen schenkt auch diesem eine Karte. Im anschließenden Gespräch zwischen C.J. und Audrey wird deutlich, dass die beiden nach dem fürchterlichen Gig im „Hell's Kitchen" miteinander Sex hatten, was Audrey im Nachhinein zu bereuen scheint, weiß doch C.J. nichts von Pacey.

Überhaupt verläuft der Konzertabend nicht unbedingt wie geplant. Die Karten von Eddie und Joey befinden sich in einem von Joeys Mänteln und sind zu Hause geblieben, und jene von Natasha und Dawson sind für einen anderen Termin. Eddie versucht erfolglos, backstage in das Konzert zu kommen. Nahezu zur gleichen Zeit versuchen auch Dawson und Natasha ihre Backstage-Pässe erfolgreich zu nutzen. Joey will ein Zusammentreffen tunlichst vermeiden und versteckt sich mit Eddie, was diesem unverständlich ist, weiß er doch über die Herkunft der Karten Bescheid …
Dawson und Natasha haben natürlich auch keinen Erfolg! Ihre Diskussionen mit der Security nutzen Eddie und Joey geschickt aus und sie gelangen unbemerkt backstage. Eddies Vater arbeitet in der Veranstaltungshalle und ermöglicht den beiden letztlich Plätze mit wunderbarer Sicht.
Jen erfährt zu ihrem Verdruss, dass C.J. eigentlich an Audrey interessiert ist und dass er mit dieser geschlafen hat. Auch Pacey und Audrey treffen zusammen und eine gewisse kurzfristige Annäherung der beiden wird erkennbar. Jen teilt

Audrey traurig und maßlos enttäuscht mit, dass sie über deren sexuellen Fehltritt mit C. J Bescheid weiß. Und auch Pacey erfährt leider davon …

Die anschließende unvermeidbare Konfrontation zwischen C. J. und Pacey wiederum endet mit einer wilden Schlägerei der beiden, die nur durch die Intervention der Sicherheitsmannschaften beendet werden kann. Betreten und ratlos steht Audrey da …

Jack und David bringen Audrey und Jen getrennt nach Hause. Lachend zweifeln sie an der „Gesundheit" ihrer homosexuellen Beziehung, bringen sie doch beide jeweils eine scharfe Blondine nach Hause.

Natasha und Dawson werden indes von der Polizei auf das Revier gebracht. Hat Dawson ja viel zu viel Geld bei sich, und Natashas keckes Mundwerk ist für die unangenehme Konfrontation mit dem berittenen Polizeiorgan auch nicht unbedingt förderlich. Todd muss zu nachtschlafender Zeit einspringen und die beiden von der Polizeistation abholen, was bei dem Schlafbedürftigen heftige Kritik auslöst.

Auch Eddie bringt Joey nach Hause. Sie führen ein kurzes intimes Gespräch über Väter. Eddie küsst Joey zärtlich, und mit einem glücklichen Lächeln um die Lippen geht er.

Review 6. 08

Das folgenbestimmende Thema der Episode „Backstage" ist ein Konzert der Gruppe „No Doubt" in Worcester. Die Weiterentwicklung der einzelnen Plots bzw. Storylines wird in einer Art Rahmenhandlung durchgeführt.

Es kommt ganz zu Beginn zu einem für die sechste Staffel „legendären", weil extrem seltenen Zusammentreffen der alten Freunde mit Dawson, der etliche Tickets für das Konzert von Todd geschenkt bekommen hat und nun offensichtlich nicht weiß, was er mit den Dingern anfangen soll. So sucht er das „Hell's Kitchen" auf, verschenkt die Karten und wird gleichzeitig über die polarisierten Verhältnisse Audrey – Pacey und Audrey – Joey informiert. Sichtlich gut gelaunt, aber ziemlich in Eile möchte er das Lokal verlassen, doch da begegnet ihm die eintretende Joey, und seine Laune ist im Sinkflug. Ein paar Floskeln hin und her … das war es aber auch schon – da hilft der ganze traurige Blick von Joey nichts.

Im weiteren Verlauf werden zwei Katzen aus dem Sack gelassen bzw. Vermutungen bestätigt. C. J. hat tatsächlich mit Audrey geschlafen und Dawson scheint auch wieder mit Natasha zusammen zu sein.

Während die letztgenannte Storyline witzig und mehr als ansprechend dargestellt wird, ist das Dreieck C. J./Audrey/Pacey weit ernster und für Letzteren schon wieder eine willkommene Gelegenheit, seine physische Schlagfähigkeit unter Beweis zu stellen, indem er sich mit C. J. prügelt.

Jen, die gottlob endlich mehr Screentime bekommen hat, verhält sich sehr gefasst und reif, als sie von der Sache Wind bekommt. Dabei ist es für sie besonders bedauernswert, läuft sie doch C. J. ganz entgegen ihren normalen Gepflogenheiten nach wie ein Hündchen und bekommt einen Korb nach dem anderen. Zudem hat sie in letzter Zeit ein sehr freundschaftliches Verhältnis zu Audrey aufgebaut. Eine schwierige Situation, ohne Zweifel …

Kurzzeitig scheint eine gewisse Annäherung zwischen Audrey und Pacey in der Luft zu liegen, doch die verbalen und körperlichen Ausschreitungen zwischen dem Makler und dem trockenen Alkoholiker machen diesen Versuch zunichte.

Die Joey/Eddie-Storyline schreitet munter fort. Eddie ist zwar nicht davon begeistert, dass das erste Date mit seiner neuen Flamme im Rahmen eines Popkonzerts stattfinden soll, doch ist er ein sichtlich gutmütiger Typ und nimmt die Sachlage zur Kenntnis.

Joey verhält sich weiterhin eher eigenwillig. Offensichtlich hat sie bei der Wahl ihres Outfits für das Konzert derartige Entscheidungsprobleme gehabt, dass sie ganz den Aufbewahrungsort der Karten vergessen hat. Und die Idee, sich vor Dawson und Natasha verstecken zu müssen, zeugt auch nicht von sehr ausgeprägter innerer Größe.

Bei einer etwas tiefer schürfenden Betrachtung dieser Szene vor dem Backstage-Eingang könnte man zwei interessante Faktoren sehen. Beide Paare haben keine (gültigen) Karten, was an sich schon einen besonderen Zufall darstellt. Und man könnte darüber hinaus argumentieren, sie hätten „schlechte" Karten ihre Beziehungen betreffend, was Audrey dann in 6.10, „Das große Essen", mit der Aussage auf den Punkt bringt, Dawson und Joey hätten ja bloß zwei unwichtige Anhängsel mitgebracht.

Das eine Paar, Joey/Eddie, trickst das andere aus und schafft es, backstage zu gelangen, wo plötzlich Eddies Vater als Retter in der Not auftaucht. Das andere Paar schafft das nicht, hat aber doch jede Menge Spaß an diesem Abend. Und das macht letztlich den großen Unterschied aus.

Dawson und Natasha sind sich selbst genug. Sie sind Profis, sie sind im Geschäft und sie verhalten sich auch so. Sie wissen genau, dass sie nicht endlos zusammen sein werden. Der Film wird einmal fertiggestellt sein und für beide werden andere Aufgaben kommen, die sie unausweichlich voneinander trennen werden.

Joey und Eddie, die beiden Underdogs, haben ein gemeinsames Problem: ihre Väter. In dem finalen und sehr subtil geführten Gespräch wird das offenkundig. Und Joey hat letztlich den Profit davon, denn sie wird von Eddie dahingehend bestärkt, dass ihr Dad offensichtlich doch an ihr irgendetwas gut gemacht hat. Ein ganz toller Dialog, aber der Rest gehört ohne Zweifel „No Doubt"!

Episode 6.09,
„Scherben", „Everything Put Together Falls Apart"

Dreharbeiten am Filmset: Todd ist hochgradig nervös. Er hat auf Dawsons Druck hin das Rauchen aufgegeben und stopft als Ausgleich dafür Unmengen an Nahrungsmitteln in sich hinein. Außerdem ist mit Max Winter ein prominenter, Spielberg-erfahrener Schauspieler auf dem Set eingetroffen. Er soll als Natashas Partner einige wichtige Szenen mit ihr drehen.

Auch Joey ist nervös. Ihre letzte Prüfung – ausgerechnet bei Professor Hedson – soll am kommenden Tag stattfinden und nirgendwo hat sie Ruhe. Eddie, der im „Hell's Kitchen" Dienst hat, versucht sie zu beruhigen und bietet ihr seine Wohnung zum Lernen an. Zuerst vermutet sie eher scherzhaft einen Versuch, sie ins Bett zu bekommen, schließlich nimmt sie das Angebot aber dankbar an.

Emma reinigt gerade angewidert die Toilette ihrer Wohnung, die sie ja mit Pacey und Jack teilt. Pacey erscheint und bietet ihr nach längerem Hin und Her einen Deal an: zwei Monate Kloputzen und Abspülen und ein neues Kleid dazu als Ausgleich für ihre Begleitung als sein Date bei einer Firmenparty. Emma stimmt zu …

Max Winter möchte mit Natasha proben, was Dawson einigermaßen eifersüchtig macht, hat er doch Natashas unverhohlene Begeisterung für den bekannten Schauspieler wohl bemerkt. Trotzdem muss er das Feld räumen und seine Freundin mit Max allein in ihrem Wohnwagen zurücklassen.

Pacey trifft Emma in einer schicken Boutique, um ihr das versprochene neue Kleid zu kaufen. Nach stundenlangem Suchen finden sie endlich das ideale Outfit.

Eddie kommt nach Hause und sieht Joey in seinem Bett schlafen. Fürsorglich deckt er das Mädchen zu, legt sich daneben auf den Boden und begibt sich auch zur Ruhe.

Der Morgen ist erwacht. Eddie bringt der Schlafenden eine Tasse Kaffee und weckt sie sanft. In Abänderung ihrer sonstigen Gewohnheiten, nämlich lange Zeit auf den ersten sexuellen Kontakt mit einem neuen Freund zu warten, entschließt sich Joey diesmal für einen anderen Weg und schläft auf der Stelle mit Eddie.

Die Folge ist fatal, denn sie verschläft den Prüfungstermin. In heller Aufregung nötigt sie Eddie, sie zur Prüfung auf den Campus zu fahren. Dort erscheint sie allerdings erst eine halbe Stunde vor dem Abgabetermin der Prüfungsarbeiten und kommt demnach nicht weit …

Die Firmenparty ist in vollem Gange. Emma erscheint und zur Überraschung aller hat sie das sündhaft teure Kleid ihrem normalen Punker-Outfit angepasst und mit einer Unzahl an Sicherheitsnadeln versehen. Das ist in weiterer Folge der Grund für diverse Sticheleien Ritch Rinaldis. Das nimmt das eloquente, gänzlich unangepasste Mädchen nicht hin, sondern revanchiert sich mit giftigen Repliken. Pacey ist verzweifelt. Auf der Toilette muss Emma erfahren, dass derjenige Mitarbeiter mit dem schärfsten Date 1000 Dollar gewinnen soll.

Joey versucht Professor Hedson ohne Erfolg dazu zu bringen, sie die Prüfung wiederholen zu lassen. Gleiches Recht für alle und Pech gehabt, meint er …

Auch Dawson hat ein gewaltiges Problem. Bei den Dreharbeiten mit Max verleugnet Natasha ihre Beziehung, was den eifersüchtigen Regieassistenten einigermaßen wurmt. Todd empfiehlt seinem Mitarbeiter und Freund, es dabei zu belassen und stattdessen die kurze Zeit zu genießen, die er mit Natasha noch hat, statt unnötig einen Streit zu provozieren. Dawson verzweifelt zwar innerlich an der sexuellen Macht, die Natasha über ihn hat, er sieht schließlich aber deshalb sogar über ein heimliches Techtelmechtel zwischen Natasha und Max und über die Tatsache, darüber brutal belogen worden zu sein, hinweg.

Joey ist völlig aufgelöst. Sie beginnt ihren Dienst im „Hell's Kitchen" und verfällt in ihre alten Verhaltensmuster. Sie bereut den Sex mit Eddie und sieht alles noch schwärzer, als es ohnehin ist. Zu allem Überfluss erscheint auch noch Professor Hedson, der in seiner zynischen Art auf Eddie, der Joey helfen möchte, herumstichelt. Der Verweis des Professors auf die sozialen und Bildungsunterschiede zwischen den beiden veranlasst Eddie zuzuschlagen. Er wird daraufhin aus seinem Job gefeuert und Professor Hedson verzichtet dafür auf eine Anzeige.

Nach Hause zurückgekehrt, entschuldigt sich Pacey bei Emma. Gerade in dem Augenblick, als die beiden einander näherkommen, erscheint Jack und zerstört unabsichtlich die aufkeimende Romantik des Augenblicks.

Joey jedoch hält fest zu Eddie. Gemeinsam gehen die beiden eislaufen. Einsam und verliebt drehen sie ihre Runden …

Review 6. 09

Nach den Tiefpunkten der Serienstaffel in den letzten Folgen geht es qualitativ wieder etwas aufwärts. Jen hat zwar wieder keine Screentime und Ähnliches gilt für Jack, der aber immerhin ein durchaus romantisches Geplänkel unterbrechen und die Fernbedienung des TV-Geräts suchen darf. Aber – Zynismus beiseite! Der Plot um Emma und Pacey ist toll gemacht. Die Dialoge funkeln wieder einmal, Esprit und Witz sind allgegenwärtig.

Wie gut es doch auf Paceys Büroparty tut, dass Emma Ritch Rinaldi als kleinen Wichser demontiert! Das Problem ist nur, dass der Schuss ein klein wenig nach hinten losgegangen sein dürfte, werden doch die Männer nach der Qualität ihrer Dates beurteilt. Und die Qualität richtet sich natürlich nur nach Äußerlichkeiten. Intellektuelle oder unangepasste Typen wie Emma sind dem frauenverachtenden Rinaldi mehr als nur ein Dorn im Auge und der arme Pacey wird darunter leiden müssen.

Wenn Emma vorher von dem „Wettkampf" gewusst hätte, wäre sie mit Sicherheit nicht mitgegangen, das hätte sie nicht nötig gehabt, dazu hätte sie sich nicht hergegeben.

Irgendwie ist es fast schade, dass es bei der finalen Annäherung zwischen Pacey und Emma zu der Störung durch Jack kommt. Eine interessante Parallele übrigens zu dessen bester Freundin Jen, die ja in den ersten beiden Staffeln auch immer just zu dem Zeitpunkt aufgetaucht ist, in dem Dawson und Joey weitere Ausbaustufen in ihrer Beziehung direkt vor Augen hatten …

Das Filmset ist in Bewegung und Todd frisst sich dumm und dämlich, schließlich hat er auf Druck von Dawson das Rauchen aufgegeben und ist dementsprechend nervös. Mit Max Winter wurde ein absoluter Star verpflichtet, der schon mit Spielberg zusammengearbeitet hat. Dass gerade dieser Mensch nun Natasha küssen soll, ist für Dawson wie Kryptonit. Als nun die Schauspielerin auch noch ihre Beziehung zu Dawson gegenüber Max leugnet, ist ein Eifersuchtsanfall des Regieassistenten vorprogrammiert, doch es gibt auch den sensiblen, verständnisvollen und lebenserfahrenen Todd. Ihm ist klar, dass die Beziehung zwischen Dawson und Natasha nahezu nur auf Sex beruht, und er versteht Dawsons Dilemma. Todd ruft seinen wichtigsten Mitarbeiter, dem er sich auch väterlich-freundschaftlich verbunden fühlt, zur Räson. „Junge, lass es bleiben, mach keinen Aufstand, nimm die Sache einfach zur Kenntnis! So lange bist du mit Natasha auch nicht mehr beisammen … Genieß es lieber, dass du mit dem Mädchen Sex haben kannst …"

Todds Worte haben, wie man sieht, Gewicht. Dawson fügt sich in das Unvermeidliche und erhält zur Belohnung die liebreizende Natasha, die sich jedoch zuvor auch mit Max nicht unbedingt in Keuschheit geübt hat …

Die Eddie/Joey-Storyline erreicht unerwartet rasch ihren vorläufigen Höhepunkt. Joey wirft ihre üblichen Verhaltensmuster über Bord, schläft mit Eddie und geht letztlich baden.

Professor Hedsons Reaktion, sie die Prüfung nicht wiederholen zu lassen, ist zwar hart, aber durchaus gerecht. Unsere Joey ist am Boden zerstört und bereut wieder einmal alles. Eddie hat da schon recht mit seinen Aussagen, dass die Studentin immer nur Worst-Case-Szenarien skizziert, wenn es um sie selbst geht, und dass die Tatsache des aus Fehlern Lernens einfach zum Prozess des Erwachsenwerdens gehört.

Die Tatsache, dass es Professor Hedson gelingt, Eddie zu provozieren, bis dieser gewalttätig wird, erscheint ein wenig seltsam und nicht ganz zu dem jungen Mann passend. Es entspricht aber auch nicht unbedingt Joeys Wesensart, so etwas gutzuheißen – speziell, wenn man an frühere Staffeln denkt. Sie findet jedenfalls Eddie als Schläger anscheinend ziemlich cool und ist der Ansicht, Hedson, der Widerling, habe die Entstellung in seinem Gesicht verdient. Wie man sieht, gehören auch Rückschritte zum Erwachsenwerden …

Welchen Sinn für die Handlung oder welche Symbolkraft das finale Rundendrehen von Eddie und Joey in der Eishalle haben soll, bleibt gelinde gesagt ein wenig unklar.

Episode 6. 10,

„Das große Essen", „Merry Mayhem"

Joey und Eddie bummeln durch das verschneite, weihnachtlich geschmückte Boston. Die verliebte junge Frau möchte, dass Eddie das Weihnachtsfest mit ihr bei ihrer Familie in Capeside verbringt. Doch Eddie sträubt sich. Er hält das für zu früh und zu viel.

Audrey hat ihren Flug heim nach L. A. verpasst, da sie sich zu lange an der Flughafenbar aufgehalten und sich dort ziemlich betrunken hat. Joey hat Mitleid mit ihrer Zimmergenossin und überredet diese, in ihr Heimatstädtchen mitzukommen, hat doch Gale Leery ein großes gemeinsames Weihnachtsessen geplant.

Im Hause der Leerys laufen indes die Vorbereitungen auf das Ereignis auf Hochtouren. Dawson hat Natasha und Todd mit nach Capeside gebracht. Todd baggert unverhohlen Dawsons Mutter an, die selbst wiederum über das seltsame Verhältnis zwischen der jungen Schauspielerin und ihrem Sohn ein wenig irritiert ist. Eine nur auf Sex beruhende Beziehung erscheint ihr für Dawson ziemlich untypisch.

Pacey kommt mit einem nagelneuen BMW nach Capeside und überhäuft seine ganze Familie mit sündhaft teuren Geschenken. Doug ist Paceys plötzlicher Reichtum irgendwie nicht ganz geheuer und er vermutet krumme Machenschaften, was Pacey wiederum sehr missfällt. Er hält seinem älteren Bruder Neid und Missgunst vor …

Am Weihnachtsmorgen gibt es für Joey eine große Überraschung, denn vor ihrer Haustür wartet Eddie, der sich doch von seiner Familie losreißen konnte. Mike Potter möchte den jungen Mann ein wenig kennenlernen, wobei ihn dessen indifferente Aussagen und mangelnde Zukunftsaussichten sichtlich nicht sonderlich befriedigen.

Dawson und Natasha haben sich auf Dawsons Zimmer zurückgezogen, um sich sexuell zu betätigen, doch Dawson ist schlecht drauf. Die Umgebung stört ihn. Außerdem hat er die Sache mit Max Winter noch keineswegs vergessen und Natasha nicht verziehen. Er spricht sie direkt darauf an. Natasha reagiert verständnislos und böse. Für sie besteht die Beziehung zu Dawson ja einzig und allein aus Spaß und Sex …

Die Gäste der Leerys treffen schön langsam ein und es zeichnet sich ein bemerkenswertes Treffen voll von Pikanterie und unaufgearbeiteten Altlasten ab. Todd hat intensiv dem Alkohol zugesprochen und Audrey steht ihm diesbezüglich um nichts nach. Auch sie hat einen fatalen Mix aus Hochprozentigem und Medikamenten in sich.
  Todd hält eine unmögliche Weihnachtsansprache, in welcher er Dawson verbal in den Himmel hebt. Das wiederum macht auf Mike Potter gewaltigen Eindruck und er fragt, ob es denn im Filmteam vielleicht auch noch ein Plätzchen für den derzeit ja beschäftigungslosen Eddie gäbe. Das bringt nun Audrey ins Spiel. Sie attackiert völlig betrunken alle Anwesen-

den mit Vorwürfen, lüftet damit die diversen Fassaden und bringt die Unzahl an Altlasten ans Licht. Schließlich ergreift sie von allen unbemerkt Paceys Autoschlüssel, steigt in den Wagen und rast mit voller Wucht in das Haus der Leerys, wo der neue Wagen dann mitten im Zimmer qualmend zum Stehen kommt.

Alle sind schockiert. Pacey möchte, dass Doug die ganze Angelegenheit unter den Tisch kehrt, und nimmt Audrey und seinem schlechten Gewissen zuliebe die Sache auf sich, was Doug wiederum nicht versteht. Damit sei Audrey nicht wirklich geholfen …

Natasha verlässt das Haus der Leerys. Sie liebt Dawson nicht und hat genug von den ganzen Ereignissen. Doch auch Dawson wird klar, dass da keine Liebe ist, und er teilt ihr das auch ganz direkt mit.
Aber auch Eddie verlässt schleunigst Capeside und möchte aufgrund der ganzen Umstände nicht, dass Joey mit ihm zu seinen Eltern mitkommt.

Joey ist enttäuscht. Doch dann bemerkt sie Dawson, der einsam am Bootssteg steht. Sie tritt zu ihm und endlich sprechen sich die beiden aus. Joey lehnt ihren Kopf an Dawsons Schulter und einträchtig betrachten sie den Winterhimmel. Der Weihnachtsfriede ist eingekehrt …

Review 6.10

Die Weihnachtsfolge der sechsten Staffel ist auch deren erste „Capeside"-Episode und als solche wieder von höherer Qualität. Der Start mit Joeys Monolog ist zwar niedlich, aber noch nicht weltbewegend. Doch das ändert sich im Laufe der Handlung alles ganz gewaltig und es wird eine Folge, ausgestattet mit aller nur möglichen Pikanterie.

Gale Leery veranstaltet ein großes Weihnachtsessen. Alle bis auf Jack, der bei Andie in Italien weilt, sind eingeladen – samt Anhang bzw. Anhängsel. Dass sich allerdings Joey zu diesem Festessen hat hinreißen lassen, ist nicht ganz verständlich, ist doch das Einvernehmen mit Dawson gelinde gesagt nur auf einige wenige Gemeinplätze reduziert. Aber bitte …

Deftig ist die Tatsache, dass Dawson nicht nur Todd, sondern auch Natasha nach Hause mitgenommen hat. Klar ist von vornherein, dass der ständig alkoholisierte Todd Gale anbaggern wird. Gale jedoch macht das geschickt und blockt ab …

Das wohl pikanteste Detail liegt in der Szene Dawson/Natasha in dessen Zimmer, wobei man das Gefühl nicht loswird, dass für Dawson dieser Flashback auch charakterlich eine Reise zurück geworden ist. Würde er sonst Natasha deren sexuellen Ausrutscher mit Max in dieser Form vorwerfen?

Und letzten Endes wird es sonnenklar: Sie lieben einander nicht, alles ist nur Spaß gewesen, ein Film im Film, eine Geschichte in einer Geschichte. Wahr oder nicht wahr – man wird sehen …

Paceys Auftritt im neuen BMW, ausgestattet mit einer Fülle an teuren Geschenken für die Familie, macht Doug stutzig. Das ist man in der Familie nicht gewohnt, das passt nicht, und sofort vermutet der Polizist krumme Machenschaften, was Pacey zu Recht auf die Palme bringt, sieht es doch wirklich sehr nach einem Neidkomplex des Bruders aus.

Das ändert sich aber genau in dem Augenblick gravierend, in dem der neureiche Makler alles, was Audrey in ihrem Suff-Medikamenten-Dusel mit seinem Auto und dem Haus der Leerys anstellt, auf seine eigene Kappe nehmen will. Da hat nämlich Douglas sehr wohl recht! Man tue Audrey in ihrem katastrophalen Zustand nichts Gutes, wenn man sie nicht zur Rechenschaft ziehe.

Und einmal mehr noch warnt der große Bruder … Pacey nehme mehr oder weniger bereitwillig seinen für Capeside wohl typischen Status eines Versagers an, der wieder einmal Mist gebaut hat, und Douglas beschwört den Familiengeist, indem er Paceys Kochkarriere als so ehrbar und honorig bezeichnet.

Todds Tischrede in schwer alkoholisiertem Zustand gerät zu einer Kombination aus Weihnachten und Thanksgiving, ist aber nur ein schwaches Vorgeplänkel im Vergleich zu dem, was Audrey den Anwesenden im Anschluss daran zu sagen hat. Schonungslos deckt sie alles auf. Es ist ihr alles egal, sie ist so kaputt, dass sie nichts mehr zu verlieren hat, und sie bringt die Sache gegenüber Jen mit der verbitterten Aussage, wer solche Freunde habe, brauche keine Feinde, auf den absoluten finalen Höhepunkt.

Natürlich haben zuvor etliche ihrer bissigen und sarkastischen Bemerkungen genauso punktgenau gesessen: die Anspielungen auf den nach wie vor bestehenden Hass zwischen Pacey und Dawson und die letztlich ungeklärte Situation zwischen Dawson und Joey …

Alles in allem aber nimmt es wahrlich nicht wunder, dass sich die Katastrophenfete relativ rasch zerschlägt und sich die von Audrey als „unwichtige Anhängsel" bezeichneten Eddie und Natasha rasch selbst entsorgen. Natasha ist wegen Dawsons Eifersuchtsszene sauer und Eddie hat mit seiner Befürchtung, zu viel und zu früh, auch recht behalten. Zuletzt stehen Dawson und Joey allein und zurückgelassen auf dem Bootssteg …

Joey spricht ihren Exgeliebten mit den Worten an: „Habe ich nicht mit dir geschlafen …?" Das klingt sehr sonderbar, würde nämlich implizieren, dass nur sie mit ihm, nicht aber er mit ihr oder gar beide miteinander Sex hatten. Wie auch immer – man nehme es als solches zur Kenntnis …

Irgendwie ergibt sich aus dem Dialog jedoch eine gewisse Annäherung der beiden und das oft genannte Bild der Pandorabüchse wird wieder einmal, diesmal jedoch recht subtil, strapaziert. Man beschließt zumindest, sich für den Rest des Weihnachtsabends nicht mehr zu hassen, was ja an sich schon ein gewaltiger Fortschritt zu sein scheint. Und doch bleibt die Option offen, dass man sich ja ab morgen ohnehin wieder hassen dürfe.

Trotzdem legt Joey ihren Kopf an Dawsons Schulter und dieser umfasst sie zärtlich, und plötzlich liegt ein wunderbarer Hauch von alter „Capeside-Romantik" in der winterlichen Luft, der Hoffnung macht und schöne Erinnerungen an längst vergangene Staffeln und Episoden weckt.

Episode 6.11,

„Ein denkwürdiger Tag", „Day Out of Days"

Die Filmcrew feiert. Der neue Film ist abgedreht und Todd hält eine bewegende Dankesrede an sein Team. Natasha erkennt dahinter sofort Dawsons Idee, denn derartige Worte sind für Todd nicht typisch. Natasha und Dawson haben sich seit der weihnachtlichen Katastrophe professionell verhalten und genauso nehmen die beiden nun voneinander Abschied.

Joey versucht zum wiederholten Male verzweifelt, Eddie telefonisch zu erreichen, doch dieser ist wie vom Erdboden verschluckt und meldet sich nicht. Zurückgekehrt ins „Hell's Kitchen", entdeckt sie zu ihrem Schrecken Professor Hedsons Tochter Harley, die nun bei ihrem Vater wohnt und bei einem Schulausflug getürmt ist. Joey betrachtet es als ihre Verpflichtung, dem Professor vom Schuleschwänzen seiner Tochter zu berichten. Dieser jedoch empfindet diese Umsicht als persönlichen Affront, fühlt er sich dadurch ja insgeheim als Vater unfähig, und das kratzt sehr an seinem Ego.

Ein weiteres Mal versucht Joey Eddie zu erreichen und wieder ist der Versuch nicht von Erfolg gekrönt. Und ein weiteres Mal erwischt sie Harley im „Hell's Kitchen". Joey packt die 15-Jährige, und gemeinsam begeben sie sich zu Eddies Wohnung. Dort muss Joey zu ihrem Entsetzen feststellen, dass diese gänzlich leer und unbewohnt ist.

Harley ist es daraufhin offensichtlich gelungen, ihren Vater von Joeys Fürsorglichkeit und Verantwortungsbewusstsein zu überzeugen: Der Professor engagiert die Studentin für Nachhilfestunden und für die Beaufsichtigung seiner Tochter.

Jack und David haben sich zu einem HIV-Test durchgerungen, was für Jack neu ist. Das Testergebnis ist negativ! Daraufhin diskutieren die beiden ausführlich ihre diversen vergangenen Beziehungen, wobei sich Jack überraschenderweise als der wesentlich „Aktivere" entpuppt.

Jen hat sich nun doch zur Mitarbeit beim Nottelefon entschlossen. Die Einarbeitungszeit ist hart und C. J. ein unerbittlicher Kritiker. Überdies besteht zwischen den beiden eine unübersehbare Spannung, was zu bösartigen Repliken Jens führt. Jen und C. J. verstehen sich so schlecht, dass David quasi als Mediator einschreiten muss. Tagelang quälen sie sich im „Trockentraining", bis Jen wider Willen den ersten eigenen Anruf entgegennehmen muss: Jen bewährt sich und der Bann ist hiermit gebrochen.

Pacey verbringt seine Mittagspausen regelmäßig im „Aquarium", einem Unterwassermuseum. Dort trifft er auf Emma, die ihn über sein früheres Leben befragt. Pacey meint, er sei lange nicht so konservativ, wie ihn sein Outfit erscheinen lasse. Emma jedoch glaubt ihm das nicht ganz und sie verlangt nach Beweisen ...
Zuerst meldet sich Pacey krank und geht nicht ins Büro, am Freitag trägt er wie in seiner Jugend ein buntes Hawaiihemd, mit welchem er auch zum Dienst erscheint. Ritch Rinaldi hat für diese ganzen Eskapaden wenig Verständnis. Er verwarnt Pacey eindringlich und gibt ihm noch zusätzliche Aufgaben, damit er den Arbeitsausfall wettmachen könne. Er überreicht Pacey allerdings auch einen Brief mit der Steuerrückerstattung, die ziemlich deftig ausgefallen sein muss. Paceys altes Ego zieht sich wieder in die Vergangenheit zurück. Der karriere- und geldsüchtige Anlageberater macht sich unverzüglich an die Arbeit, er versetzt Emma und der Beweis misslingt also.

Audrey ist auf dem absoluten Tiefpunkt. Die Vielzahl ihrer Drogen- und Alkoholexzesse der vergangenen Zeit haben sie ziemlich hilflos irgendwo am Strand von Malibu landen lassen. In ihrer Verzweiflung kontaktiert sie Dawson, der sich dann auch mit ihr trifft. Reumütig entschuldigt sie sich bei ihm für die Demolierung seines Elternhauses und verspricht hoch und heilig, sich zu bessern.

In der Zwischenzeit haben die ersten Kritiken den fertigen Film kräftig zerzaust. Todd und Dawson sind bei den Produzenten vorgeladen und müssen sich vor den Geldgebern rechtfertigen. Todd ist gänzlich uneinsichtig, schlägt alle mehr oder weniger gut gemeinten Verbesserungsvorschläge des Produzententeams in den Wind und wirft ihnen die Arbeit hin. Dawson versucht zu retten, was zu retten ist, und wird gegen seinen ursprünglichen Willen damit beauftragt, die vorgeschlagenen Nachaufnahmen als Regisseur zu leiten. In seiner Panik sucht er Todd auf, um sich bei diesem zu entschuldigen, schließlich hat er in dieser Sache eigenmächtig gehandelt und seinem Chef de facto den Job weggenommen. Todd sieht die Sache jedoch ganz pragmatisch. Dawson sei einfach nur zur richtigen Zeit am richtigen Ort gewesen …

Review 6. 11

Mit „Ein denkwürdiger Tag" bekommen wir eine der interessantesten und vielfältigsten Episoden zur Mitte der sechsten Staffel geliefert. Alle Storylines und Plots werden maßgeblich vorangetrieben.

Thematisch an das verunglückte „Bürohappening" anschließend, wird der Plot Pacey/Emma weiterentwickelt. Als symbolisch hochwertig ist dabei der Ort des Treffens der beiden, nämlich das „Aquarium", das Meeresmuseum, zu sehen, fressen doch große kleine Fische. Pacey ist sichtlich in einer existenziellen Krise und Ähnliches gilt offensichtlich für Emma. Es passt natürlich wunderbar zu der flippigen Musikstudentin, dass sie Paceys altes Ego wieder zum Leben erwecken will, sind ihr doch dessen aalglattes, pünktliches, von Ehrgeiz zerfressenes Wesen und dessen dementsprechendes Outfit ein absoluter Gräuel.

Fast scheint es so, als ob ihr Plan aufgehen könnte. Eine weitere Annäherung der beiden scheint sich anzubahnen, doch letzten Endes siegt, wie so häufig, der Mammon.

Eddie ist wie vom Erdboden verschluckt, was Joeys persönliche Lebenssituation begreiflicherweise sehr negativ beeinflusst.

Ihren Stolz überwindend, versucht sie ihn oftmals telefonisch zu erreichen – leider erfolglos, sie packt die schulschwänzende Harley und inspiziert seine Wohnung. Als sie diese gänzlich leer und unbewohnt vorfindet, ist sie sprachlos vor Entsetzen und Enttäuschung. Interessant zu beobachten ist dabei Harleys Reaktion, wobei man den Eindruck gewinnt, das junge Mädchen nehme Joey das erste Mal als zutiefst menschliches, gefühlsbetontes Wesen wahr, was den Grundstein zu einem freundschaftlichen Verhältnis der beiden legt.

Aber auch Jens Situation ist schwierig. Sie ist gezwungen, mit C. J. zusammenzuarbeiten, also mit genau dem Menschen, der sie oftmals abgewiesen hat. Und mehr noch, sie muss sich zusätzlich auch dessen Kritik aussetzen. So sind ihre bissigen, zum Teil bösartigen Repliken mehr als verständlich. Dem jungen Mann ist die Tätigkeit beim Nottelefon sehr wichtig. Vielleicht hätte ihm eine derartige Institution in seiner eigenen so schwierigen Schulzeit oftmals sehr gutgetan. Er nimmt seine Aufgabe also sehr ernst und er erwartet das auch von den anderen. Insbesondere von Jen …

Der Groschen fällt dann bei Jens erstem eigenen Telefonat mit einer hilfsbedürftigen Person. C. J. beobachtet das Geschehen durch das Fenster und seine Miene erhellt sich. Er hat also Jen ganz richtig eingeschätzt. Vielleicht ist sie doch das Mädchen, das er braucht, mit dem er zusammen sein kann und will. Der Plot wird also immer interessanter …

Die Beziehung zwischen Jack und David wird auch immer enger. Man entschließt sich der Vernunft gehorchend zu einem HIV-Test. Ganz im Gegensatz zu Jack hat David diese Untersuchung offensichtlich schon mehrmals durchführen lassen, was für dessen hohe Verantwortungsbereitschaft spricht. Überhaupt sieht Jack in dieser Beziehung im Moment nicht sehr gut aus. Er wird zwar als der „Nuttigere" bezeichnet, hat aber diesbezüglich allem Anschein nach weit weniger Verantwortungsbewusstsein als sein Freund.

David outet sich als ein Mann, der in früheren Zeiten oftmals sexuellen Kontakt mit Mädchen hatte, was Jack ja in dem Maße auch nicht vorzuweisen hat. Die Beziehung könnte also durchaus brisant werden.

Ein großer Themenschwerpunkt ist das Filmset. In einer früheren Episode ist dargestellt worden, wie schwierig es für Künstler ist, mit anderen Künstlern produktiv zusammenzuarbeiten. Nun wird eine andere Ebene betrachtet und es wird die Diskrepanz zwischen den kreativen Tätigkeiten und den Geld gebenden und daher auf die Vermarktung konzentrierten Produzenten genial dargestellt.

Todd, der Künstler, hat keinen Bock darauf, sich irgendetwas aufs Auge drücken zu lassen, was er künstlerisch nicht verantworten kann. Dawson wiederum ist in seiner Fähigkeit, einen kleinsten gemeinsamen Nenner zu finden und das Gesamtbild zu sehen, darauf bedacht, dass aus dem Projekt etwas Ordentliches wird, was wiederum dessen Möglichkeiten im Krisenmanagement deutlich zum Vorschein bringt. Das sehen und anerkennen natürlich auch Heather Tracy und die übrige Produzentencrew, die offensichtlich mit völliger Absicht als geistig nicht sehr potent dargestellt wird, und Dawson zieht, ohne es eigentlich zu wollen, das große Los und soll bei den Nachaufnahmen selbst Regie führen.

In der Schlussszene wird wieder einmal deutlich, wie wichtig Todd für ihn ist und wie väterlich-freundschaftlich ihm dieser verbunden ist.

Episode 6.12,

„Wichtige Schritte", „All the Right Moves"

„Hell's Kitchen": Die Freunde sitzen gemütlich beisammen und unterhalten sich. Audrey betritt das Lokal und sofort macht sich tiefes Schweigen breit. In reumütigen und Besserung versprechenden Worten bittet sie die Anwesenden um Verzeihung für ihr Verhalten in den vergangenen Monaten und sie hat Erfolg. Freudig wird sie nun von allen begrüßt und in die Arme genommen. Auch Emma und die anderen Bandmitglieder verzeihen ihr und geben ihr unter folgender Bedingung noch eine letzte Chance: Sie muss sich beim kommenden Gig in einem ganz prominenten Lokal bewähren.

Joey bekommt den Auftrag, Eddies Spind im „Hell's Kitchen" auszuräumen, was in dem Mädchen sehr gemischte Gefühle auslöst. Beim Sichten der diversen Habseligkeiten entdeckt Joey ein Manuskript mit Kurzgeschichten von Eddie.

Harley leidet mit Joey mit. Sie spürt genau, was diese durchmacht, und sie schmiedet einen Plan. Sie schwänzt wieder die Schule, begibt sich stattdessen zu Eddie nach Worcester und berichtet diesem von einer angeblichen Schwangerschaft Joeys.

Natürlich erscheint Eddie unverzüglich im „Hell's Kitchen" und muss erfahren, dass dies nur ein Vorwand war, um ihn nach Boston zu locken. Er erklärt Joey die Beweggründe für sein Verschwinden und fährt wieder zurück.

Pacey ist Ritch Rinaldis vielversprechendster Mitarbeiter und Verkäufer geworden. In dieser Eigenschaft wird er von diesem auf eine große Party eines Konzernchefs und Großkunden mitgenommen, dessen Wundermedikament demnächst von den Behörden zugelassen werden und allen Anlegern satte Gewinne bescheren soll. Dankend versichert Pacey seinem Chef absolute Loyalität.

Bei der Party lernt Pacey eine attraktive brünette Frau kennen, die sich sichtlich für ihn interessiert. Es gelingt ihm aber nicht herauszufinden, wer die betreffende Person ist. Der Höhepunkt des Abends ist für Pacey jedoch das Zusammentreffen mit dem Konzernchef selbst, der ihm eine Beförderung, deutlich mehr Verdienst und eine zentrale Stellung im Transaktionsgeschäft zusichert.

Audrey ist nervös. Sie soll zum ersten Mal nüchtern auftreten, doch mit dieser Belastung wird sie nicht fertig und sie nimmt wieder Alkohol und Drogen zu sich, die ihr von Mitgliedern anderer Bands angeboten werden. Mitten im Gig bricht sie zusammen und wird von Emma endgültig aus der Band gefeuert.

Joey möchte Eddies Manuskript Professor Hedson zeigen. Dieser jedoch lehnt das kategorisch ab. Harley gelingt es aber letztlich doch, ihren Vater umzustimmen. Der Professor findet in Eddies Werk gute Ansätze und würde ihm sogar ein Empfehlungsschreiben für einen renommierten kalifornischen Autorenworkshop zukommen lassen.

Mit diesen positiven Informationen begibt sich Joey zu Eddie nach Worcester. Sie möchte ihn dazu bringen, Professor Hedsons Angebot anzunehmen und nach Kalifornien zu gehen. Sie hat jedoch keinen greifbaren Erfolg …

Nach Hause zurückgekehrt, findet sie Audrey ohne Reflexe in ihrem Bett vor. Außer sich vor Besorgnis ruft sie die Rettung an …

Review 6. 12

Der Start dieser Episode ist geprägt von Menschlichkeit und Toleranz. Die reumütig zurückkehrende Audrey entschuldigt sich bei ihren Freunden und verspricht Besserung. Audreys Worte klingen ehrlich, bittend, hoffend …

Und die Freunde, allen voran Joey, nehmen sie verzeihend in die Arme und geben ihr bedingungslos noch eine Chance. Auch Emma lässt sich schließlich erweichen und nimmt Audrey wieder in die Band auf. Die Musikstudentin allerdings stellt Bedingungen: Audrey muss sich bewähren!

Allerdings ist dadurch der Druck, der auf ihr lastet, zu hoch. Vielleicht wäre alles gut gegangen, wenn nicht noch andere Bands bei dem betreffenden Gig aufgetreten wären. Zu groß ist Audreys Nervosität, zu prominent das Lokal, zu verführerisch der in großer Vielfalt vorhandene „Stoff" der anderen. Wie zu erwarten verliert Audrey wieder die Kontrolle über sich und verpatzt so nicht nur den Auftritt, sondern bringt sich selbst in eine lebensbedrohliche Situation. Wäre nicht Joey gerade noch rechtzeitig eingeschritten, wer weiß, ob die problembeladene junge Frau ihre hochgradige Vergiftung überlebt hätte?

Entgegen seinen sonstigen Gepflogenheiten legt Ritch Rinaldi gegenüber Pacey ähnliche Toleranz an den Tag. Ungewöhnlich großzügig sieht er über dessen oftmals zickiges Benehmen in letzter Zeit hinweg und stellt ihn dem Chef der Steppattack Industries vor. Und mehr noch: Pacey soll maßgeblich mehr Geld verdienen und eng in dieses Aktiengeschäft eingebunden werden. Ein geschickter Schachzug Rinaldis, der das Verkaufstalent, aber auch den Ehrgeiz und die Geldgier des jungen Mitarbeiters zu seinem eigenen Vorteil ausnützen will? Wir werden es sehen …

Sehr tief blicken lassen jedenfalls die Worte jener attraktiven, doch völlig undurchsichtigen Brünetten, die Pacey bei der Gala kennenlernt und die dessen kometenhaften Aufstieg als zu märchenhaft, um wahr zu sein, bezeichnet. Ein warnender Blick in die Zukunft?

Die Joey/Eddie/Harley/Hedson-Storyline wird um eine weitere Facette bereichert. Abgesehen von dem herrlichen Dialog zwischen Emma und Joey, den begehrenswerten Hintern des neuen Barkeepers betreffend, wird für Letztere die Lage dahingehend ein wenig problematisch, dass sie Eddies Spind räumen soll. Ihrem Gesichtsausdruck nach zu schließen ist ihr das alles andere als einerlei. Sie fügt sich allerdings in das Unvermeidliche und stößt auf ein Manuskript mit Kurzgeschichten.

Nach kurzer Prüfung stellt sie bei den schriftlichen Unterlagen durchaus Qualität fest und möchte sie Professor Hedson zeigen. Es ist wahrlich aufgrund von dessen ambivalentem Verhältnis zu Eddie nicht verwunderlich, dass der Professor vehement ablehnt.

Beim Gespräch zwischen Joey und Harley merkt man schon sehr deutlich die Annäherung der beiden und die gegenseitige Einflussnahme. Natürlich ist Harleys Aktion, Eddie unter dem Vorwand einer Schwangerschaft von Joey aus Worcester zurück nach Boston zu locken, ein wenig infantil, doch irgendwie passt das zu dem Mädchen. Andererseits ist es jedoch durchaus bewundernswert, wie es der 15-Jährigen gelingt, ihren Vater letzten Endes doch noch umzustimmen.

Unlogisch erscheint aber Professor Hedsons Reaktion, als er neben der verbal abgegebenen und für seine Begriffe außerordentlich positiven Rezension zusätzlich noch ein

Empfehlungsschreiben für Eddie in Aussicht stellt. Das erscheint aufgrund des vorhin genannten so belasteten Verhältnisses einfach übertrieben.

Ein wenig unglaubwürdig erscheint, wie so oft in dieser Staffel, Joeys Verhalten. Die extreme Fürsorge einem Menschen gegenüber, der sie verlassen hat, aber auch der nahezu zwanghafte Drang, unbedingt überall helfend und ordnend einschreiten zu müssen, dokumentiert wiederum den bereits in anderen Analysen erwähnten Rückschritt, der ein wenig nach jenem Heldenkomplex aussieht, den gerade sie anderen in früherer Zeit immer vorgeworfen hat.

Man kann jetzt natürlich argumentieren, dass die Belastungen, nämlich Audrey, Eddie, das Studium, der Job im „Hell's Kitchen" und Harleys Betreuung, für die junge Studentin einfach zu viel sind. Doch im Subtext wird auch hier wieder ganz deutlich, dass ihr einfach nur Dawson fehlt, der Halt, die Verbindung, der Mensch, der Freund …

Screentime gab es übrigens für diesen wieder einmal keine! Am Set war offensichtlich schöpferische Pause …

Episode 6.13,

„Aufbruch", „Rock Bottom"

Audrey hat sich zu einer Entziehungskur durchgerungen. Sie verabschiedet sich von Joey, um nach Kalifornien zu fliegen.

Unerwartet steht Eddie vor Joeys Tür und teilt dieser mit, dass er nun doch den riskanten Schritt ins Ungewisse wagen und den Autorenworkshop in L. A. besuchen möchte, was Joey einerseits freut, andererseits aber wieder deprimiert, muss sie doch den nächsten geliebten Mann Richtung Westen ziehen lassen …

Audreys Mutter ruft besorgt bei Joey an und berichtet ihr, dass ihre Tochter nicht in Kalifornien eingetroffen ist. Unverzüglich machen sich Joey und Eddie auf die Suche und finden Audrey bei Bob, einem ziemlich verwahrlosten Typen. Nach anfänglichem Widerstand stimmt Audrey unter einer Bedingung doch der Kalifornienreise zu: Bob muss mit. Zu viert machen sie sich also in Eddies Fahrzeug auf den weiten Weg.

Die Nacharbeiten beim Filmset sind in vollem Gange und nichts funktioniert. Dawson ist verunsichert und die Crew, insbesondere der Kameramann, aber auch Natasha, vertraut ihm nicht und wirft ihm unablässig Schmähungen an den Kopf und Prügel vor die Füße. Zu allem Überfluss erscheint auch noch Heather und macht gehörig Druck. Natasha provoziert Dawson derartig, dass dieser sich plötzlich am Riemen reißt und sich endlich seiner Stärken bewusst wird. Immerhin hat er ja bei Todd gelernt ...
   Er feuert den aufsässigen Kameramann und bringt so die nötige Disziplin in die Crew. Und plötzlich läuft die Sache wie ein Uhrwerk ...

Mrs. Ryan hat mit Clifton Smalls Schluss gemacht. Jener hat nämlich von ihr gefordert, zum Judentum zu konvertieren, was für die tiefgläubige Christin undenkbar ist.
   Jen und C.J. beschließen daraufhin, Grams und C.J.s verwitweten und etwas eigenwilligen Onkel Bill zusammenzubringen. Ein Abendessen zu viert scheint sich zu einer Katastrophe zu entwickeln, denn die Unterschiede zwischen Jens Großmutter und C.J.s Onkel erscheinen unüberbrückbar. Auf eine vulgäre Bemerkung Onkel Bills hin taut Grams jedoch urplötzlich und völlig überraschend auf ...

Die Fahrt nach L. A. verläuft auch nicht reibungslos. Audrey wirft Joey vor, dass sie nur aus dem Eigeninteresse heraus, noch etwas Zeit mit Eddie verbringen zu können, das ganze Unternehmen gestartet hat, was Joey auch gar nicht wirklich entkräften kann.
   Bei einem Tankstopp türmen Bob und Audrey mit Eddies Fahrzeug. Nach endlosem Fußmarsch finden Eddie und Joey die beiden in einer Karaokebar.
   Audrey wird von einem Barbesucher unsittlich belästigt. Sie wehrt sich und schlägt und tritt wie wild auf den Mann

ein. Im letzten Moment können Eddie und Joey das Ärgste verhindern. Für Audrey ist der Augenblick der Einsicht gekommen: Sie möchte nun endgültig auf Entzug.

C. J. hat nun nach der langen Phase des Kennenlernens zu Jen das nötige Vertrauen gefasst und gesteht ihr, für wie toll er sie hält. Endlich kommen die beiden einander ernsthaft näher.

Am Filmset hat Dawson mit Natasha noch einige unvergessliche Tage verbracht. Doch nun heißt es endgültig Abschied nehmen, wobei sich die junge Schauspielerin letzten Endes gar nicht mehr so sicher ist, ob ihre Beziehung zu Dawson wirklich nur aus Sex und Spaß bestanden hat.

Eddie und Joey setzen Bob und Audrey bei Audreys Elternhaus ab. Beim Abschied fordert Audrey von Joey, Eddie nun endlich aufzugeben, was Joey auch einsehen muss. So heißt es nun auch für die beiden Liebenden, schweren Herzens Abschied zu nehmen. Die beiden vereinbaren ein Treffen in Paris – im kommenden Jahr …

Review 6. 13

Die Episode „Aufbruch" teilt sich in zwei tragende Storylines: Zum einen wird der Plot Eddie/Joey unter Beteiligung von Audrey und der neu eingeführten Figur „Bob" weitergesponnen, zum anderen sehen wir Dawson in einer für ihn ganz neuen Rolle, nämlich auf dem Weg zur wirklichen, professionellen und mit aller notwendigen Verantwortung verbundenen Regietätigkeit, was einen Höhepunkt der ganzen Staffel darstellt.

Dawson hat es geschafft, bei den Nachaufnahmen Regie führen zu dürfen. Zu Beginn wirkt er nervös und stümperhaft, setzt bei seinen Mitarbeitern Dinge voraus, die vielleicht bei den Amateurfilmen seiner Jugendzeit von Joey, Pacey, Jen usw. begriffen worden sind, weil jene mit Begeisterung und Feuereifer bei der Sache waren. Jetzt geht es aber nur um gutes Geld. Alle Beteiligten sind Profis in einer großen Produktion. Sie brauchen eine Führungskraft, eben einen Regisseur, der allen Mitarbeitern sagt, wo es langgeht und der die letzte und einzige Entscheidungsgewalt hat. Und Dawson hat das Pech, nicht sich selbst als Regieassistenten zur Seite zu haben. Er ist voll und ganz auf sich allein gestellt, was die Sache natürlich umso schwieriger macht.

Natasha ist ihm auf den ersten Blick auch keine Hilfe. Sie lehnt die vom Produzententeam geforderte Nacktszene und auch die von Dawson auf den geänderten Schluss des Films hin neu geschriebenen Dialoge ab. Der Chefkameramann ist noch aufsässiger und stellt sich offen gegen Dawson, indem er alles infrage stellt, was der Jungregisseur beabsichtigt. Ein Debakel kündigt sich an, als auch noch Heather Tracy das Set besucht.

Doch dank Natasha kommt es anders. Der jungen Schauspielerin gelingt es, Dawson in einer Art zu provozieren, dass dieser sich schließlich auf genau das besinnt, was er bei Todd gelernt hat. Er zieht ganz nach dessen Vorbild die für ihn völlig ungewohnte Peitsche hervor, feuert den Kameramann, setzt eine Person seines Vertrauens an dessen Position und bringt Natasha zur Räson. Und siehe da – die Dreharbeiten beginnen zu laufen, die Crew hat Vertrauen gefasst und jeder nimmt mit der nötigen Ernsthaftigkeit seine Tätigkeiten wahr, was auch Heather Tracy positiv zur Kenntnis nimmt. Bemerkenswert ist dabei deren Aussage, dass Dawson selbst ganz nahe am Gefeuertwerden vorbeigeschlittert sei …

Interessant und vielsagend ist das Ende dieses Plots. Dawson und Natasha hatten noch einige herrliche gemeinsame Tage am Set verbracht. Natasha versichert ihrem Regisseur und Lover, dass sie noch nie auf jemanden so stolz gewesen sei wie auf ihn, hat er doch in letztlich unnachahmlicher Art die Produktion gerettet. Natashas Worte klingen ehrlich. Ist Dawson die große Liebe ihres Lebens? Man weiß es nicht …

Umgekehrt jedenfalls ist es mit Sicherheit nicht so. Natasha ist eine Person, die Dawson für seine persönliche und charakterliche Entwicklung in ähnlicher Art gebraucht hat, wie Jen in der fünften Staffel für ihn unverzichtbar war. Als große Liebe wird die attraktive Schauspielerin sicher nicht in Dawsons Leben eingehen, sehr wohl aber als ein ganz wichtiger Meilenstein.

Der Eddie/Joey-Plot wird von einer Lüge bzw. von Egoismus gesteuert. Und wieder einmal ist es Audrey, die die ganze Sache auf den Punkt bringt, indem sie Joey an den Kopf wirft, diese habe nur aus purem Eigennutz die lange Fahrt nach Kalifornien auf sich genommen, damit sie noch ein wenig länger mit Eddie zusammen sein könne. Joey kann und will das gar nicht entkräften, weil sie weiß, dass Audrey im Prinzip recht hat.

Mit Bob wird ein ganz witziger Typ eingeführt. Die Dialoge während der Fahrt sind spritzig und passend.

Einiges ist jedoch ziemlich unlogisch: Wie können Joey und Eddie die beiden „Lover" Audrey und Bob nach so kurzer Zeit auffinden? Woher haben sie die einschlägigen Informationen? Welcher fast unglaubliche Zufall führt Joey und Eddie zu Fuß genau zu jenem Lokal, zu dem Audrey und Bob mit Eddies Wagen durchgebrannt sind?

Sehr bewegend ist die Szene, in der Audrey schließlich bewusst wird, dass sie um eine Entziehungskur nicht herumkommen wird. Es siegt also die Erkenntnis ...

Genial erscheint auch Audreys Idee, eine Vermählung mit Bob in Las Vegas vorzuschieben, um der elterlichen Standpauke zumindest hinsichtlich ihres Lebenswandels etwas Wind aus den Segeln zu nehmen und einmal ein anderes, für ihre Eltern ebenso schockierendes Thema für die Begrüßung zu haben. Damit erhält letzten Endes auch Bob eine durchaus sinnvolle Bedeutung.

Ganz nett, wenn auch ein wenig kindisch-kitschig ist die Abschiedsszene von Joey und Eddie gestaltet. „Dawson's Creek"-Niveau hat das mit Sicherheit ebenso wenig wie die Idee der beiden, sich in einem Jahr in Paris treffen zu wollen.

Der Nebenstrang der Handlung liegt bei Jen, Grams und C. J. Grams Reaktionen auf die Zoten des älteren Mannes sind in ihrem extremen Wandel bemerkenswert – wenn auch nicht zur Gänze nachvollziehbar. Zumindest ist das Ergebnis zufriedenstellend: Grams und Onkel Bill als ungleiches Paar, aber auch das nun in vollem Umfang vorhandene gegenseitige Vertrauen und der erste Kuss von Jen und C. J.

Pacey hat ebenso wie Jack und David keine Screentime.

Alles in allem eine zwar witzige, aber doch etwas ambivalente Episode mit einem absoluten Highlight – Dawson auf dem Weg zur Professionalität.

Episode 6.14,

„Stocknüchtern", „Clean and Sober"

Paceys beruflicher Erfolg ist unaufhaltsam. Aus diesem Grund kauft er einen gewaltigen Großbildfernseher und möchte eine Party bei sich zu Hause veranstalten. Joey gefällt zwar das Riesending überhaupt nicht, sie ist aber andererseits auf Pacey durchaus stolz und sagt mit Begeisterung ihr Kommen auf die Party zu.

Dawson besucht Audrey in der Entziehungsklinik. Der fertig gedrehte Film ist direkt an einen Kabelsender verkauft worden und Todd hat keinen neuen Auftrag, was für Dawson im Moment auch Beschäftigungslosigkeit bedeutet.
Audrey ist ziemlich einsam, aber es geht ihr bereits wesentlich besser. Sie berichtet gerade über das Leben in der Klinik, da bemerkt Dawson eine bekannte Hollywoodproduzentin, die auch auf Entzug ist. Sofort will der junge, ehrgeizige Filmemacher Kontakt zu der Person herstellen. Er stellt sich dabei aber so tölpelhaft an, dass er sofort abblitzt, was bei Audrey äußerste Belustigung hervorruft.

Paceys Party ist in vollem Gange. Die anwesende Männlichkeit ist von der neuen Riesenglotze extrem angetan, was man von der Weiblichkeit nicht behaupten kann.

Jen hat C. J. mitgebracht, was anfangs begreiflicherweise bei Pacey wie auch bei dessen ehemaligem Kontrahenten einiges an Misstrauen erzeugt, ist beiden ja noch die wüste Schlägerei am Rande des „No Doubt"-Konzerts in unangenehmer Erinnerung.

Emma stellt den Partygästen Guss als ihren Verlobten vor. Er entpuppt sich als absoluter Widerling. In diesem Zusammenhang stellt sich heraus, dass Emma ihr Musikstudium abgebrochen und dadurch das US-Visum verloren hat. Daher rühren also ihre überstürzten Hochzeitspläne.

Joey versucht ihren Kummer wegen Eddie und Audrey in Hochprozentigem zu ertränken und berichtet David und C. J. in reichlich alkoholisiertem Zustand ziemlich unverhohlen von manchen früheren „Fehltritten" und damit zusammenhängenden Geheimnissen ihrer Freunde Jack und Jen. Bei Pacey beschwert sie sich über ihr momentanes unbefriedigendes Leben und meint im Spaß, ihr Exlover sei noch nicht über sie hinweggekommen, worauf Pacey recht nachdenklich wird.

In der Entziehungsanstalt jagen Audrey und Dawson der Produzentin weiter nach. Sie folgen der Frau bis in eine psychotherapeutische Runde, wo die beiden ein derartiges Schauspiel inszenieren, dass sie damit die Sitzung sprengen.

Bei der Party sind in der Zwischenzeit so ziemlich alle Gäste bis auf C. J., der allen Angeboten, Alkohol zu trinken, trotzt und standhaft bleibt, einigermaßen abgefüllt. Man entschließt sich, „Flaschendrehen" zu spielen. Ein fröhliches „Rundumgeküsse" beginnt …

Jen und C. J. verschwinden in einem Nebenraum und schlafen zum ersten Mal miteinander. Gerade als bei dem Spiel der Kuss zwischen Joey und Pacey fällig ist, zerstört Guss den neuen Fernseher, was bei Pacey Mordgelüste erzeugt. Emma wirft daraufhin ihren „Verlobten" auf Nimmerwiedersehen aus der Wohnung.

Jack ist besorgt über die prekäre Situation seiner Mitbewohnerin und bietet Emma an, sie zu heiraten. Diese lehnt jedoch ab. Diesen übergroßen Freundschaftsdienst kann sie nicht annehmen, dafür mag sie Jack viel zu gern.

Die Gäste haben die Party verlassen und Pacey trägt die völlig betrunkene Joey in sein Bett. Dort gesteht er ihr, dass er tatsächlich noch immer nicht über sie hinweggekommen sei, und die beiden holen den versäumten Kuss nach. Zärtlich küsst Pacey sodann die bereits tief Schlafende auf die Stirn, wünscht süße Träume und verlässt das Zimmer.

Review 6.14

Die Episode „Stocknüchtern" beginnt mit einem ganz starken Dialog zwischen Pacey und Jack, wobei längere Zeit überhaupt nicht klar wird, worum es sich eigentlich handelt. Tatsache ist, dass Paceys plötzlicher Reichtum zur Anschaffung eines gewaltigen TV-Geräts geführt hat, so gewaltig, dass das Ding von Joey als eine Art Musterbeispiel des Kapitalismus bezeichnet wird. Quasi zur Einweihung der monströsen Glotze möchte Pacey eine Riesenparty organisieren.

Die Folge verspricht also lustig zu werden, da die vom Leben durchgebeutelte Joey auch eingeladen ist und deren Unverträglichkeitsreaktionen auf Alkohol ja hinlänglich bekannt sind. Und so ist es auch ...

Unsere liebe Joey besäuft sich derartig, dass sie neckische kleine Geheimnisse der Freunde ausplaudert und ziemlich unverhohlen Pacey anbaggert. Sichtlich ist sie stolz auf ihn und auf seine berufliche Karriere. Nach den Flops mit Dawson und Eddie fände sie es bestimmt nicht so schlecht, endlich einmal einen Typen mit Geld an Land zu ziehen.

„Ich bin ein guter Fang" (I'm a good catch), erklärt sie mit Bestimmtheit und urplötzlich ist die Katze aus dem Sack: Pacey ist über Joey noch nicht hinweggekommen. Puh! Starker Tobak ... späte und überraschende Einsichten ...

Ist es der Alkohol, der da aus dem jungen Mann spricht? Man weiß es nicht, denn wirklich betrunken wirkt er auch beim Flaschendrehen nicht. Aber man ist gespannt, was sich da noch so alles ergeben wird – oder nicht ...

Im zweiten Plot wird erst klar, warum diese Episode so betitelt ist: Audrey ist tatsächlich auf Entzug und dementsprechend stocknüchtern. Dawson besucht sie in der Klinik. Auch für ihn sind die goldenen Zeiten vorbei. Der Film ist fertig und an einen TV-Sender verkauft, und so ist der gute Dawson demnach beschäftigungslos. Ein seltsames Treffen also, das da stattfindet ...

Interessant ist das Detail am Rande, dass Audrey meint, sie rauche zu viel – doch sie hat nie eine Zigarette in der Hand.

Herrlich gezeichnet ist die Begegnung zwischen Dawson und einer bekannten Hollywoodproduzentin, die sich auch auf Entzug befindet. Unterschwellig erfährt man über die Hauptprobleme der Branche: Betrunken oder unter Drogen zeigt man Zähne, spielt man mit Muskeln, gebraucht schonungslos die Ellenbogen; nüchtern ist man zahnlos und schwächlich ...

Wie letzten Endes Audrey und Dawson die Therapiesitzung sprengen, das ist schon vom Allerfeinsten, wenn auch die erhoffte Wirkung – eine Kontaktaufnahme zwischen Dawson und der Produzentin –ausbleibt.

Jacks Charakter wird bei seinem Gespräch mit Emma wieder einmal offenkundig. Er scheut sich nicht davor, seiner Mitbewohnerin und Freundin als rettende Aktion die Ehe anzubieten. Tief geschockt hat er die hoffnungslose Lage der jungen Frau zur Kenntnis nehmen müssen, die sie dazu getrieben hat, einen Widerling wie Guss für eine Papierehe an Land zu ziehen, nur um das US-Aufenthaltsvisum nicht zu verlieren. Doch Emma ist fair und für Jack eine gute Freundin. Sie verzichtet und möchte lieber nach England zu ihrer Familie zurückkehren.

Wirklich witzig sind die Szenen mit dem Spiel „Flaschendrehen". Symbolik oder nicht – unwillkürlich erinnert man sich an die vierte Staffel, Folge 4.10, „Frohe Weihnachten", in der Gretchen und Pacey über genau dieses Spiel diskutierten, von dem Letzterer meinte, es sei bereits in einer Zeit außer Mode geraten, als er selbst noch in den Windeln gelegen sei ...

Ganz subtil und romantisch ist die Schlussszene: „My friend ...", tönt leise der Soundtrack. Pacey trägt die völlig betrunkene Joey hinauf auf sein Zimmer, zieht ihr die Stiefel aus und legt sie sanft in sein Bett. Mit schwerem Zungenschlag sinniert die Betrunkene über das zu Ende gegangene Fest. Was ihr jedoch Pacey zu sagen hat, bekommt sie in ihrem Zustand nicht mehr mit. Sie selbst meint nur, es sei nun endlich der verhinderte Kuss des Flaschendrehens nachzuholen, was tatsächlich auch geschieht. Anschließend küsst Pacey sie sanft auf die Stirn und schon pennt sie weg wie in Folge 1.07, „Besuch vom Ex", in der ersten Staffel.

Alles in allem ist es eine rundum gelungene Episode, was in der sechsten Staffel in dieser Qualität eher Seltenheitswert hat.

Episode 6.15,

„Eingesperrt", „The Castaways"

Joey begleitet Pacey zu einem vornehmen und äußerst exklusiven Geschäftsessen. Eine Tischnachbarin des erfolgreichen Börsenmaklers ist eine attraktive Blondine, die sich sichtlich sehr für ihn interessiert und ihm ohne Wenn und Aber Sex anbietet. Joey hat sich während des langen Sitzens ihrer Schuhe entledigt und möchte diese nun wieder anziehen. Bei diesem Unterfangen bemerkt sie, dass eine Hand der betreffenden Frau auf Paceys Oberschenkel ruht. Überdies bezeichnet Pacey Joey als seine Schwester. Das ist für Joey zu viel und sie möchte unverzüglich nach Hause. Außerdem hat sie noch für Professor Hedsons Seminar ein ganzes Buch zu lesen. Pacey und die Blondine beschließen, ihr Date später fortzusetzen.

Auf der Fahrt zu Joeys Unterkunft hält Pacey unvermutet bei einem riesigen Supermarkt, weil er sicherheitshalber heimlich Kondome kaufen will. Joey ist sauer, wollte sie doch, so rasch es geht, nach Hause. Andererseits muss sie zur Toilette und begleitet deshalb Pacey in das gewaltige Kaufhaus hinein, das aber gerade im Schließen begriffen ist. Joeys volle Blase und Paceys geheime Warensuche führen letzten Endes dazu, dass beide in dem Gebäude eingesperrt werden.

Verzweifelt und relativ erfolglos versuchen sie mit der Außenwelt zu kommunizieren und Hilfe herbeizuholen. Fröstelnd ersucht Joey Pacey um seinen Mantel, in dessen Tasche sie nun das soeben erstandene Päckchen Kondome findet. Wütend stellt sie fest, dass die Dinger ja wohl für die Tischnachbarin gedacht seien, obwohl Pacey ihrer Meinung nach mit ihr, Joey, das Date hatte. Genau diesen Umstand lässt der junge Mann aber nicht gelten!

Nun entspinnt sich eine heftige, grundsätzliche Diskussion über Sex, über ihre alte, gescheiterte Beziehung, aber auch über ihre bestehende Freundschaft. Beiden ist klar, dass sie wohl längere Zeit hier miteinander verbringen werden müssen, da die Polizei wegen des herrschenden Eisregens und der dadurch entstehenden vielen Verkehrsbehinderungen an den Grenzen ihrer Möglichkeiten angelangt ist und sie beide sich ja keineswegs in Lebensgefahr befinden. Sie vereinbaren Waffenstillstand …

Beim Stöbern entdeckt Joey eine DVD mit der Verfilmung des zu lesenden Buchs. Pacey bereitet Snacks zu und sie betrachten gemeinsam den Film. Als Wiedergutmachung für sein Verhalten im Zusammenhang mit der Blondine bietet er der Freundin an, sie dürfe etwas mit ihm tun, was er nicht will. Es solle nur ihr etwas Positives bringen …

Joey ist schnell entschlossen! Sie will, dass Paceys Bart verschwindet und sie so seine Mundpartie wieder sehen kann. Paceys Entsetzen ist groß, stellt doch der Bart für ihn ein absolutes Erfolgssymbol dar! Er erklärt Joey diesen Sachverhalt, sie signalisiert einen Anflug von Verständnis und resigniert.

Zum Zeitvertreib spielen die beiden nun Gesellschaftsspiele und unterhalten sich einträchtig. Schließlich ist Pacey doch zur Rasur bereit und Joey ist mit Freude bei der Sache, denn mit jedem Gleiten der Rasierklinge offenbart sich ein weiterer Teil seines Kinns. Überraschend folgt ein leidenschaftlicher Kuss, der Joey völlig verwirrt. Sie möchte einfach all das überschlafen.

Vor dem Einschlafen sprechen sich die beiden gänzlich aus und Joey gesteht, dass ein Traum von ihr gewissermaßen in Erfüllung gegangen sei, sei es doch immer einer ihrer sehnlichsten Wünsche gewesen, mit Pacey allein auf einer einsamen Insel „weggesperrt" zu sein.

Review 6.15

In Anlehnung an die Episode „Der Überfall" aus der fünften Staffel besitzt auch „Eingesperrt" nur einen Handlungsstrang, wobei die Hauptakteure Pacey und Joey sind.

Der Prolog ist für „Dawson's Creek" ein wenig untypisch. Die Kamera schwenkt über protzige Kerzenleuchter hinweg zum eigentlichen Kern des Geschehens: Die beiden erwähnten Protagonisten sitzen durchgestylt an einem überladenen Esstisch in einem offensichtlich sehr vornehmen Lokal. Der Soundtrack bringt einen Slowfox. Joey scheint sich nicht wirklich zu amüsieren. Sie blickt gelangweilt und ungeduldig drein und möchte ihre Schuhe, deren sie sich offensichtlich irgendwann einmal aus lauter Unbequemlichkeit entledigt hatte, wieder anziehen.

Zum Knalleffekt und zur Lösung der ganzen ein wenig undurchsichtigen Angelegenheit kommt es aber sogleich. Joey und Pacey haben einen Deal ausgehandelt: Joey sollte demnach nichts anderes tun, als Damenbegleitung für Pacey bei einem Geschäftsessen zu spielen.

Joey sieht die Hand von Paceys Tischnachbarin auf dessen Oberschenkel ruhen und sie rastet eigentlich ziemlich unbegründet aus. Die nun folgende kurze, aber heftige Auseinandersetzung gipfelt in Joeys gereiztem Statement, dass sie nach Hause müsse, damit sie noch ein Buch für Hedsons Seminar lesen könne. Pacey ist das mehr als recht, hat er doch soeben mit betreffender Dame ein Date für den späteren Abend vereinbart.

Die nächsten Szenen sprühen nun vor Zynismus, Ironie, Witz und herrlichen Streitdialogen. Die Dankbarkeit von Joeys unterer Hälfte für die Sitzheizung von Paceys Wagen ist dabei nur der Beginn. Joeys Blase wird genauso aufs Korn genommen wie die Tatsache, dass die junge Frau nicht imstande ist, eine öffentliche Toilette unbewacht zu benützen. Ebenso witzig ist die Szene, in der Joey in Paceys Manteltasche dessen soeben erworbene Kondome entdeckt.

Der inhaltliche und schauspielerische Gipfel liegt jedoch im Streit über Sex, der sich natürlich wieder im Aufkratzen alter Wunden ergeht. Für viel „gute Stimmung" für die gemeinsam zu verbringende Nacht ist also gesorgt …

Doch rasch wendet sich das Blatt. Paceys übliche, ein wenig großspurige Gesten wie der „Aufruf" in den Hunderten von Fernsehgeräten, die Bereitstellung von Freizeitgarderobe für seine „Miteingesperrte", aber auch die späte Einsicht, ein Arsch zu sein, verfehlen bei Joey keineswegs ihre Wirkung. Zusätzlich ist das hintergründige Versöhnungsangebot Paceys, Joey dürfe etwas tun, was ihr selbst weiterhelfe, für diese natürlich sehr verlockend, stört sie doch Paceys Bart maßlos. Sie möchte offensichtlich einfach nur wieder den „alten" Pacey. Ein Dilemma …

Gelingt ihr also das, was Emma ein paar Episoden zuvor nicht gelungen ist? Nach langem Hin und Her gelingt es tatsächlich! Und jetzt wird aus dem Witz des ersten Teils dieser Folge pure Romantik, wobei das Ambiente des Großkaufhauses vielleicht ein wenig störend wirkt. Möglicherweise ist es aber genau dieser Kontrast, der das Szenario so reizvoll macht …

Letztlich kommt nun die rasante Entwicklung der Dinge für Joey überraschend, für Pacey scheint das keineswegs so zu sein. Welch interessante Parallele zur dritten Staffel!

Ein wenig naiv, aber bildlich durchaus reizvoll ist Joeys Geständnis ihres geheimen Traums, in welchem sie und Pacey als Schiffbrüchige auf einer einsamen Insel gestrandet seien. Niedlich auch Joeys Statement, es sei ihr kalt, als sie zu Pacey unter dessen Decke gekrochen kommt, und es sei keineswegs das, wonach es aussehe …

Die Schlussszene an der Kaufhauskasse erfordert genaue und oftmalige Ansicht: Was ist mit der Kondompackung geschehen? Hatte man in der vergangenen gemeinsam verlebten Nacht dafür Verwendung? Ist demnach die Packung genauso offen, wie es die Verpackungen der DVD und der Rasierklingen sind? Weder das Original noch die deutsche Synchronisation geben darauf eine eindeutige Antwort …

Episode 6. 16,
„Geister der Vergangenheit", „That Was Then"

Joey und Pacey sind unschlüssig. Sie wissen nicht, wie sie mit den neuen Erkenntnissen und Möglichkeiten, was ihre Beziehung betrifft, umgehen sollen, und sie befürchten, dass sie die Geister der Vergangenheit immer wieder einholen könnten. Sie verordnen sich eine Nachdenkphase, jeder für sich …

Der ziemlich perspektivlose Dawson ist nach Capeside zurückgekehrt und besucht auf Einladung seines ehemaligen Filmlehrers Mr. Gold die Capeside High. Er soll über Hollywood und den Glamour der Branche erzählen und den Schülerinnen und Schülern des Filmkurses nahebringen, wo er sich im Moment künstlerisch sieht, ist doch der soeben gedrehte Horrorfilm überhaupt nicht mit seinen früheren Filmen vergleichbar. George, ein Schüler, möchte Dawson unbedingt seinen ersten Film zeigen und erwartet von diesem eine Stellungnahme. Doch Dawson tut sich schwer, er ist Filmmacher und kein Kritiker. Trotzdem gibt er dem Burschen, der ihn in seiner Begeisterung und seinem Wesen sehr an sich selbst in diesem Alter erinnert, einige nützliche Tipps auf dessen künstlerischen Weg mit.

Pacey ist zutiefst besorgt. Doug hat ihn aus Capeside angerufen und ihm mitgeteilt, dass der Vater nach einem Herzanfall im Spital liegt. Unverzüglich macht sich der erfolgreiche Börsenmakler auf den Weg.

Im Krankenhaus beginnen die ersten Meinungsverschiedenheiten mit Doug, der noch immer Paceys Erfolg als Blendung empfindet und ihm letztlich unterstellt, nur dann für die Familie da zu sein, wenn es ihm gerade in den Kram passt. Doug sieht seinen eigenen Nimbus als „guter Sohn" dahinschwinden.

John Witter hingegen freut sich riesig über den Besuch seines jüngeren Sohnes und bewundert dessen märchenhafte Karriere.

Professor Hedson macht sich Sorgen über seine Tochter und deren immer intensiver werdendes Interesse am männlichen Geschlecht. Er spricht mit Joey darüber und ersucht sie, am Nachmittag auf Harley aufzupassen und diese bei den Hausübungen zu unterstützen.

Ohne Erlaubnis ihres Vaters hat Harley jedoch ihren Freund Patrick zum „Lernen" eingeladen. Joey kommt natürlich dahinter und wird von dem rotzfrechen Jungen vor Harleys Augen angebaggert, was das junge Mädchen letztlich nicht hinnimmt. Harley zieht sich verärgert und verletzt zurück.

Joey fällt es wie Schuppen von den Augen, erinnert sie doch Patrick mit all seinen plumpen Sprüchen an den jungen Pacey. Überrascht muss sie feststellen, dass offensichtlich alle Jungen dieses Alters gleich sind …

Joey gelingt es dann doch, Harley einigermaßen zu beruhigen, und empfiehlt ihr, trotz allen Ärgers Nachsicht gegenüber Patrick zu üben.

Vor dem Hause der Leerys treffen Dawson und Pacey, der sich ein Bild vom Fortschritt der Reparaturarbeiten des Hauses nach Audreys zerstörerischer Aktion machen will, zusammen. Nach langer Zeit ergibt sich wieder einmal ein freundschaftliches, aber auch philosophisches Gespräch zwischen den beiden ehemals besten Freunden. Von den neuen Entwicklungen in seiner Beziehung zu Joey erzählt Pacey allerdings nichts …

Von ihrer Studentenbude aus versucht diese Pacey telefonisch zu erreichen – erfolglos. Sie ist unsicher und sichtlich etwas ratlos. Sie spricht auf seine Box und meint, sie sollten

nicht an die Vergangenheit denken, sondern an die Zukunft –
und das vielleicht doch eher gemeinsam …

Review 6. 16

Die „Geister der Vergangenheit" führen, wie nicht anders zu
erwarten war, nach Capeside zurück. Drei große Plots beherrschen die Episode und mit Patrick und George werden zwei
neue männliche Charaktere eingeführt, wie sie unterschiedlicher gar nicht sein könnten. Patrick, ein Schulfreund Harleys,
wirkt wie eine perfekte Imitation Paceys, während George,
der Musterschüler bzw. die Nervensäge des Filmkurses an der
Capeside High, nahezu Dawsons jugendliches Plagiat darstellt. Beide Charaktere sind aber durchaus wichtig. Im Subtext spielen sie ja de facto mit in dem Spiel der Geister der
Vergangenheit.

Überhaupt ist diese Folge von exzellenten Dialogen und
Inhalten gekennzeichnet. Die große momentane Storyline,
also die weitere Entwicklung der vorderhand noch unklaren
Pacey/Joey-Beziehung, wird mit Ausnahme des von tiefer
Unsicherheit geprägten Prologs nicht maßgeblich vorangetrieben. Vielmehr geht es um ein rückblickendes Aufarbeiten,
um die Darstellung eines „Status quo": Wie und wo stehen
die einzelnen Charaktere, wie sehen sie sich selbst?

Am besten wird das bei Dawson offensichtlich. Im Gespräch über Georges Film wird deutlich, wie problematisch es
für den älteren Filmschaffenden ist, das Werk eines anderen,
eines Jüngeren, zu beurteilen, zu bewerten. George wiederum
nimmt, wie es sich für einen frühreifen Teenager gehört, kein
Blatt vor den Mund. Schonungslos kritisiert er die filmische
Entwicklung des Hollywood-Erfahrenen. Und er bringt
„Creek Days" vor den Vorhang …

Man erkennt deutlich, wie nachdenklich Dawson wird,
wie wenig er letztlich selbst von seiner kürzlich beendeten
Hollywood-Produktion angetan ist und wie wenig Zukunfts-

perspektiven er für sich im Moment sieht. Aber die Erwähnung seiner „Creek Days" scheint ihm einen innerlichen Ruck zu geben, jenes Animo, das ihm möglicherweise helfen kann, zu seinem eigenen Weg zurückzufinden, das Erlebte in Hollywood als wichtige Erfahrung in seiner beruflichen Karriere zu erkennen und als solche abzuhaken.

Aber auch Pacey bekommt es mit einer ganz neuen Erfahrung zu tun, denn einen erkrankten Vater kennt er nicht. Die vorbildhafte Pflichterfüllung, welche sowohl seinen Vater als auch Doug immer ausgezeichnet hat, bekommt durch das traurige Ereignis der Krankheit eine neue Dimension.

Für Doug ist die Lage schwierig. Er ist immer vorhanden, immer an Ort und Stelle. Er betreut die Familie, lebt ziemlich illusionslos und ohne Perspektiven einer möglichen Veränderung in Capeside, und er lebt nur für seine Verpflichtungen. Die Freiheiten, die Pacey sich herausgenommen hat, die kennt und hat er nicht ...

Da ist es für den seinem kleineren Bruder gegenüber ohnehin immer sehr skeptischen Doug nicht verwunderlich, wenn es sofort zu einer Konfrontation mit diesem kommt, ist ihm ja Paceys Verhalten zu Weihnachten noch bestens in Erinnerung. Unter diesen ganzen Gesichtspunkten sind Dougs Vorwürfe nicht ganz unberechtigt. Das sieht letzten Endes auch Pacey ein und er erkennt mit der kleinen Geste, das Einzelzimmer für John Witter betreffend, endgültig die besondere Pflichterfüllung des Bruders an.

Besonders berührend ist in diesem Zusammenhang die kleine Szene, in der Pacey die Hand seines Vaters ergreift. Die Versöhnung zwischen den beiden, die einander oft und oft völlig falsch eingeschätzt haben, ist damit vollzogen. Ein schöner Augenblick ...

Im Joey/Harley/Patrick-Plot geht es ebenso um Standortbestimmungen. Was ist Patrick für Harley? Wie stehen die beiden zueinander? Die plumpe Anbaggerei des Jungen, Joey betreffend, ist dabei nur ein Nebenschauplatz, der dazu dienen soll, Joey über ihre Absichten Pacey gegenüber die Augen zu öffnen. Sollte sie sich nun tatsächlich völlig untypischerweise in Zukunft als Miststück üben?

In diesem Zusammenhang ein kurzer Exkurs zu Joeys künstlerischer Entwicklung: Rückschritt oder nicht, die ehrgeizige Brünette ist nahezu die ganze sechste Staffel lang völlig unkreativ, ihre vielen Talente kümmern vor sich hin. Ein wenig erinnert das an die Joey der ersten Staffel, wobei sich die Frage stellt, was bei der jungen Studentin letztlich dieses kreative Vakuum erzeugt. Ist es wiederum Dawsons fehlender inspirierender Einfluss, ist es eine Entwicklungsphase oder ist es gar Professor Hedsons Lehrmethode, die Joeys kreative Ader zum Versiegen gebracht hat und sie quasi zum wandelnden Literaturlexikon hat werden lassen? Möglicherweise sind es alle genannten Faktoren zusammen …

Zurück zur Episode: All die Unsicherheiten des Teenagers Patrick sind sehr subtil und mit viel Fingerspitzengefühl gezeichnet und die Dialogregie dieses Plots ist großartig.

Das eigentliche Highlight dieser Episode erwartet uns jedoch in einer der Schlussszenen. Es ist das für diese Staffel einzigartige Zusammentreffen von Dawson und Pacey auf dem Grundstück der Leerys.

Nach langen Monaten und Jahren des Nichtvorhandenseins einer tieferen persönlichen Beziehung geschieht nun etwas ganz Bemerkenswertes: Unter dem Eindruck der einschneidenden Erlebnisse des zu Ende gehenden Tages kommt es zu einem Dialog, wie er hintergründiger gar nicht sein könnte, und genau das ist wieder einmal „Dawson's Creek" von seiner besten Seite!

Und es kommt an diesem vertrauten Ort zu einer geistigen Annäherung der ehemals besten Freunde, die für die Zukunft möglicherweise hoffen lässt. Ist es Zufall, dass Pacey die letzten Ereignisse, Joey betreffend, an diesem „historischen" Ort mit keiner Silbe erwähnt? Bestimmt nicht – Zufälle gibt es bei „Dawson's Creek" nicht …

Obwohl Jen, Jack, Grams, C. J. und David schon wieder keine Screentime haben (leben sie eigentlich noch?), ist „Geister der Vergangenheit" mit Sicherheit eine der herausragenden Folgen der sechsten Staffel.

Episode 6.17,

„Ein Schuss in den Ofen", „Sex and Violence"

Pacey geleitet Joey nach einem Date zu ihrer Unterkunft. Er erzählt ihr von seinem nächsten beruflichen Aufstieg, der mit eigenem Büro und eigener Assistentin verbunden ist, und er küsst ihr galant zum Abschied die Hand.

C. J. und Jen haben ein Problem. Das Mädchen möchte weniger Sex und mehr „Kuscheln" und Zärtlichkeit. Als sie diese Umstände im Zuge ihrer Arbeit beim Nottelefon mit einer Anruferin öffentlich erörtert, ist C. J. ziemlich beleidigt und wirft der jungen Frau ihr sexuell ausschweifendes New Yorker Vorleben vor. Erst Grams kann später die Wogen glätten und zu einer Versöhnung beitragen.

Joey besucht Pacey bei der Arbeit und bringt ihm ein Einweihungsgeschenk für sein neues Büro mit. Dabei müssen sie erfahren, dass Ritch Rinaldi Paceys alte Assistentin wegen ihres Alters und Aussehens gefeuert hat. Rinaldi bietet Joey, die gerade Frühlingsferien hat und wieder einmal pleite ist, kurzfristig diesen Job an. Obwohl sie Rinaldis Vorgehensweise gegenüber der alten Assistentin keineswegs billigt, willigt sie aufgrund ihrer prekären finanziellen Situation ein.

Dawson ist nach Hollywood geflogen und trifft sich mit dem Produzententeam des abgedrehten und bereits verkauften Horrorfilms. Er berichtet Heather Tracy kurz von einer neuen Story, die offensichtlich die ersten Staffeln von „Dawson's Creek" zum Inhalt hat. Die Produzentin ist skeptisch, gibt es doch bislang keine einzige Sexszene in Dawsons Konzept, und sie meint, dass genau dieser Umstand die Geldgeber nicht zufrieden stellen wird. Und so ist es auch …

Der Chef des Teams, der alternde Lebemann Larry Newman, zollt dem Jungregisseur zwar seine Anerkennung, diese hängt aber hauptsächlich mit dessen Liaison mit Natasha zusammen, und der junge Filmemacher erhält rasch den Auftrag. Larry wünscht jedoch Stripperinnen und genügend Nacktszenen. Somit konvertiert in wenigen Minuten Dawsons hochsensibles Projekt zu einem billigen Porno.

In seiner Verzweiflung besucht Dawson Todd. Dieser drückt ihm zehn Dollar in die Hand und ermuntert ihn eindringlich, auf das Geld der Produzenten zu verzichten und eigene Wege zu gehen.

In Paceys Büro herrscht das blanke Chaos. Seit Joey den Assistentenjob übernommen hat, geht alles schief. Der Senkrechtstarter kann sich nicht auf seine Arbeit konzentrieren und ein wichtiger Termin mit einer Journalistin steht an.

Diese entpuppt sich als jene Frau, die Pacey bereits auf der großen Party des Wundermittelerzeugers kennengelernt und die schon damals großes Interesse an ihm gezeigt hat. Joey ist rasend vor Eifersucht, möchte überdies auch mit Respekt behandelt werden und schüttet der Dame absichtlich Milch über die Kleidung. Das ist jetzt allerdings für Pacey zu viel. Joey soll einen Entschuldigungsbrief verfassen …

Das Meeting von Dawson und dem Produzententeam ist zu Ende und man beglückwünscht sich zu dem tollen Projekt. Da erhebt Dawson die Stimme, beherzigt Todds eindringliche Worte und lehnt den Auftrag ab. So kann und will er nicht arbeiten …

Pacey besucht Joey im „Hell's Kitchen" und teilt ihr mit, dass sie gefeuert ist, weil verschiedene Welten einfach nicht zusammentreffen und Beziehungen mit Arbeit nicht verknüpft werden sollten. Sie wollen so rasch wie möglich romantisch-ausschweifende Stunden miteinander erleben und vereinbaren ein Date in Paceys Wohnung nach der Sperrstunde des Lokals.

Pacey verlässt die Gaststätte, Joey füllt ein Tablett mit leeren Flaschen und trägt es weg. Sie wendet sich um, hebt ihren Blick, und in der Tür steht … Eddie!

Review 6. 17

Da in dieser Folge endlich auch wieder einmal Jen und C. J. in das Geschehen involviert sind, soll mit diesen auch begonnen werden. Jen möchte offensichtlich im Gegensatz zu ihren Erlebnissen in der New Yorker Zeit ihre Beziehung zu C. J. auf eine Basis stellen, die weit über das rein Sexuelle hinausgeht, was dieser nicht unbedingt in dieser Form nachvollziehen kann. Jens Beratungsgespräch ist natürlich für den jungen Mann provokant, und seine Reaktion kann man ihm gar nicht so verdenken.

Eigenartig ist aber Grams Feststellung, dass sich ihre Enkeltochter zum ersten Mal in ihrem jungen Leben bemühe, eine rundum glückliche Beziehung aufzubauen. Man ist geneigt zu denken, dass sie da Jens doch langfristigere und durchaus erfüllte Beziehung zu Dawson in der fünften Staffel glatt vergessen hat …

Sei es, wie es sei – dieser Plot ist durchaus interessant und es ist toll zu beobachten, wie stark Jen doch ihre eigene Großmutter mit den Jahren verändert hat. Ein „Moderationsgespräch" in dieser Art wäre zu Beginn von „Dawson's Creek" wohl niemals möglich gewesen.

Der zweite Plot behandelt nun tatsächlich den „Schuss in den Ofen", wobei der Originaltitel „Sex and Violence" für diese Episode sicher der treffendere ist …

Der Schwelbrand in der Beziehung zwischen Pacey und Joey entwickelt sich zum lodernden, vor Sinnlichkeit knisternden Feuer. Natürlich will die Studentin so oft wie möglich mit dem erfolgreichen Börsenmakler zusammen sein. Sie bewundert ihn und sie ist aufgrund des Minderverdiensts in den Frühlingsferien pleite. Warum also nicht das schnelle Geld bei Ritch Rinaldi akzeptieren?

Das Desaster entwickelt sich aber von dem Moment an, als Joey mitbekommt, mit welchen Karten in diesem Job gespielt wird und welch frauenverachtende Branche dies doch darstellt. Zum ersten Mal dürfte sich dem guten Pacey bereits der

Magen umgedreht haben, als Joey davon spricht, dass man ohnehin wisse, wer von ihnen beiden eigentlich der Boss sei. Und in dieser Tonart geht es munter weiter. Joey kann und will nicht akzeptieren …

Sie boykottiert Pacey in allem und jedem. Da ist die bewusste „Ungeschicklichkeit" beim Servieren des Kaffees für Miss Shaw nur das Tüpfelchen auf dem i. Joey und Pacey müssen letzten Endes erkennen, dass gewisse Welten nicht aufeinandertreffen dürfen und vor allem Beziehungen nichts mit dem Job zu tun haben sollen.

Eine Anmerkung sei an dieser Stelle gestattet: Paceys Wohnung (mit dem TV-Gerät „Bertha") liegt plötzlich genau gegenüber dem „Hell's Kitchen". Ist es noch Emmas Wohnung? Und wo wohnt eigentlich Jack?

Wie auch immer – Tatsache ist, dass in der Schlussszene unaufgefordert Eddie erscheint, was bei der guten Joey in ihrer erotisch-knisternden Stimmung im Hinblick auf das soeben mit Pacey vereinbarte Schäferstündchen verständlicherweise das blanke Entsetzen hervorruft. Eine interessante Entwicklung ist also zu erwarten …

Der dritte Plot ist mit Sicherheit um nichts weniger interessant. Dawson unterhält sich mit Heather Tracy über sein neues Drehbuchkonzept. Deren Interesse dafür ist jedoch trotz Dawsons begeisternder Präsentation sehr gedämpft. Sie kennt ihren Chef, Larry Newman, ganz genau als geilen alten Bock, der am liebsten nur Sexfilme produzieren würde, und sie appelliert an den Jungregisseur, sich in dieser Richtung gefälligst etwas einfallen zu lassen, damit man auf den kleinsten gemeinsamen Nenner komme. Man sieht es Dawson an – er windet sich, denn genau das will er partout nicht …

Und im Gespräch mit diesem Produzententeam wird klar, worauf es den Leuten tatsächlich ankommt: Ohne Sexszenen kein Kassenknüller und dementsprechend keine Verwertung, der Regisseur wird nach seinen sexuellen Abenteuern und Eroberungen beurteilt, und Dawsons edle und subtile Story (erste und zweite Staffel) degeneriert binnen weniger Minuten zum billigen Porno …

Das kann Dawson (wie Joey parallel dazu die Vorgänge in Rinaldis Büro) nicht akzeptieren. Hilfe suchend wendet er sich an Todd. Der väterliche Freund hat wieder einmal die passende Unterstützung parat. Symbolisch übergibt er Dawson eine Zehndollarnote und empfiehlt diesem dringend, auf das Geld der Produzenten zu verzichten, Risiken einzugehen, nicht seine Seele zu verkaufen und ohne Rücksicht auf andere den ureigenen Weg weiterzugehen. Todd baut den jungen Mann auf und spricht ihm Mut zu.

Mit diesem Selbstvertrauen ausgestattet, tritt Dawson Larry Newman gegenüber und lehnt freundlich, aber bestimmt dessen inakzeptables Angebot ab. Typisch auch die eiskalte Reaktion des Produzenten mit der Bitte um die Liste der anderen freien Regisseure, die wahrscheinlich bereits willenlos und zu allem bereit vor der Tür warten würden.

Wie ein Mäuschen, völlig unbeachtet, schlüpft Dawson bescheiden zur Tür hinaus. Er hat keine Allüren, er hat einen Plan, und er ist durch die Tatsache, dass er so lange Zeit in schwierigsten Situationen als Einziger der Freunde wirklich auf sich allein gestellt war, erwachsen geworden.

Der Jungregisseur hat also vorderhand einmal die Türen Hollywoods hinter sich zugeschlagen. Das vergangene halbe Jahr ohne nennenswerten Kontakt zu Joey hat ihm offensichtlich den notwendigen Abstand gebracht, den er wahrscheinlich im Hinblick auf eine Wahrheitsfindung in seiner neuen Story brauchen wird. Man wird also sehen ...

Episode 6.18,

„Liebesleid", „Love Bites"

„Hell's Kitchen": Die Episode schließt direkt an Folge 6.17 an. Joey erstarrt, blickt Eddie entgeistert an und ringt nach Worten. Der junge Mann erklärt sein plötzliches und unerwartetes Erscheinen: Er habe die Aufnahme in den Workshop geschafft, welcher im Herbst beginnen soll, er wolle sich einfach nur für alles bedanken, was Joey für ihn getan hat, und als angehender Schriftsteller brauche er sie als seine Inspiration unbedingt um sich. Joey wehrt ab. Sie hat nicht gewartet ...

C. J. eröffnet Jen, dass Grams mit Onkel Bill Schluss gemacht hat, was sich die Enkelin überhaupt nicht vorstellen kann. Sie beschließt, der Sache auf den Grund zu gehen. Die Großmutter zeigt sich jedoch verschlossen und keineswegs gesprächsbereit.

Pacey meldet sich telefonisch bei Joey. Er ist verwundert, dass sie das vereinbarte Schäferstündchen nicht eingehalten hat, was sie mit zu großer Müdigkeit erklärt. Sie hat jedenfalls Harley die Teilnahme als Anstandsdame an deren Highschool-Ball zugesichert und auch Pacey sagt nun sein Kommen zu.

Dawson taucht bei Pacey im Büro auf und knallt ihm einen Scheck auf den Schreibtisch: sein ganzes erspartes Geld. Der pfiffige Makler soll es durch kluge Anlage rasch vermehren, da der Jungregisseur viel Geld für sein Filmprojekt brauchen wird. Pacey sträubt sich. In Erinnerung an kürzlich Erlebtes möchte er nicht Geschäft und Freundschaft verbinden. Dawson lässt aber nicht locker und Pacey nimmt letztlich den Auftrag an.

Pacey, Joey, Harley und Patrick besuchen den Highschool-Ball. Während sich Pacey und Joey offensichtlich eingedenk ihrer eigenen gemeinsamen Ballerlebnisse durchaus amüsieren, ist bei Harley und Patrick ziemlich der Wurm drin. Aus Eifersucht prügelt sich Patrick mit einem weitaus größeren Rivalen und zieht nur dank dem Einschreiten von Pacey nicht gewaltig den Kürzeren.
Während Joey auf der Mädchentoilette die weinende Harley kosmetisch behandelt und mit der Aussage beruhigt, weinende Mädchen seien eben auf Schulbällen so üblich, liest Pacey Patrick am Burschenklo die Leviten.

Dawson ist indes dabei, sein Zimmer in den Zustand von vor fünf Jahren zu versetzen, was seine Mutter ziemlich erstaunt. Er kommt aber leider im Moment bei seinem Drehbuch nicht weiter, er ist sichtlich blockiert.

Gale Leery will wissen, was ihr Sohn eigentlich vorhabe und welchen Notfallplan er habe, wenn die Vorhaben nicht programmgemäß funktionieren sollten. Dawson weiß letztlich nur, was er will, nämlich Regie führen. Notfallplan hat er keinen.

Er sieht sich „Creek Days" an und Fotografien mit den alten Freunden. Auf dem Bildschirm steht ein kleines Foto mit einer roten Rose. Dawson lächelt in sich hinein und beginnt zu schreiben …

Jen erreicht ein Anruf von einem bislang unbekannten Arzt ihrer Großmutter. Nach einigem Nachbohren erfährt sie von Grams, dass der Mediziner ein Onkologe sei und dass diese an Brustkrebs leide. Jen ist zutiefst betroffen und schockiert. Sie möchte mit allen Mitteln ihrer geliebten Grams helfen, doch diese lehnt brüsk ab. Der Umgang mit der Krankheit sei ganz allein ihre Sache …

Joey trifft Pacey vor dem Eingang der Highschool. Die junge Frau beteuert, wie fantastisch der ganze Abend gewesen und was für ein toller Mann Pacey doch geworden sei. Im gleichen Atemzug gesteht sie aber, dass sie ihm gegenüber nichts empfinde und ein schlechtes Gewissen habe, mit ihm zusammen zu sein. Pacey ist fassungslos. Er versteht Joeys Reaktion nicht, führt sie aber letztlich auf Angst zurück. Aufs Äußerste erregt spricht Joey endlich die Wahrheit: Eddie ist zurückgekehrt. Versteinerten Blicks und maßlos enttäuscht zieht sich Pacey zurück.

Harley und Patrick haben nun doch zueinander gefunden und tanzen miteinander. Auch Pacey fordert Joey zum Tanz auf. Darauf folgen ein kurzer Blick, ein kurzes Händedrücken und Pacey geht …

Joey entsteigt einem Taxi und eilt zu Eddies Haustür. Dieser ist überrascht und tritt ihr entgegen. Leidenschaftlich umschlingen und küssen sie einander …

Review 6. 18

Die Episode „Liebesleid" schließt unmittelbar an „Schuss in den Ofen" an und wird getragen von drei gleichwertigen Plots bzw. Storylines, die in puncto schauspielerischer Qualität zum Besten gehören, was die sechste Staffel bislang zu bieten hatte.

Eddies unerwartete Rückkehr nach Boston löst bei Joey eine Lawine an widersprüchlichen Gefühlen aus und es sieht vorerst wieder einmal so aus, als könne sie sich nicht entscheiden. Sie fühlt sich sichtlich in Paceys Gegenwart sehr unwohl und geht auf Distanz. Die leidenschaftlichen Blicke und Gesten der vergangenen Zeit sind verflogen. Die Flash-back-Erlebnisse auf Harleys Highschool-Ball dürften ihr dann restlos die Augen geöffnet haben ...

Dieser Plot ist sehr subtil gestaltet und viele Details erinnern an frühere Staffeln. Langsam kehrt „Dawson's Creek" dorthin zurück, wo es begonnen hat, die Wurzeln werden gesucht und gefunden. Stein um Stein wird die „Dawson's Creek"-Welt und damit das komplexe Puzzle weiter vervollständigt. Semantisch naht bereits das Serienende.

Joeys Versuch, ein Miststück zu sein, scheitert. Sie möchte Eddie und Pacey nicht gegeneinander ausspielen. Das liegt ihr nicht und sie spricht in einem hochdramatischen, von unglaublichem Mienenspiel getragenen Dialog ehrlich ihre Entscheidung aus. Natürlich kann einem Pacey in dieser Situation sehr leidtun, doch er kämpft nicht. Er weiß aus den Gesprächen im Supermarkt (6. 15), wie sehr Joey Eddie liebt, und er gibt sich unverzüglich geschlagen. Ein wenig erinnert er in dieser Szene an Dawson und dessen unendlich traurigen Gemütszustand in Folge 3. 23, „Jetzt oder nie", in der Schlussepisode der dritten Staffel. Spätestens jetzt spürt Pacey am eigenen Leib, wie es Dawson Jahre zuvor ergangen ist und was dieser gefühlt und durchgemacht haben muss.

Nicht minder subtil und dramatisch ist die Storyline um Grams und Jen. Hier erkennt man ganz deutlich die schauspielerische Qualität der Michelle Williams. Die zutiefst menschlichen Gefühle und die Unsicherheit, wie von beiden Seiten, von unterschiedlichen Generationen mit der so bedrohlichen Situation umzugehen ist, werden mit großer Eindringlichkeit vermittelt.

Grams weiß über ihre gesundheitliche Lage Bescheid, aber sie bleibt hart, was es für Jen nicht leichter macht. Sie liebt ihre Großmutter abgöttisch, doch diese lehnt jede Hilfe ab. Sie möchte dadurch ihre Enkeltochter schützen, doch sie erreicht damit, ohne es zu wollen, genau das Gegenteil. Es ist kein Konflikt, der damit provoziert werden soll, sondern einfach nur eine Momentaufnahme einer schweren existenziellen Krise, die zwei Personen unterschiedlichen Alters und unterschiedlicher Sichtweise für sich selbst ganz unterschiedlich empfinden.

Dawson hat seinen Weg gefunden. Bei Pacey weiß er sein Geld in sicheren Händen, er ist gestärkt durch Todds eindringliche Worte und Empfehlungen aus der letzten Episode, und so kann er sich daheim in Capeside ganz seinem neuen Drehbuch widmen. Doch die ersten Gespräche mit seiner Mutter machen ihn unsicher, blockieren ihn. Einen Notfallplan, wie ihn Gale einfordert, hat er nicht, will er nicht, braucht er nicht. Oder doch?

Auch James van der Beek hat in dieser Episode ein absolutes schauspielerisches Highlight. Viele Mutter-Sohn-Gespräche hat es in „Dawson's Creek" schon gegeben, doch die Dialoge in dieser Folge sind – abgesehen von Folge 5. 03, „Am Wendepunkt" – mit Sicherheit die tiefgründigsten, die profundesten. Es treffen die altersbedingte Lebenserfahrung der Mutter und die optimistisch-risikobereiten, aber durchaus auch vernünftigen Argumente des jungen Erwachsenen in idealer Weise zusammen. Sie befruchten und ergänzen einander, und letzten Endes steht die liebende Mutter ganz hinter ihrem Sohn.

Dawson betrachtet die alten Fotografien mit seinen Freunden, das kleine Bildchen mit der Rose inspiriert ihn, die Blockade fällt …

Und auch Joey hat ihren Weg gefunden. Sie besucht Eddie in Worcester. Blicke und Gesten genügen und am Ende steht ein inniges „Hi" ...

Episode 6.19,

„Im Rampenlicht", „Lovelines"

Überraschend, weil einen Tag früher als erwartet, ist Audrey aus der Entziehungsklinik wieder nach Boston zurückgekehrt. Sie hat mit dem bekannten Psychologen Dr. Drew im gleichen Flugzeug gesessen und ist von ihm völlig begeistert. Eddie und Joey registrieren das Erscheinen der Zimmergenossin mit gemischten Gefühlen, weil es nun mit der Ruhe auf dem Zimmer wieder vorbei ist.

Eddie hat indes ein gewaltiges Problem: Seit seiner Rückkehr aus Kalifornien will Joey keinen Sex mit ihm ...

Jen ist nervös. Nicht nur das Problem mit ihrer Großmutter nagt an ihrem Nervenkostüm, sondern auch die Tatsache, dass sie im Boston Bay College eine Podiumsdiskussion zum Thema Beziehungsprobleme mit Dr. Drew und dessen Partner Adam moderieren soll – ist doch der Reinerlös dieser Veranstaltung dem Nottelefon gewidmet. Unvermittelt und ohne ausreichende Erklärung macht sie mit C.J. Schluss.

Jack und David verkaufen die Karten für die Veranstaltung. Dabei unterhält sich Jack mit einem anderen offensichtlich an ihm interessierten Jungen, was David sehr irritiert. Als Jack dann noch zusätzlich den Platz, der eigentlich für seinen Freund reserviert war, gerade diesem jungen Mann überlässt, rastet David aus und er rast vor Eifersucht.

Boston Bay College, großer Hörsaal: Der Beginn der Diskussion verläuft sehr zäh, da Jen nicht wirklich imstande ist, die

Anwesenden zum Fragenstellen oder zu Diskussionsbeiträgen zu motivieren. So müssen schließlich die Freunde dafür herhalten.

C. J. fragt den Psychologen, was dieser denn davon hielte, wenn ein Mädchen ohne Begründung mit ihm Schluss machen würde. Eddie und Joey dürfen sogar auf die Bühne und ihr Problem öffentlich diskutieren, was Joey buchstäblich vor Scham im Boden versinken lässt. Und auch David wird seinen Unmut über Jack vor der versammelten Studentenmenge los. Audrey meldet sich lautstark zu Wort – allerdings in der vordergründigen Absicht, Dr. Drew wesentlich intimer kennenzulernen.

Direkt von C. J. auf die Beweggründe für ihr merkwürdiges Verhalten angesprochen, wirft Jen die Nerven weg und übergibt die Moderation der Veranstaltung an Audrey. Diese macht das nahezu professionell und der Abend ist gerettet.

Joey und Eddie wird letzten Endes klar, dass in ihrer Beziehung das Vertrauen fehlt. Eddie bittet Joey um Verzeihung und gesteht ihr seine große Liebe. Joey gibt sich einen Ruck. Die beiden ziehen sich auf das Zimmer des Mädchens zurück.

Auch Jen versucht die Sache mit C. J. wiedergutzumachen und erklärt ihm nach Art des Nottelefons ihre Probleme. C. J. hat Verständnis und nimmt seine Freundin liebevoll in die Arme.

David verlangt von Jack eindringlich eine Entschuldigung für dessen Verhalten. Er glaubt ihm nicht, dass die Sache von vorhin nur eine nebensächliche Kleinigkeit war, und wirft Jack Untreue vor. Dessen unkluge Wortwahl bringt daraufhin eine Lawine ins Rollen und David stellt seinem Freund ein Ultimatum …

Hinter den Kulissen trifft Audrey auf Dr. Drew und es wird klar, warum sie den Psychologen so extrem wertschätzt: Jeden Abend hat sie in der Klinik im Radio seine Beratungssendungen gehört, was ihr in ihrer Einsamkeit unendlich geholfen hat.

Review 6.19

Die Episode „Im Rampenlicht" ist im ganzen „Dawson's Creek"-Gefüge schwer einzuordnen. Weder Dawson noch Pacey haben Screentime, die guten und Hoffnung erzeugenden Ansätze des „Back to the Roots" der letzten Folge finden leider ein jähes Ende und wichtige Storylines werden entweder gar nicht behandelt oder zumindest nicht wesentlich vorangetrieben.

Ganz allgemein kann man jedoch „Im Rampenlicht" mit dem Titel „Vertrauen ..." versehen. Gleich drei Beziehungen werden im Rahmen der Veranstaltung am Boston Bay College in dieser Hinsicht untersucht und keine der drei hält diesem Anspruch stand ...

Joey lehnt Intimität und Sex mit Eddie ab, seit dieser wieder nach Boston zurückgekehrt ist, was der junge Mann nicht versteht. Die Diskussion mit Dr. Drew bringt den Grund dafür ans Licht: Eddie braucht sich bei Gott nicht über Joeys Zurückgezogenheit zu wundern, denn immerhin hat er sie ja schon zweimal verlassen.

Aus lauter Panik im Zusammenhang mit Grams Krebserkrankung und ohne echte Begründung beendet die zutiefst verunsicherte Jen ihre Beziehung zu C. J. Sie meint, im Moment keine Zeit für so etwas zu haben, da sie der Großmutter helfend unter die Arme greifen müsse. C. J. ist verständlicherweise völlig ratlos und fühlt sich vor den Kopf gestoßen, war doch die Beziehung völlig in Ordnung und keineswegs problembehaftet.

Erst in einer der Schlussszenen klärt Jen ihren Freund auf, was wahrscheinlich das einzige wirkliche Highlight der Folge darstellt. Das Gespräch der beiden am symbolischen „Nottelefon" gipfelt in einem „Hilfeschrei" Jens. Endlich sieht sie ihren Freund nicht als Feind, weiht C. J. in ihr Problem ein und bekundet so auch ihr endlich gefundenes Vertrauen zu dem jungen Mann. Dieser verzeiht ihr unverzüglich und sagt ihr seine volle Unterstützung zu.

Problematisch ist die Situation zwischen Jack und David. Letzterer fasst eine freundliche Unterhaltung Jacks mit einem anderen Schwulen als Provokation und unverhohlenes Flirten auf und ist daraufhin höchst indigniert. Jack ist sich jedoch keiner Schuld bewusst und sieht demnach auch keine Begründung für eine Entschuldigung seinerseits. So ergibt ein Wort das andere und innerhalb eines kurzen heftigen Streits eskaliert die Lage bis hin zur möglichen Beendigung der Beziehung, wobei sich beide Teile äußerst ungeschickt verhalten. Es ist schwierig, einen Schuldigen zu finden.

Ein wenig erinnert dieses Streitgespräch in seiner Konsequenz an Folge 6.02, an die Schlussszenen zwischen Dawson und Joey. Aus einer Mücke wird ein Elefant, aus einem Sommergewitter der Weltuntergang …

Nett gezeichnet ist das Verhältnis zwischen der aus der Klinik zurückgekehrten Audrey und Dr. Drew. Es ist durchaus einleuchtend, dass die Alkoholkranke während ihres Entzugs die Radiosendungen mit dem bekannten Arzt sehr geschätzt hat, war dieser doch ihre nahezu einzige Verbindung zu den Problemen der Menschen außerhalb der Spitalsmauern. Das wird eigentlich erst in der Schlussszene deutlich, in der Audrey dem Mediziner ihre große Wertschätzung eingesteht. Das ernste Problem der Einsamkeit wird subtil und witzig, ganz Audreys Charakter entsprechend dargestellt und auch hier wird letztlich „Vertrauen" richtigerweise als der Weisheit letzter Schluss präsentiert.

Fazit: Eine Episode, die nicht sehr viel mit „Dawson's Creek" zu tun hat, ein wenig enttäuschend und gänzlich aus dem Zusammenhang gerissen. Schade …

Episode 6. 20,

„Catch-22"

Pacey hat ein Date mit der Journalistin Miss Shaw, jener attraktiven Frau, die ihn an jenem denkwürdigen Bürotag mit Joey interviewt hat. Beide wollen einander viel besser kennenlernen.

Eddie und Joey diskutieren den Roman „Catch-22", der für Joeys letzte Prüfung des Jahres bei Professor Hedson sehr wichtig ist. Audrey erscheint und beschwert sich, dass sie nur dann an der Uni bleiben darf, wenn sie die Sommerkurse belegt. Joey legt ihrer Freundin nahe, das unbedingt zu machen, da sie ja durch ihre Entziehungskur viel wertvolle Zeit verloren hat. Audrey ist stocksauer und möchte mit dem Rektor verhandeln …

Joey und Eddie stellen zu ihrem Erschrecken fest, dass sie in zwei Tagen das Feld räumen und das Zimmer verlassen müssen. Während Joey überlegt, in Capeside ein paar Monate zu arbeiten, hat Eddie andere Pläne. Er verrät diese aber nicht.

Paceys Erfolg ist am Zenit. Wie vor einem knappen Jahr Ritch Rinaldi, ist nun er selbst berufen, Vorstellungsgespräche mit potenziellen Mitarbeitern zu führen. Seine beginnende heftige Affäre mit Miss Shaw bringt ihm die gewaltige Hochachtung und Wertschätzung seines Chefs ein und darüber hinaus steht die Zulassung des Wundermittels ins Haus, in dessen Herstellerfirma Pacey im vergangenen halben Jahr unglaubliche Mengen an Geld seiner Kunden – darunter natürlich Dawson –, aber auch nahezu seine ganzen eigenen finanziellen Mittel investiert hat.

Der alte Freund ruft Pacey an und möchte Kasse machen, da er jede Menge Filmmaterial und Ausrüstung für sein neues, eigenständiges Filmprojekt benötigt. Er ist mutterseelenallein in Capeside und bereitet akribisch alles vor. Pacey wischt Dawsons Bedenken professionell vom Tisch und ersucht seinen Freund, noch ein paar Tage durchzuhalten. Dawson ist sich zwar nicht sicher, aber er vertraut schließlich doch dem Makler und Freund.

Jack besucht David beim Nottelefon, wo aufgrund der Abschlussprüfungen die Hölle los ist. Er ersucht David um ein Treffen, damit die ganzen Unstimmigkeiten endlich ausgeräumt werden können. Nach längerem Hin und Her stimmt David zu.

Pacey und Miss Shaw haben eine aufregende gemeinsame Nacht verbracht und genießen die Morgenstunden. Pacey möchte die Aktienkurse wissen und dreht das TV-Gerät auf, was für die romantische Stimmung nicht gerade förderlich ist. Der attraktiven Frau gelingt es aber sehr rasch, Pacey den Wissensdurst vergessen zu machen …
Als er dann verspätet, aber bestens gelaunt in seinem Büro erscheint, herrscht dort Grabesstimmung. Die Behörden haben wegen unzumutbarer Nebenwirkungen die Zulassung des Medikaments abgelehnt, die Biotechnologieaktie ist in den tiefsten Keller gerutscht und das ganze Geld ist vernichtet.

David kommt wie vereinbart ins „Hell's Kitchen" und sieht Jack mit einem anderen jungen Mann sprechen. Für David das Tüpfelchen auf dem i. Er wirft Jack vor, die Beziehung zu ihm nur aus Gründen der Selbstbestätigung eingegangen zu sein, und macht mit ihm Schluss.

Eddie begleitet Joey zur Prüfung und möchte sich bei Professor Hedson für dessen Unterstützung bedanken. Das Gespräch der beiden verläuft seltsam, kindisch und aggressiv und Joey muss moderierend einschreiten.

Die Prüfung ist für Joey letztlich ein Riesenerfolg und sie möchte feiern. Außerdem möchte sie wissen, was denn Eddie für geheime Pläne habe. Dieser schenkt ihr einen Rucksack mit einem Reiseführer durch Europa. Er möchte mit ihr gemeinsam den Kontinent erkunden. Außer sich vor Freude sagt Joey zu.
Auf Joeys Zimmer diskutieren sie sodann die Reiseziele und Joey meint, da sie ja beide pleite seien, wäre es wohl bes-

ser, zuerst ein wenig in Capeside Geld zu verdienen und erst später nach Europa aufzubrechen. Dafür hat Eddie überhaupt kein Verständnis. Er möchte unverzüglich losziehen. Der nun vorprogrammierte Streit der Weltanschauungen endet mit der Aussage Joeys, Eddie möge sich eine andere Unterkunft suchen.

Pacey ist nicht nur finanziell am Ende. Es sind nicht die persönlich unbekannten Großkunden, deren zornige Anrufe ihn so stören, es ist vielmehr die Tatsache, dass er das ganze ersparte Geld seines Freundes Dawson in den Sand gesetzt hat. Demütig und mittellos ersucht er Ritch Rinaldi um einen Kredit, was dieser rundweg ablehnt. Rinaldi bezeichnet ihn als Versager. In seiner elenden Verfassung schlägt Pacey auf seinen Boss ein und wird natürlich fristlos entlassen. Zu allem Überfluss eröffnet ihm Miss Shaw, dass sie eigentlich einen Verlobten hat. Verzweifelt und niedergeschlagen fährt Pacey nach Capeside zum Haus der Leerys.

Joey bespricht ihre Prüfungsarbeit mit Professor Hedson. Er möchte von ihr, dass sie einige Zeilen aus „Catch-22" laut liest. Es sind Zeilen der Hoffnung, die Mut zum Risiko machen, und sie öffnen Joey die Augen.

Zurückgekehrt auf ihr Zimmer, beschließt sie, nun doch Eddies Vorschlag anzunehmen. Doch es ist zu spät. In einem kurzen Schreiben nimmt Eddie endgültig Abschied von Joey ...

Review 6.20

Mit „Catch-22" kehrt die Staffel nach der eher unpassenden Episode 6.19 wieder zu einem der Serie entsprechenden Niveau zurück. In hochdramatischen Szenen beendet die Episode den langen Mittelteil der Staffel und leitet direkt zu den finalen Folgen über. Das „große Triple", die „Titanen" (6.20, 6.21 und 6.22) beginnt ...

Die Eddie/Joey-Storyline beginnt hoffnungsfroh und zuversichtlich. Die beiden haben die letzte Zeit wie im Märchen gemeinsam verbracht, es naht jedoch mit Riesenschritten der Tag des Semesterschlusses, und plötzlich werden die völlig unterschiedlichen Weltanschauungen der beiden offensichtlich. Eddie, der 25-Jährige, der Risiko eingehen will, der sich der Welt stellen will, geht im Laufe der Episode immer mehr auf Konfrontationskurs zu seiner Freundin. Hat es zu Anfang noch den Anschein, dass beide Lover einen großen gemeinsamen Nenner besitzen, wird es jedoch bald offensichtlich, dass die Zwanzigjährige wieder in ihre althergebrachten Verhaltensmuster der vorgespielten Vernunft, der detailgenauen Planung und des Zauderns und Zurückziehens verfällt.

Plötzlich ist nicht mehr von gemeinsamem Verreisen nach Europa, sondern von gemeinsamem Durchbrennen die Rede. Durch das Zerreden von Themen mit Konfliktpotenzial wird wieder einmal aus der Mücke der Elefant, der, wie bei Joey so häufig, plötzlich unüberwindlich dazwischensteht. Und Joey zieht heftig die Notbremse …

Eddie ist nach Dawson übrigens der erste und einzige Freund, der es je gewagt hat, Joey heftige persönliche Kritik auf den Kopf zuzusagen, und auch er scheitert damit letzten Endes. Zu Tode beleidigt zieht sich diese in ihr Schneckenhaus zurück, verweist Eddie des Zimmers und versteht erst durch das Gespräch mit Professor Hedson und durch die Kernbotschaft von „Catch-22", was der junge Mann meint und wie recht er doch eigentlich hat. Doch ist es zu spät. Eddie zieht die fälligen und sicherlich richtigen Konsequenzen und verabschiedet sich endgültig von Joey.

Einen ähnlich dramatischen Schlusspunkt gibt es im Kapitel Jack/David. Letzterer hat kein Vertrauen mehr, er fühlt sich verraten. Mit herben Worten wirft er Jack Unfähigkeit zu einer reifen und dauerhaften Beziehung vor. Ähnlich wie Toby in der fünften Staffel vermisst nun auch David, die absolute Priorität in Jacks Leben zu haben. Das, was er hat, ist ihm zu wenig, er hat Besseres verdient, je schneller, desto besser. Mit kurzen, eindringlichen Worten beendet er die Beziehung. Jack ist über diese Vorgehensweise fassungslos. Er erkundigt sich bei Jen, ob denn David mit seiner Kritik recht habe, doch auch die Freundin muss klein beigeben. Richtig helfen kann sie ihm da nicht …

Hochmut kommt vor dem Fall. Pacey steht auf dem Gipfel seiner jungen Laufbahn als Börsenmakler. Nach dem ersten Date und den wilden Nächten mit der Journalistin Miss Shaw hat er nun auch bei seinem Chef den nötigen Respekt erlangt. Großspurig führt er die Bewerbungsgespräche mit potenziellen neuen Mitarbeitern. Mit übersteigertem Selbstvertrauen begegnet er den Unsicherheiten Dawsons, und er wischt diese aalglatt und überheblich vom Tisch. Trotzdem hat man immer wieder das Gefühl, dies alles sei nur eine unterschwellige Reaktion auf die erlittene Zurückweisung durch Joey …

Und der Fall kommt, er kommt mit Macht und fatalen Konsequenzen. Von einer Sekunde auf die andere stürzt Pacey ins tiefe Nichts hinab. Die Ablehnung des Grippe-Wundermedikaments durch die US-Behörden hat nicht nur ihn selbst und eine Hundertschaft von Kunden um ihr Geld gebracht, auch Dawson ist – ohne es noch zu wissen – pleite.

Die frühere Begegnung mit dem Konzernchef, die Beförderung, die plötzliche Anerkennung, das schnelle und mehr als reichliche Geld haben Pacey blind gemacht, blind dafür, das Ganze zu überblicken, und auch blind für das Detail. Alles, auch sein eigenes Vermögen hat er in die Aktie investiert, um dem „Gönner" Genüge zu tun, und mit einem furchtbaren Schlag ist alles weg, die Aktie und auch er selbst sind keinen Cent mehr wert.

Die Schlägerei mit Ritch Rinaldi, dessen Enttäuschung über den so hoch geschätzten Mitarbeiter zu den provokanten Äußerungen geführt hat, kann über eines nicht hinwegtäuschen: Bei aller Skepsis, die man dem eiskalten, menschenverachtenden, selbstgerechten Makler gegenüber haben kann, in einer Sache hat er letztlich recht: Freundschaftsdienste und Geschäft sollte man nie miteinander verknüpfen!

Da ist die plötzliche „Enthüllung" der Miss Shaw, dass sie ja eigentlich einen Verlobten habe, nur mehr ein kleiner Tropfen auf den heißen Stein …

Episode 6. 21,

„Trennungen", „Goodbye, Yellow Brick Road"

Capeside, vor dem Haus der Leerys: Dawson entdeckt Pacey, der ziemlich aufgelöst und unschlüssig auf dem Rasen vor dem Hauseingang steht. Freudig begrüßt er den Wartenden und bittet ihn ins Haus hinein. Dawson möchte ihm den derzeitigen Stand des Filmprojekts zeigen.

Pacey tritt in Dawsons Zimmer ein und erstarrt. Es sieht bis ins kleinste Detail so aus wie vor fünf Jahren. Oft will Pacey zum Sprechen ansetzen, doch Dawsons Begeisterung und seine eigene Angst hindern ihn daran, reinen Tisch zu machen. So nimmt er auch nur gequält lächelnd zur Kenntnis, dass er von Dawson in den Vorspann aufgenommen wurde. Dawson ist so besessen von seinem Vorhaben, dass er Paceys wahren Gemütszustand und den Subtext seiner Worte nicht mitbekommt.

Jen hat ohne Wissen und Zustimmung der Großmutter ihre Mutter nach Boston eingeladen. Die Studentin kommt mit der Krebserkrankung der geliebten Person nicht mehr allein klar und sucht Unterstützung. Die Großmutter ist jedoch noch immer nicht bereit, ihren Zustand der Öffentlichkeit preiszugeben. Nicht einmal ihrer eigenen Tochter ...

Jen ist so besorgt und aufgewühlt, dass sie für die Aktion eines gemeinsamen Abendessens mit ihrer Mutter zusätzlich die Unterstützung der beiden Männer ihres jungen Lebens, also Jack und C.J., benötigt, was bei Jack zuerst Ablehnung erzeugt. Aber kann er seiner Jen letztlich etwas abschlagen? ...

Joey nimmt Abschied von Audrey, da nun das gemeinsame Campusleben beendet ist, und sie reist heim nach Capeside. Auf den Stiegen der Pension Potter entdeckt sie Dawsons neues Drehbuch, das sie sofort mit äußerstem Interesse studiert.

Sie begibt sich zum Hause der Leerys, sieht die Leiter an die Veranda gelehnt, und Dawson tritt hinter sie. Er fordert sie auf hinaufzuklettern, was sie ohne Zögern tut, und auch sie erstarrt, als sie Dawsons Zimmer sieht.

Zufällig treffen Audrey und Pacey in einem Lokal zusammen. Der junge Mann trinkt am helllichten Tag, was bei Audrey Besorgnis und Verwirrung hervorruft. Pacey spricht sich mit Audrey aus und erklärt seiner Exfreundin, er flüchte bloß vor dem Anzug. Audrey geht mit Pacey hart ins Gericht, und genau das braucht er …

Im Hause der Mrs. Ryan treffen Jens Mutter, Jack und C. J. zusammen, wobei es bei der Frage, welcher der beiden Männer nun eigentlich Jens Freund sei, zu einiger Verwirrung kommt. C. J. jedenfalls hat vor, am kommenden Tag nach New York abzureisen, um dort sein Studium abzuschließen.
Onkel Bill betritt die Szene und nimmt Grams ins Gebet. So schnell und auf diese Art und Weise lasse er sich von keiner Frau abspeisen und er habe Detektiv gespielt. Direkt spricht er Evelyn Ryan auf deren Krebserkrankung an, was bei den unwissenden Anwesenden großes Entsetzen auslöst. Jen möchte, dass die ganze Familie wieder zusammen ist, um die Großmutter zu unterstützen, und das sei wohl in New York bei ihrer Mutter am besten möglich. Helen Lindley stimmt dem sofort zu.

In Dawsons Zimmer sprechen sich Dawson und Joey aus. Das Mädchen beteuert, wie gut ihr das neue Drehbuch gefalle, und sie ist erstaunt, wie erwachsen ihr Freund geworden ist. Letzten Endes wird ihnen beiden klar, wie sehr sie einander im vergangenen Jahr gefehlt haben. Dawson nimmt Joeys Hand und streichelt sie zärtlich …
Dawson begleitet Joey vor das Haus der Leerys, wo sie auf Pacey treffen. Dieser schenkt Dawson nun reinen Wein ein und gesteht, dass er dessen Geld verspekuliert hat. Brutal harte Worte fallen. Joey versucht ohne Erfolg, die angespannte und eskalierende Situation zu entschärfen.
Pacey entschuldigt sich bei Dawson, doch dieser ist wütend und unversöhnlich. Grußlos geht er ins Haus zurück. Die Freundschaft der beiden ist, wie es scheint, nunmehr endgültig kaputt.

Pacey setzt sich auf den Bootssteg und Joey folgt ihm. Sie versucht ihn aufzurichten, sie leidet mit ihm, ohne Mitleid zu haben, doch die verwirrenden Vorgänge der vergangenen Zeit, ihre Beziehung betreffend, machen die Lage nicht unbedingt einfacher.

Im Hause der Mrs. Ryan ist letztlich alles klar. Man zieht nach New York, doch man möchte Jack keineswegs allein in Boston zurücklassen. Da diesen dort nichts mehr bindet und er ohnehin das Boston Bay College nicht mag, stimmt auch er freudig einer Übersiedlung zu. Zur Familie gehöre er ohnehin schon längst, New York sei immer sein Ziel gewesen und ein Mann werde im Hause Lindley auch dringend gebraucht …

Audrey tritt in einem Lokal als Gitarristin und Sängerin auf. Die Promotion hat Jack Osborne, ihr leicht perverser Jugendfreund und Nachbar aus L. A., übernommen.

Pacey steht ernsten Blicks auf dem Bootssteg, wendet sich um und schreitet langsam zu seinem Auto. Dawson steht allein an seinem Fenster und starrt böse und verzweifelt ins Leere. Auch Joey ist allein. Sie sitzt vor der Pension Potter und schaut traurig gegen den Nachthimmel. Und wieder einmal ist das „Triangle" am Boden zerstört …

Review 6. 21

Das Einzige, was diese Episode von wirklich großartigen „Dawson's Creek"-Folgen unterscheidet, ist der deutsche Titel „Trennungen". Dieser ist nämlich so unsinnig, dass man fast geneigt ist, die Produzenten der deutschsprachigen Synchronisation der völligen Unkenntnis der Episodeninhalte zu bezichtigen.

Abgesehen davon aber erwartet uns in dieser Episode „Dawson's Creek" back to the roots, in Capeside, eine Folge vom Feinsten, Subtilsten, was „Dawson's Creek" zu bieten hat: allein schon der Prolog in Dawsons bis ins kleinste Detail rekonstruiertem Jugendzimmer, wo der von seiner Sache begeisterte und völlig von ihr eingenommene Filmemacher mit dem verstörten, deprimierten und verunsicherten Pacey zusammentrifft und Dawson die katastrophale Verfassung des Letzteren nicht erkennt. Die beiden jungen Männer reden aneinander vorbei. Der eine kann oder will nicht erkennen, der andere ist außerstande, die Wahrheit zu sagen. Ein hoch dramatischer Auftakt mit unglaublichem Subtext …

Nicht weniger dramatisch die Situation im Hause der Mrs. Ryan. Jen kann sich nicht anders helfen, als die eigene Mutter ohne das Wissen der Großmutter einzuladen. Der einfühlsamen Studentin ist klar, dass sie die Probleme mit Grams Erkrankung nicht allein wird lösen können. Eines der subtilsten und bemerkenswertesten Gespräche zwischen Jen und Grams findet nun statt und gipfelt in einem geflüsterten „Ich liebe dich doch …".

In den ganzen Szenen im Hause der Mrs. Ryan gibt es keine Oberflächlichkeiten. Meisterhaft werden die Dialoge geführt und nach und nach kommt die ganze Wahrheit ans Licht, wobei die „Drecksarbeit" wahrlich bei Onkel Bill gelegen ist. Der finale Entschluss, gemeinsam mit C. J. und Jack nach New York zu ziehen, ist mit Sicherheit für alle Beteiligten ein guter.

Ebenso subtil und nicht minder bemerkenswert sind das Zusammentreffen und das Gespräch von Dawson und Joey. Die kluge junge Frau fühlt sofort die Veränderung, die in ihrem Freund im vergangenen Jahr vorgegangen ist, in dem sie keinen Kontakt hatten. Er ist erwachsen geworden, während sie geflüchtet ist, geflüchtet vor sich selbst …

Lange und in ehrlichen Worten sprechen sie sich aus und beiden wird schließlich klar, wie sehr sie einander gefehlt haben und wie viel sie einander bedeuten. Die Szenen des Wiedersehens und der Erkenntnisse sind bewegend, lassen aber durchaus auch schon den nahenden Abschied von „Dawson's Creek" erahnen.

Nicht minder bewegend ist das Zusammentreffen von Pacey und Audrey in der Kneipe, wobei Jack Osbourne wieder einmal in Erscheinung tritt. Letzten Endes macht er als eine Art Promotor für Audrey ganz gute Figur, was ihm nach den eher unnötigen Auftritten während der ganzen Staffel nun einigermaßen zur Ehre gereichen soll.

Das hoch dramatische Finale der Episode bestreiten aber Joey, Pacey und Dawson auf der „historischen" Stätte vor dem Hause der Leerys. Joey macht zum ersten Mal im Zusammenhang mit dem Triangle etwas richtig: Sie bezieht keine Position, versucht das Unmögliche einer Versöhnung, eines klärenden Gesprächs der beiden jungen Männer, herbeizurufen, und natürlich muss sie kläglich scheitern.

Im Gespräch mit Pacey wird ihr klar, wie verletzt dieser in Wahrheit ist und wie wenig Ausweg er aus seiner Misere weiß. Alles hat er verloren, den Job, die zweite Chance bei Joey, all sein Geld und nun zu allem Überfluss endgültig den besten Freund, den er je hatte. Und das unglücklicherweise zu einem Zeitpunkt, zu dem gerade diese Freundschaft nach langer Zeit endlich wieder ein wenig aufzukeimen schien …

Joey bleibt nichts anderes übrig, als ihren Exfreund ein wenig aufzubauen. Das ist sie ihm allein schon aufgrund der Ereignisse der vergangenen Zeit mehr als schuldig. Man sieht ganz deutlich das schlechte Gewissen, das sie plagt. Sie kann und möchte jedoch weiterhin keine Position beziehen, denn sie möchte endlich jene Geister begraben, die gerade an diesem Ort herumspuken.

Wunderschön und ergreifend ist die Schlussszene, Audreys Song mit Gitarre, die Blätter von Dawsons Drehbuch, die der Abendwind zerzaust, aber auch die Verzweiflung, die Wut und die Aussichtslosigkeit, die in den Gesichtern der drei Protagonisten geschrieben steht.

Eine geniale Episode mit zwei kleinen Schönheitsfehlern: der deutsche Titel und das für Joey untypische Fehlen jeglicher Reaktion auf das Ende ihrer Beziehung zu Eddie …

Episode 6.22,

„Drehtage in Capeside" – „Joey Potter and the Capeside Redemption" (Staffelfinale)

Prolog: Joey berichtet ...

In kurzen Szenen sieht man Mrs. Ryan, Pacey und Jack, die gerade dabei sind, Mrs. Ryans Haus zu räumen. Man erkennt Audrey, die tatsächlich in den Sommerkursen des Worthington College sitzt. Pacey ist wieder bei Doug eingezogen und Dawson arbeitet im Lokal seiner Mutter.

Joey ertappt Dawson, wie er die Plakate und Filmrequisiten aus seinem Zimmer entfernt. Er hat sich selbst und sein Projekt aufgegeben und arbeitet Doppelschichten im „Leery's Fresh Fish", um halbwegs seine Schulden zurückzahlen zu können, die er durch das Ausschöpfen seiner Kreditkarten für die Beschaffung des Filmmaterials gemacht hat. Joey kann und will das nicht mit ansehen und sie setzt alle möglichen Hebel in Bewegung, damit das Projekt ohne finanzielle Ressourcen doch irgendwie umgesetzt werden kann.

Sie engagiert neben Harley und Patrick auch Audrey als Schauspieler und versucht sogar Pacey zur Mitarbeit zu bewegen. Dieser jedoch ist depressiv, liegt nur noch auf seinem Sofa herum, sieht sich schmalzige Seifenopern an (ein herrlicher Seitenhieb auf TV-Serien ...) und lehnt jede Aktivität ab. Jen und Jack wollen indes an die technische Filmausrüstung herankommen und versuchen den Besitzer eines Verleihladens als Sponsor zu gewinnen. Jen würde sogar mit diesem ausgehen, doch der Mann entpuppt sich als schwul. So bleibt also Jack die schwierige Aufgabe, die Kastanien aus dem Feuer zu holen ...

Dawson kommt zwischen einer Doppelschicht nach Hause und möchte sich kurz aufs Ohr legen. Auf seinem Zimmer sitzen jedoch die Freunde, die alles Notwendige beschafft haben, warten auf ihn und wollen ihn überreden, das Filmprojekt zu starten. Er ist gerührt über die Aktivitäten seiner Freunde, doch er kann nicht, hat er doch einen Job. Unverzüglich wird er von seiner Mutter gefeuert, und jetzt sagt er zu …

Doch auch Pacey wird aktiv. Durchaus mit Erfolg versucht er, Geschäftsleute aus Capeside zu überreden, in das Filmprojekt zu investieren.

Die Dreharbeiten gestalten sich aber schwierig. Bei aller Professionalität Dawsons mangelt es im Umfeld nahezu an allem und die hohe Kunst der Improvisation ist gefragt. Zum Glück haben Gale Leery und Joey Todd von dem Projekt informiert, dieser taucht auch tatsächlich auf dem Filmset auf und rettet in der Funktion eines Mädchens für alles – also Dawsons ehemaliger Tätigkeit – mit seiner Erfahrung und seinem Einsatz maßgeblich die Produktion.

In der Zwischenzeit ist für Jen, Jack und Grams die Stunde des Abschieds aus Capeside gekommen, denn das Taxi wartet bereits. Es ist ein bewegender Moment. Lange blickt Jen zurück, dieses Lebewohl lässt niemanden kalt. Wie in Folge 1.00, „Alles wird anders" (Pilot), üben die jungen Darsteller nun am Bootssteg ihre Rollen, und so schließt sich der Kreis.

Pacey trifft bei seiner Sponsorensuche in einem Lokal Christie Livingstone, das bildhübsche Cheerleadermädchen aus der Highschool, Paceys Metapher für das Unerreichbare. Er unterhält sich mit Christie, und diese will den Kontakt zu ihm vertiefen.

Als nun auch Joey in dem Lokal erscheint, um eine Essensbestellung für das Set abzuholen, ergreift Pacey die Gelegenheit beim Schopf und will ihr einen Briefumschlag mit den bislang erhaltenen Sponsorengeldern überreichen. Sie soll ihn Dawson übergeben, doch sie lehnt das mit der Begründung ab, dass das nicht ihr Kampf und damit auch nicht ihre Aufgabe sei. Pacey versteht …

Es ist Abend geworden und der erste Drehtag neigt sich mit der Umsetzung einer Szene aus dem Prolog der Folge 1.00

dem Ende zu. Todd und Audrey albern herum, sie entdecken Sympathien füreinander und verziehen sich in Todds Zimmer. Dawson ist geschafft und wirft sich auf sein Bett. Joey kommt zu ihm und möchte ihm ihre Glückwünsche aussprechen, doch er weist diese mit der Begründung zurück, dass das alles eigentlich ihr Verdienst sei. Die beiden sprechen intensiv und voller Freundschaft miteinander und wünschen sich viele weitere gemeinsame tolle Tage in ihrem Leben. Todmüde schlafen sie einträchtig ein …

Am Morgen findet Dawson neben sich einen Zettel von Joey. Sie möchte sich am Nachmittag in einem Park mit ihm treffen. Trotz all der Dreharbeiten nimmt Dawson den Termin wahr, doch es erscheint nur Pacey. Nach gewissen Anlaufschwierigkeiten sprechen sich die beiden ehemals besten Freunde nun doch aus. Pacey fragt Dawson, ob es denn möglich sei, dass sie beide wieder Freunde werden könnten, was Dawson bejaht: „Alles ist möglich …"

Daraufhin überreicht Pacey Dawson den mit Geld gefüllten Briefumschlag, welchen dieser mit dem Anflug eines Lächelns dankend annimmt.

Joey, die Friedensstifterin, ist indes bereits in Paris. Mit einem Monolog, der sie durch die Straßen der französischen Metropole bis hin zum Eiffelturm begleitet, schließt das letzte Staffelfinale.

Review 6. 22

Das Finale der sechsten Staffel kann man quasi als eine Art „Flashback" ganz hin an den Anfang auffassen. Und es ist eindeutig Joeys Episode …

So wie vor vielen Jahren beim „Ungeheuer aus der Tiefe" versucht sich die junge Frau wieder einmal als Dawsons Produzentin. Sie macht Druck, sie will, dass aus dessen tollem Drehbuch etwas Ordentliches wird, sie setzt alle Hebel in Bewegung …

Sie mobilisiert letzen Endes sogar Pacey, reißt ihn aus seiner Depression und aktiviert ihn, seinen Beitrag zum Gelingen des Filmprojekts zu leisten. Mit großem Ehrgeiz, Elan und Eloquenz macht er sich ans Werk und bekommt letztlich eine ganz schöne Menge des verspekulierten Geldes wieder zusammen.

Neben dem Rekrutieren der Schauspieler gelingt es Joey mit Gales Hilfe, auch Todd zur Mitarbeit zu bewegen. Und so ist es tatsächlich möglich, nahezu alle Darsteller mit Ausnahme von David, C.J. und den Professoren in dieser Episode noch einmal am Werk sehen zu können.

Es ist eine Folge von Trubel und Aktivität, aber auch von ganz sentimentalen Szenen, allen voran der Abschied Jens, Grams und Jacks aus Capeside. Genial ist die Wahl des Zeitpunkts, in dem die Betreffenden in das Taxi einsteigen. Ein weiterer deutlicher Flashback in die erste Folge, nur mit umgekehrten Vorzeichen …

Dieser Abschied ist keinem der Handelnden einerlei, jeder ist zutiefst bewegt. Andererseits wird aber auch deutlich, dass dies mit Sicherheit kein Abschied für immer sein wird.

In den Szenen im Videoverleih wird klar, wie professionell sich Dawson im vergangenen Jahr filmisch entwickelt hat, so professionell, dass Joey oft mit Unverständnis die Lockerheit ihres Freundes zur Kenntnis nehmen muss. Eine zentrale Sequenz stellt mit Sicherheit Todds Auftritt dar. Mit ihm kann das Projekt erst richtig funktionieren.

In diesem Zusammenhang sei auch dessen reizend-pikante Szene mit Audrey erwähnt, die die Charaktere und die Lebenslust der beiden so witzig und bizarr darstellt.

Das Highlight hin zu den finalen Sequenzen scheint die Szene von Dawson und Joey zu sein, in der beide völlig erschöpft auf dem Bett liegen. Das Gespräch ist geprägt von jener über allen Dingen stehenden Beziehung der beiden zueinander, jener Beziehung, zu deren finaler Definition sechs Serienstaffeln notwendig gewesen sind und die alle Interessierten unentwegt beschäftigt hat. Das Gespräch gipfelt in dem kurzen, hingehauchten Satz: „Schließ die Augen, Dawson …" (Close your eyes, Dawson …). Mehr ist nicht nötig – der Subtext sagt alles …

Das finale Zusammentreffen von Dawson und Pacey im Park ist ebenso von Ehrlichkeit und der Erkenntnis geprägt, dass eine Freundschaft nach althergebrachtem Modell zwischen den beiden für die Zukunft unmöglich erscheint. Das schließt aber eine „erwachsene" Freundschaft der beiden keineswegs aus, denn „alles ist möglich" ...

Zu den Klängen von „All I need is the air that I breathe" der Hollies wird nach Paris überblendet. Joey spaziert durch die Straßen, Märkte und Gassen der französischen Metropole. Sie hat sich ihren Traum erfüllt ...

In einem beispiellosen Monolog beschreibt sie ihre Gefühle von Freundschaft, Jugend und Erwachsenwerden, sie zelebriert die Werte, die „Dawson's Creek" immer mit Erfolg vermittelt hat. Das kleine Mädchen in ihr verfolgt sie nicht mehr, sie hat ihren Beitrag zur Aussöhnung ihrer Freunde geleistet, sie steht nicht mehr in der Mitte des Triangles, sie hat die Geister der Vergangenheit hinter sich gelassen, und ein völlig neuer Lebensabschnitt liegt vor ihr.

Die Worte, die sie im Prolog von Folge 6.01 von sich gegeben hat, werden also jetzt erst Wirklichkeit. Das dazwischenliegende Jahr der Erfahrungen und das Jahr des „Auf-sich-allein-gestellt-Seins" ist für sie also sehr wohl noch notwendig gewesen.

Abschließend sei Folgendes in den Raum gestellt: Gefühlsmäßig und inhaltlich wäre das Staffelfinale der sechsten Staffel ein logisches, offenes, ganz großartiges Ende der Serie gewesen. Das Serienfinale wird möglicherweise mehr schaden als nützen ...

Episoden 6.23 und 6.24,

„Lieben heißt Leben" I und II, „All Good Things ... Must Come to an End" (Serienfinale)

6.23

Fünf Jahre sind vergangen. Joey ist zur Juniorlektorin eines Verlagshauses avanciert und lebt mit ihrem Freund, dem Buchautor Christopher, in New York zusammen. Jeden Mittwoch sieht sie sich fasziniert Dawson Leerys TV-Serie „The Creek" an, die sich mit ihrer eigenen gemeinsamen Jugend beschäftigt. Christopher hasst die Serie. Für ihn ist sie eine unerträgliche Seifenoper und er versteht Joeys Begeisterung dafür nicht.

Dawson Leery hastet von einer Besprechung zur anderen. Die Produktion seiner TV-Serie verlangt ihm offensichtlich alles ab. Bei der Drehbuchbesprechung wird diskutiert, ob nun nach der ersten Staffel der Serie die beiden Seelenverwandten zusammen sein sollen oder nicht, was Dawson mit dem kryptischen Kommentar abtut, die Autoren seien auf dem richtigen Weg.

Jack, der Englischlehrer der Capeside High, hat es auf dem Weg zur Schule eilig und fährt zu schnell. Er wird von Doug Witter, dem Polizeichef, angehalten und soll eine Strafe erhalten. Jack ersucht um Milde, Doug küsst ihn und sie vereinbaren ein gemeinsames Abendessen. Die beiden sind offensichtlich schon länger zusammen, doch der Polizeibeamte hält die Beziehung immer noch geheim. Er hat Angst vor dem Urteil der Öffentlichkeit, er kann sich nicht offiziell outen, was Jack verletzt und ihm großes Kopfzerbrechen bereitet.

Pacey hat das ehemalige „Ice House", das frühere und in der Episode 2.23 abgebrannte Lokal der Familie Potter, wieder aufgebaut und werkt emsig in seinem Restaurant. Eine blonde

Dame zeigt ihm neue Speisekarten und es stellt sich heraus, dass er mit der verheirateten Frau ein Verhältnis hat und dass die Sache mit den Karten nur ein Vorwand ist.

Jen und ihre kleine Tochter Amy besuchen deren Patenonkel Jack in der Schule. Die beiden sind auf Einladung von Gale Leery in Capeside, die sich am kommenden Tag erneut verehelichen will.

Auch Dawson hetzt zur Hochzeit der Mutter in seine Heimatstadt. Alles kann er verpassen, nur dieses Ereignis nicht. Lilly ist inzwischen ein Schulkind geworden. Sie möchte sich zusammen mit ihrem großen Bruder den „Stadtneurotiker" auf DVD ansehen. Dawson betritt sein Zimmer, das mit Postern seiner TV-Serie austapeziert ist, und er entdeckt ein Foto von sich selbst und Joey aus der Jugend …

Auch Joey kommt zu Gales Hochzeit nach Capeside. Sie sucht Pacey im „Ice House" auf und ist hellauf davon begeistert, was ihr Exgeliebter aus dem Laden gemacht hat. Nach und nach tauchen auch die anderen Freunde in dem Lokal auf und die Wiedersehensfreude ist groß. Lange sitzen sie zusammen und mit dem zunehmenden Alkoholpegel werden auch die Gesprächsthemen immer pikanter.

Jen ist ziemlich betrunken und wird von Jack nach Hause getragen. Betretenes Schweigen herrscht, als sie zum Abschied scherzend erwähnt, dass sie und die kleine Amy von ihrem Freund bzw. Vater verlassen worden sind.

Auch Joey macht sich auf den Heimweg und lässt ihre beiden Freunde Dawson und Pacey im „Ice House" zurück. Die beiden Männer sprechen noch kurz miteinander, stellen unisono fest, wie toll sie Joey immer noch fänden, und bekunden ihre Wiedersehensfreude. Dann geht auch Dawson. Immerhin steht eine Hochzeit bevor.

Jack wickelt sein Patenkind in der Pension Potter und stellt fest, wie gut Jen die Mutterschaft getan und wie sehr diese die Freundin verändert hat.

Dawson sitzt an seinem Laptop. Er muss noch etliche Szenen schreiben und plötzlich hört er draußen Schritte und jemanden die Leiter hochklettern. Es ist Joey, die beim Fenster hereinstolpert und sich dabei am Knöchel verletzt.

Inzwischen möchte Pacey das Lokal zusperren, doch es nähert sich ein Mann, der sich als der gehörnte Ehemann seiner Geliebten entpuppt. Gemeinsam mit zwei anderen Männern prügelt er Pacey und schlägt ihn brutal nieder.

Dawson unterhält sich in seinem Zimmer mit Joey. Er ist restlos geschafft, möchte schlafen und ermuntert Joey, das auch zu tun, hier bei ihm, in seinem Bett – wie in der Jugendzeit. Nach anfänglichem Zögern stimmt sie zu. Im Traum erlebt Dawson seine Vermählung mit Joey ...

Gales Hochzeitsfest ist in vollem Gange, eine Band spielt und alle schwingen gut gelaunt das Tanzbein. Der übel zugerichtete Pacey ertappt Jen bei der Einnahme eines Medikaments – angeblich eines Beruhigungsmittels ...
  Beim Tanzen wird gehörig geflachst: Joey bekrittelt Paceys Entstellung, Jen bemängelt den Umstand, dass Dawson sie nicht führen lässt, Dawson bezichtigt Joey des Schwafelns und freut sich offen, dass er die Freundin immer noch nervös macht.
  Als Pacey jedoch seine momentane Geliebte entdeckt, ersucht er Joey um Hilfe und küsst seine Exfreundin für alle deutlich sichtbar. Enttäuscht verschwindet daraufhin die blonde Frau.

Mitten im Tanzen bricht Jen zusammen. Dawson verständigt die Rettung und die junge Mutter wird ins Spital gebracht. Dort erkundigen sich die Freunde nach Jens Gesundheitszustand und Grams muss eingestehen, dass während der Schwangerschaft bei ihrer Enkelin eine Anomalie am Herzen festgestellt wurde, wovon aber nicht einmal Jack irgendeine leise Ahnung hatte. Zutiefst besorgt fahren alle bis auf Jack nach Hause.
  Dieser muss jedoch kurz danach von Grams, die soeben ein Gespräch mit dem behandelnden Arzt gehabt hat, erfahren, dass Jen in Wahrheit unheilbar krank und dem Tod geweiht ist. Er begibt sich zu Jen auf die Intensivstation und

verspricht seiner todkranken Freundin seine volle Unterstützung, was immer auch geschehen sollte.

Jack informiert die Freunde über die traurigen Neuigkeiten. Geschockt trifft Joey bei Dawson ein und mit einer innigen Umarmung der beiden schließt der erste Teil des Serienfinales.

6.24

Die Freunde besuchen Jen im Spital, doch niemand weiß so richtig, wie er sich verhalten soll. Jen allerdings besteht darauf, dass es keine Trauer und kein Entsetzen geben dürfe, sondern nur Lachen und Fröhlichkeit. So seien ihre Spielregeln. Diese einzuhalten fällt den Freunden erst recht nicht leicht. Doch Jen setzt sich mit ihrem Willen durch …

Joey kommt geschafft vom Krankenhaus heim und wieder läutet das Handy. Wieder ist es ihr Freund Christopher, der schon unzählige Male versucht hat, sie zu erreichen – erfolglos, denn Joey geht nicht ans Telefon. Bessie wirft ihrer Schwester vor, noch immer in ihre Exfreunde Dawson und Pacey verliebt zu sein. Sie solle doch endlich die Dinge mit Christopher klären, was Joey letzten Endes auch tut. Sie beendet ihre Beziehung mit ihm.

Sodann besucht sie Pacey im „Ice House". Pacey gesteht, wie glücklich er sei, dass sie wieder da ist, und wie sehr er sie die lange Zeit vermisst habe, und er stellt fest, dass da noch immer etwas zwischen ihnen sei. Die beiden bewerfen sich mit Nahrungsmitteln und albern herum, bis Joey erstarrt und feststellt, dass sie das eigentlich nicht tun dürften. Doch Pacey ist anderer Meinung, denn in dieser todernsten Situation empfinde er das Lachen, die Fröhlichkeit, die Lebensfreude als das Allerbeste.

Joey hilft Jen beim Frisieren und beim Anlegen von Schmuck. Die junge Mutter will angesichts ihres bevorstehenden Ablebens, dass Dawson ein Video für ihre kleine Tochter dreht. Dieser holt die Kranke ab und fährt sie mit dem Rollstuhl hinaus in den blühenden Garten.

Zuvor aber gesteht ihr Joey, dass ihr ganzes Leben aus Flucht bestanden habe und sie eigentlich schon immer gewusst habe, mit wem sie zusammen sein wolle. Daraufhin macht es Jen zu ihrem letzten Wunsch, dass Joey ihr andauerndes Davonlaufen beendet und sich endlich entscheidet.

In dem ergreifenden Video erteilt Jen ihrer kleinen Tochter Ratschläge für deren Leben und gibt ihr alle guten Wünsche einer Mutter mit auf den Lebensweg.

Dawson gehen die Videoaufnahmen sehr nahe und doch ist er gedanklich irgendwo bei seiner TV-Serie, deren Staffelende er schreiben soll. Er beklagt diesen Umstand bei Joey und stellt sein ganzes Leben als unrealistisch hin. In wenigen, aber umso klareren und eindringlicheren Worten kann das die junge Frau allerdings entkräften …

Jack, der Patenonkel, stellt sich für Amys Erziehung zur Verfügung und versichert Jen, er werde immer für ihre Tochter da sein. Amy soll genauso zu ihm gehören, wie ihre Mutter als seine Seelenverwandte immer zu ihm gehört hat.

Alle halten bei Jen im Krankenhaus Wache. Im Krankenzimmer nickt Grams jedoch kurz ein. Die Kranke wirft ihr einen letzten müden Blick zu, schließt langsam die Augen und haucht still und ruhig ihre Seele aus.

Pacey stellt das „Ice House" für die Totenfeier zur Verfügung. Er ersucht Doug, doch die Unstimmigkeiten mit Jack zu bereinigen. Dieser zögert. Es sei der falsche Augenblick …
Und doch hat Jens Tod Klarheiten erzeugt und alle Wolken verblasen. In der Küche des Lokals gestehen einander Pacey und Joey zwar ihre Liebe, doch immer werden sie, kurz bevor eine endgültige Entscheidung fällt, von Gale und Bessie unterbrochen bzw. gestört.
Doug hat sich nun doch einen Ruck gegeben und geht zu Jack an den Strand hinunter. Dieser trägt sich mit Umzugsgedanken wegen Amy, doch Doug versichert ihm seine Liebe, möchte als Elternteil an Amys Leben teilhaben und küsst Jack in aller Öffentlichkeit, was die vorbeigehenden Menschen ohne irgendein Vorurteil gutheißen.

Nachdenklich sitzt Dawson vor seinem Haus. Vor seinem geistigen Auge erscheint ihm Jen, die gerade mit dem Taxi in Capeside ankommt, da gesellt sich Joey zu ihm, und auch ihm fällt es wie Schuppen von den Augen. Beide gestehen einander ihre ewige, reine und unauslöschliche Liebe sowie ihre lebenslange Verbundenheit und sie betrachten glücklich das heitere Spiel von Lilly und Alexander.

Die Kamera blendet zum Ende des Staffelfinales von „The Creek" über. Joey sitzt in ihrer Wohnung in New York und ist restlos begeistert. Das Gleiche gilt für Pacey, der neben ihr sitzt und dem eine Träne die Wange hinunterläuft. Joey küsst ihn, sie rufen Dawson an und gratulieren ihm herzlich. Dieser eröffnet den beiden, dass er am nächsten Morgen einen Termin mit Steven Spielberg hat.

Review 6. 23 und 6. 24, Serienfinale

Mit großer Spannung ist allerorts das Serienfinale erwartet worden. Eine Unzahl an „Spoilern" ist durch das Web gegeistert, Fragen über Fragen sind gestellt worden, es wurde spekuliert und vorweg diskutiert und sogar Kevin Williamson ist wieder für das Drehbuch engagiert worden.

Alle Vorzeichen sprachen also für ein elektrisierendes Finale, wobei eines von Anbeginn klar war: Zufriedenstellen würde es die Gesamtheit der Fans und Interessierten mit Bestimmtheit nicht …

Da das Serienfinale im Original ähnlich wie bei Folge 6. 01 und 6. 02 als Doppelepisode ausgestrahlt und nur in der synchronisierten Fassung zweigeteilt wurde, sei es auch hier gestattet, bei der ursprünglichen Version zu bleiben, da in diesem Fall – noch deutlicher als zu Staffelbeginn – die Einheit gewahrt werden sollte.

6.23

Der Prolog führt uns nach New York, wo Joey als Lektorin mit ihrem Freund und Autor Christopher lebt. Über die Mattscheibe flimmert Dawsons Leerys TV-Show „The Creek" …

In Windeseile ist man zumindest einmal darüber informiert, dass zwischen dem Staffelfinale und dem Serienfinale einige Jahre vergangen sein müssen und Dawson wie Joey eine durchaus erfolgreiche Zeit hinter sich haben.

Ähnliches gilt für Pacey. Es ist sehr gut nachvollziehbar, dass er in Capeside sesshaft geblieben ist, ebendort das „Ice House" in neuem Glanz hat erstrahlen lassen und als Chef des Lokals durchaus erfolgreich ist. Sein Verhältnis mit der verheirateten älteren Frau wirkt allerdings ein wenig konstruiert und banal. Ebenso die Schlägerei. Der Leitspruch, dass sich gewisse Dinge nie ändern, scheint in diesem Fall etwas überzogen worden zu sein.

Auch Jack ist als Englischlehrer an der Capeside High ein honoriger Bürger geworden. Dem tut auch seine vorderhand noch ziemlich geheim gehaltene Beziehung zu Douglas Witter keinen Abbruch. Doug ist allerdings noch nicht so weit. Er hat Angst vor der allgemeinen Meinung, was Jack wiederum bereits längst überwunden hat, und der beliebte Lehrer leidet unter diesen Umständen …

Jen hat als einzige Protagonistin bereits Nachwuchs. Allerdings standen die Sterne für sie nicht wirklich günstig, sonst wäre sie nicht vom Vater ihrer Tochter verlassen worden. Doch auch dies ist aufgrund der bisherigen Botschaften von „Dawson's Creek" durchaus nachvollziehbar …

Dawsons Entwicklung hin zum gestressten Filmmanager und Serienmacher ist interessant, doch er wirkt dabei alles andere als glücklich. Ganz im Gegenteil – vielmehr wird er in den ersten Teilen der Episode eher als versponnen, zurückgezogen und mit brennendem Ehrgeiz seiner beruflichen Tätigkeit nachgehend charakterisiert. Das ändert sich erst zu dem Zeitpunkt, als Joey durch das Fenster seines Zimmers hereingestolpert kommt, was von hoher symbolischer Kraft ist.

Da öffnet er sich zum ersten Mal, da kommt es zu einem intimen Gespräch unter Erwachsenen. Es ist auch klar, dass Joey bei ihm nächtigt – schlafen um des Schlafens willen … Dawsons Traum, seine Hochzeit mit Joey, gerät zu einer Aufarbeitung ihrer beider Beziehung – nicht mehr und nicht weniger. Ein hingeworfener Knochen für alle Fans der Beziehung zwischen Dawson und Joey, in dieser Form somit keineswegs zufriedenstellend …

Gale Leerys Eheschließung, der eigentliche Anlass des Zusammentreffens der alten Freunde, wird thematisch sehr an den Rand gedrängt, denn von nun an gibt es nur mehr eine Hauptperson – Jen Lindley …

Michelle Williams' großartige schauspielerische Leistung prägt ab sofort das Serienfinale. Alles andere gerät eigentlich zur Staffage, wird aufgrund der Dramatik der Ereignisse unwichtig und nebensächlich. Bald wird klar, dass Jen ernsthaft erkrankt sein muss, doch der Tragik der Umstände ist sich noch niemand ernsthaft bewusst.

Mit Jens Einlieferung in das Krankenhaus steigert sich das Serienfinale zu einer geballten, mitreißenden Ladung an Emotionalität. Die Szenen mit Jen und Jack im Krankenhaus werden Mittelpunkt des Dramas, in welchem auch Kerr Smith schauspielerisch durchaus an Michelle Williams' Leistung anschließen kann.

Die finalen Sequenzen von 6.23 tragen die Botschaft der unheilbaren Krankheit, des dem Tode Geweihten in sich, eine Botschaft der Hoffnungs- und Fassungslosigkeit.

6.24

Den zweiten Teil des Serienfinales tragen eindeutig drei Charaktere: Jen, Jack und Pacey, wobei Joshua Jacksons schauspielerische Leistung sehr rasch an die der Erstgenannten anschließt. Dessen Dialog mit Jen im Krankenhaus gehört mit Sicherheit zum Besten, zum Tiefgründigsten, zum Ergreifendsten, was „Dawson's Creek" zu bieten hat.

Da fallen dessen Dialoge mit Joey und vor allem das völlig unnötige gegenseitige Bewerfen mit Nahrungsmitteln stark ab. Da geht es offensichtlich nur um das Zufriedenstellen einer Fangruppe und nicht um die zentralen Botschaften dieser letzten Episode.

James van der Beek und Katie Holmes finden erst gegen Ende des Serienfinales die Möglichkeit einer ansprechenden schauspielerischen Entfaltung. Die beiden Dialoge, die die beiden miteinander haben, gehören letztlich auch zu den absoluten Höhepunkten – zumindest des Serienfinales.

Entscheidend erscheinen aber letztlich zwei parallele Erkenntnisse. Die ewige Zusammengehörigkeit, die Verbundenheit von Jen und Jack sowie von Dawson und Joey, also die letzte und endgültige Erkenntnis einer transzendentalen Liebe und Seelenverwandtschaft. Jen und Jack wird das an Jens Sterbebett klar, Dawson und Joey vor dem Hause der Leerys, wo im Hintergrund Lilly und Alexander herumtoben. Ein großartiges Bild, wunderbar gezeichnet ...

„You and me – always." („Wir zwei auf immer und ewig.")

Eine dritte Erkenntnis betrifft Jack und Doug. Dougs Outing ist letztlich geprägt von Mut und Verantwortung gegenüber der kleinen Amy, dem Wunsch nach einer Elternrolle in einer gleichgeschlechtlichen Beziehung und dem Streben nach Akzeptanz dieser alternativen Beziehungsform als Familie in der so traditionsbewussten, konservativen Kleinstadt.

Jens stiller, ruhiger Tod im Beisein ihrer geliebten Großmutter ist neben ihrer Videobotschaft an Amy das Berührendste, was „Dawson's Creek" jemals aufgeboten hat. Da erübrigt sich jeder Kommentar, das sind Szenen, die man auf sich wirken lassen muss, die lange zu überdenken sind, da genau diese die zentralen Botschaften transportieren.

Und es ist gerade in diesen Szenen das Serienfinale – mehr als alle anderen Episoden – das beste und zentralste Beweisstück für die Komplexität, das hohe Niveau und die Ansprüche von

„Dawson's Creek", wo im Nachdenken und Analysieren Herz und Hirn zueinanderfinden müssen, wo die tatsächlich transportierten Werte auf den Zuseher überspringen müssen und wo es letzten Endes einerlei sein sollte, wer nun in der finalen Szene neben Joey in New York sitzt und die Beziehungsgeflechte der eigenen Jugend in Dawson Leerys TV-Serie analytisch vorgesetzt bekommt.

ENDE

Schlusswort

Im April 2004, ein knappes Jahr nach der Originalfassung, ging „Dawson's Creek" in der deutschsprachigen Synchronisation zu Ende und immer noch, geraume Zeit später, gibt es neue junge, aber auch inzwischen herangereifte Fans, Begeisterte der ersten Stunde, die es keineswegs müde sind, gemeinsam mit den Neuhinzugekommenen diese unnachahmliche TV-Serie in all ihren Details zu analysieren, die ausgeprägte Symbolik und die oftmals verwirrenden Verhaltensmuster der Charaktere in Internetforen zu diskutieren, sie also schon ein wenig abgeklärt, mit dem nötigen Abstand nochmals vor dem geistigen Auge Revue passieren zu lassen.

Der „Couple War", der „Pärchenkrieg", der zum Teil erbittert, untergriffig und hoch emotional geführte Kleinkrieg der einzelnen Fangruppen, ist längst vorbei; längst schon sieht man „Dawson's Creek" als Gesamtkunstwerk, das im Zuge der vielen sehr ernsthaft und mit profundem Detailwissen geführten Diskussionen noch immer für neue, oft überraschende Erkenntnisse sorgt und nun – mit dem bereits erwähnten Abstand dazu – den Blick für die tatsächlich relevanten Botschaften, für das vermittelte Wertesystem, für den Tiefgang der vielen Dialoge und für die Vielschichtigkeit der Beziehungsstrukturen frei macht.

Aus diesen Blickwinkeln betrachtet ist das späte „Dawson's Creek", also die beiden letzten Serienstaffeln, nun einer Analyse unterzogen worden, und die Beurteilung steht an, ob es tatsächlich gelungen ist, in den einen oder anderen in Symbolik und Metaphern verpackten Sachverhalt ein wenig Licht zu bringen.

Reinhard Bicher

1957 in Wien geboren, leitet zivilberuflich eine eigene Wirtschaftsdienstleistungsfirma. Daneben ist der Vater eines 20-jährigen Sohnes in sozialen Belangen engagiert. Die ersten Höhepunkte seiner schriftstellerischen Tätigkeit erlebte der mit einer Ärztin verheiratete Autor mit der Publikation seines Romans „Griff nach den Sternen" (2005) und des Lyrikbandes „Brückenschlag" (2007).

Der Matratzenstaat
Armin Müllegger

Andi lebt in einem lieblosen Elternhaus und rettet sich in sein Fantasieland, dort trifft er auch auf Verona, die Prinzessin. Sie ist das erste Mädchen, das ihn nicht verspottet, sondern ihn liebt.
An seinem Geburtstag trifft er in der realen Welt auf Veronas Ebenbild, nämlich Veronika.
Auch sie kann es nicht fassen, denn Andi entspricht ihrem eigenen Fantasieprinzen, den sie sich geschaffen hat. Die beiden Jugendlichen, Andi und Veronika genießen in den Sommerferien ihre junge Liebe, bis sie plötzlich aus ihrem Idyll gerissen werden …

ISBN 978-3-85022-132-0 · Format 13,5 x 21,5 cm · 176 Seiten
€ (A) 16,90 · € (D) 16,40 · sFr 30,10

Eine Robbe im Kaffeehaus
Andrea Hilber

Hollywood und Rosamunde Pilcher ermöglichen der Protagonistin Andrea immer wieder aufs Neue, den Glauben an die wahre Liebe nicht zu verlieren. Allerdings hat sie genaue Vorstellungen davon, wie ihr Traumprinz sein soll. Sie weiß auch ganz genau, was er alles nicht haben sollte, doch wer schafft es schon, seinen Prinzipien treu zu bleiben, wenn man plötzlich auf die vermeintlich große Liebe in seinem Leben trifft?

ISBN 978-3-85022-100-9 · Format 13,5 x 21,5 cm · 110 Seiten
€ (A) 15,90 · € (D) 15,50 · sFr 28,50

Sofa-Time is over
Sanny Janett Brandenburg

„Sofa-Time is over" meint die Autorin. Die Frau von heute muss die Partnerschaft und die Familie wieder neu entdecken. Finden Sie bei all den Modellen heraus, was Sie selber möchten. Was hat uns die Emanzipation gebracht? Die Gesellschaft sucht nach neuen Lösungsmodellen für Themen wie Gesellschaft, Familie, Sexualität, Emanzipation sowie die Rolle der Frau in der Gesellschaft.

Die Autorin schildert aus ihrer Praxis, welche Wege beschritten wurden und welche neuen Aufgaben auf die Frau von heute zukommen.

ISBN 978-3-85022-020-0 · Format 13,5 x 21,5 cm · 136 Seiten
€ (A) 15,90 · € (D) 15,50 · sFr 28,50